Militär, Rüstung, Sicherheit

herausgegeben von Dieter S. Lutz

MRS   Band 56

Horst Afheldt

Der Konsens

– Argumente für die Politik der
  Wiedervereinigung Europas –

 Nomos Verlagsgesellschaft
Baden-Baden

Eckart Afheldt, Otfried Ischebeck und Götz Neuneck danke ich für Anregungen und kritisches Lesen. Ebenso danke ich Monica Forbes, die die Literatur besorgte, zusammenstellte und bei der Korrektur der Entwürfe Verbesserungen anregte. Irmgard Drieschner und Erika Thallmair danke ich für das Schreiben der Entwürfe. Ihnen beiden sowie Traudl Lehmeier und Charlotte Lohner danke ich auch für das mühsame Korrekturlesen.

Irmgard Drieschner danke ich vor allem aber dafür, daß sie sich so dafür einsetzte, daß wir die Arbeiten an der neuen Sicherheitspolitik nach der Schließung des Starnberger Max-Planck-Institutes nicht aufgaben.

CIP-Titelaufnahme der Deutschen Bibliothek

Afheldt, Horst:
Der Konsens: Argumente für die Politik der Wiedervereinigung Europas / Horst Afheldt. – 1. Aufl. – Baden-Baden: Nomos Verl.-Ges., 1989
  (Militär, Rüstung, Sicherheit; Bd. 56)
  ISBN 3-7890-1885-6
NE: GT

Bei der Gestaltung einer friedlichen Zukunft kommt Europa eine herausragende Rolle zu. Trotz jahrzehntelanger Trennung des Kontinents ist das Bewußtsein der europäischen Identität und Gemeinsamkeit lebendig geblieben und wird zunehmend stärker. Diese Entwicklung muß gefördert werden.

Aus der gemeinsamen Erklärung von Bundeskanzler Helmut Kohl und dem Präsidenten der Sowjetunion Michail Gorbatschow vom 13.6.1989.

Vorwort

Niemand kann heute vorhersagen, ob wir Europäer eines Tages eine Wiedervereinigung der beiden heute noch getrennten Teile Europas erreichen werden. Nicht wissen heißt nicht, nicht wagen. Dieses Buch wurde 1985 in der Hoffnung begonnen, daß die Wiedervereinigung Europas Ziel der Europäer wird. Es wird heute in der Hoffnung veröffentlicht, daß diese neue Europapolitik in den nächsten Jahren fortgesetzt werden kann. Das Buch fragt nach den Folgen der Verlagerung des Schwerpunktes deutscher Politik von der Wiedervereinigung Deutschlands auf die Wiedervereinigung Europas, und es fragt vor allem, ob und wie wir in diesem Europa vor äußerer Bedrohung Sicherheit finden können.

Starnberg, 17. Juni 1989

Inhaltsverzeichnis

I. Europa und die staatliche Wiedervereinigung Deutschlands.

Ein schlimmes Erbe deutscher Politik unter Adolf Hitler ist die Zerstörung jedes Vertrauens in das Verhalten anderer Staaten. Selbstverständlich haben auch vor Hitler Staaten ihr Handeln nicht nach Recht und Moral, sondern nach ihren Interessen bestimmt. Doch die Einhaltung minimaler Regeln konnte auch von gegnerischen Staaten erwartet werden[1], weil solche Verhaltensnormen im Interesse aller Staaten der "Völkerrechtsgemeinschaft" und damit auch dem des Gegners lagen. Nach Hitler aber scheinen Staaten zu allem fähig - nach innen und nach außen. Nukleare Abschreckung mit totaler Vernichtungsdrohung ist ein Ausdruck dieses Weltbildes.

Die Teilung Deutschlands im Jahre 1945 war das unmittelbare Ergebnis seiner militärischen Niederlage gegenüber zwei Gegnern mit grundsätzlich unterschiedlichen Interessen: der Sowjetunion und den Westmächten. Die Verfestigung der Teilung Deutschlands in der Nachkriegszeit war aber auch eine Folge des grenzenlosen Mißtrauens, das durch Hitler in das politische Denken eingepflanzt worden war, und das sich automatisch in Ost und West zunächst einmal gegen den Urheberstaat Deutschland richtete.

Drei theoretische Möglichkeiten bestanden, die staatliche Einheit des besiegten Deutschlands wieder herzustellen:

1. Alle Sieger gaben "ihren Teil Deutschlands" wieder heraus und stellten die staatliche Einheit des besiegten Landes wieder her.

2. Die USA oder

3. die Sowjetunion zog beide Teile Deutschlands in ihr Lager - mit welchen Mitteln auch immer.

Bei dem sehr bald aufbrechenden Konflikt zwischen den Supermächten in Ost und West war die gesamtdeutsche Lösung nur denkbar, wenn es Garantien dafür gab, daß das so wiedervereinigte Deutschland nicht ins gegnerische Lager driften würde. Eine sicher garantierte Neutralisierung eines wiedervereinigten Deutschlands war deshalb Voraussetzung für diesen Weg.

---

1 Das bekannteste Beispiel hierfür ist die Immunität der Diplomaten.

Doch ein neutralisiertes Gesamtdeutschland war nach den Erfahrungen der eben vergangenen Jahre für die meisten Europäer ein Alptraum. Und dies nicht nur in Ost-, sondern auch in Westeuropa. Kein Wunder, daß sich keine Hand regte, diesen Alptraum zu verwirklichen.[2] Ob und inwieweit die sowjetischen Angebote der Jahre 1947 und 1952 von Verhandlungen über ein neutralisiertes Gesamtdeutschland ernstgemeint waren, wurde deshalb niemals ausgelotet.[3]

I.1   Die erste Deutschlandpolitik: "Wiedervereinigung Deutschlands in Frieden und Freiheit".

Da eine Sowjetisierung Gesamtdeutschlands allenfalls von einer kleinen Minderheit gewünscht wurde, gab es deshalb gute Gründe für die erste Deutschlandpolitik der Nachkriegszeit: Wiederherstellung der staatlichen Einheit Deutschlands in einem Staat mit *westlicher* Gesellschaftsordnung und festen Bindungen an den Westen.

Grundlage der Souveränität der Bundesrepublik Deutschland ist der Deutschlandvertrag vom 26. Mai 1952, mit dem die drei westlichen Besatzungszonen aus dem Besatzungsregime der ehemaligen westlichen Kriegsgegner entlassen wurden.

Artikel 7 dieses Deutschlandvertrages lautet:[4]

> "....
>
> 2. Bis zum Abschluß der friedensvertraglichen Regelung werden die Bundesrepublik und die drei Mächte zusammenwirken, um mit friedlichen Mitteln ihr gemeinsames Ziel zu verwirklichen: Ein wiedervereintes Deutschland, das eine freiheitlich-demokratische Verfassung ähnlich wie die Bundesrepublik besitzt und das in die europäische Gemeinschaft integriert ist."

---

2   Das wurde sehr deutlich bei der ersten und einzigen "Gesamtdeutschen Konferenz" der Ministerpräsidenten der Länder aller vier Besatzungszonen am 6./7.6.1947 in München, einem Ereignis, das sich soeben zum 40. Male jährte. (Vgl. dazu Torsten Müller, Deutsches Allgemeines Sonntagsblatt, Nr.23, 7.6.1987, S.22). Die Ministerpräsidenten der westlichen Besatzungszonen hatten von ihren Besatzungsmächten Weisung erhalten, nicht über die Einheit Deutschlands zu verhandeln.

3   Heute, nach 40 Jahren Teilung Europas mit der Bundesrepublik im Westen und der DDR im Osten, erscheint der Gedanke an ein militärisch neutrales Gesamtdeutschland zwischen den weiterbestehenden Blöcken den meisten Deutschen anachronistisch.

4   Zit. nach Keesings Archiv der Gegenwart 1952, S.3485. (Hervorhebg. von mir).

14

Machtgrundlage für diese Politik, die das *gesamte* Deutschland auf die Seite der *westlichen* Siegermächte zu führen versprach, sollte die wirtschaftliche[5] und militärische Potenz der Vereinigten Staaten sein, verstärkt durch die westeuropäischen Nationen und den Beitritt der neuen Bundesrepublik Deutschland zur NATO.

Konrad Adenauer:

> " ... es gibt keinen anderen Weg zur Wiedervereinigung in Freiheit zu kommen, als den, den Westen so stark zu machen wie möglich."[6]

Der politische Name für dieses "roll-back" der Sowjetunion lautete: "Wiedervereinigung in Frieden und Freiheit in den Grenzen von 1937".

> "Die Bundesregierung hält daran fest, ... daß für den völkerrechtlichen Gebietsstand Deutschlands die Grenzen des Deutschen Reiches am 31. Dezember 1937 maßgeblich sind.."[7]

Aufbau und Struktur der neuen deutschen Streitkräfte konnten von diesen politischen Realitäten nicht unbeeinflußt bleiben. Auch der damalige Vorsitzende der SPD, Kurt Schumacher, forderte als Bedingung für eine deutsche Wiederbewaffnung, daß:

> " ... die Weltdemokratien einschließlich der USA im Falle einer sowjetischen Aktion, die einen Krieg auslösen würde, Deutschland offensiv nach Osten hin verteidigen, und zwar das ganze Deutschland, um es so vor den schwersten Zerstörungen eines neuen Krieges zu bewahren. Östlich von Deutschland, an Weichsel und Njemen, muß man mit allen Kräften die Kriegsentscheidung suchen. Das ist die einzige Voraussetzung für ein Ja oder Nein zur deutschen Wiederaufrüstung. ... andernfalls könne man in Deutschland niemandem ... zumuten, zu den Waffen zu greifen."[8]

---

5   So lange der Weg über Berlin offenblieb, konnte man auch hoffen, durch wirtschaftliche Attraktivität die "Zone auszubluten" und so die Sowjetunion zur "Herausgabe" zu veranlassen. Sebastian Haffner rechnet deshalb zu Recht den Bau der Berliner Mauer 1961 als das dritte herausragende Datum in der Geschichte der deutschen Teilung (neben 1949, dem Gründungsjahr der Bundesrepublik und der DDR, 1955 dem Beitritt der Bundesrepublik zur NATO und der DDR zum Warschauer Pakt, dem Jahre 1972 mit dem Grundlagenvertrag und dem Jahre 1975 mit der Anerkennung des Status quo in Europa in Helsinki). Vgl. dazu Haffner, Sebastian: Von Bismarck zu Hitler, München 1987, S.308 ff.

6   Aus der Regierungserklärung v. 19.3.1953. Zit. nach Keesings Archiv der Gegenwart 1953, S.3914. (Hervorhebg. von mir).

7   Regierungserklärung vom Bundesminister des Auswärtigen, H. von Brentano, am 31.1.1957. Keesings Archiv der Gegenwart 1957, S.6239. Vgl. auch Art.7, Ziff.1 des Deutschlandvertrages: "1. Die Bundesrepublik und die drei Mächte sind darüber einig, daß ein wesentliches Ziel ihrer gemeinsamen Politik eine zwischen Deutschland und seinen ehemaligen Gegnern frei vereinbarte friedensvertragliche Regelung für ganz Deutschland ist, welche die Grundlagen für einen dauerhaften Frieden legen soll. Sie sind weiterhin darüber einig, daß die endgültige Festlegung der Grenzen Deutschlands bis zu diesem Friedensvertrag aufgeschoben werden muß." Zit. nach Keesings Archiv der Gegenwart 1952, S.3485.

8   Zit. nach Guderian, Heinz: Kann Westeuropa verteidigt werden? Göttingen, Plesse Verlag 1950, S. 82.

Seinen militärisch-planerischen Niederschlag fand dieser Zeitgeist[9] in der Himmeroder Denkschrift. Angst vor sowjetischer Bedrohung, schlechte Erfahrungen mit starrer, sich bedingungslos festklammernder Verteidigung in der zweiten Hälfte des soeben beendeten Krieges, der dringende Wunsch, nicht schon wieder Krieg auf deutschem Boden führen zu müssen, und die Hoffnung auf Wiederherstellung Deutschlands in den Grenzen von 1937 formten zusammen dieses Musterbeispiel einer offensiven Verteidigungsstrategie:

> "Die Verteidigung muß, wo immer möglich, offensiv geführt werden. Das bedeutet, daß überall und von Beginn an angegriffen werden muß, wo es durchführbar ist. .... Man kann selbst mit 50 Divisionen eine etwa von Passau bis Lübeck verlaufende 800 km lange Front nicht starr verteidigen. Nur in beweglicher Kampfführung läßt sich das Gebiet zwischen Elbe und Rhein erfolgreich halten. Es wird also darauf ankommen, mit einer Gruppe zwischen Main und Lüneburger Heide das Vorgehen frontal aufzuhalten und mit je 1 Gruppe aus dem süddeutschen und Schleswig-Holsteinischen Raum sobald und so stark wie möglich den Angreifer anzufallen. Daß diese Kampfhandlungen möglichst bald auf ostdeutsches Gebiet vorgetragen werden, muß mit allen Mitteln angestrebt werden. ... Dagegen werden groß-angelegte Angriffe nach Rußland mit Ausnahme vom Einsatz der Atom-Waffe und Vernichtung des Ölgebietes in Baku voraussichtlich erst erfolgen können, wenn das russische Vorgehen zu Lande zum Stehen gebracht ist. Denn darauf kommt zunächst alles an. - Auch U-Boote, Schnellboote und Landungsverbände sollten von vornherein im Bereich des nördlichen Eismeeres, vor allem aber auch in der Ostsee und im Schwarzen Meer auftreten, um auch ihrerseits den offensiven Charakter zu betonen. Die Bedeutung einer solchen beweglichen Verteidigungsführung kann gerade den Sowjets gegenüber gar nicht unterschätzt werden. Allein die Erwartung, daß sie mit ihr zu rechnen haben, kann ihren Angriffsentschluß weitgehend beeinflussen und sie zur Vorsicht mahnen."[10]

Die Pläne des Obersten von Bonin, die eine statische, rein defensive Verteidigung der Bundesrepublik vorsahen, mußten deshalb schon aus politischen Gründen scheitern.[11]

Es lag in der Logik dieser Politik, daß der Sowjetunion Abrüstung in Europa erst nach Lösung der "Ursachen der Spannung" sprich: nach freien Wahlen und daraus folgender[12] Wiedervereinigung der DDR mit der BRD zugebilligt werden durfte.

---

9 "Beherrschend war die Vorstellung, daß sich alle Überlegungen auf Deutschland in den Grenzen von 1937 bezogen." Rautenberg, Hans-Jürgen und Norbert Wiggershaus: Die Himmeroder Denkschrift v. Oktober 1950. Politische und militärische Überlegungen für einen Beitrag der Bundesrepublik Deutschland zur westeuropäischen Verteidigung. Hrsgg. vom Militärgeschichtlichen Forschungsamt, Karlsruhe 1977, S.25.

10 a.a.O., S.40.

11 vgl. dazu Brill, Heinz: Bogislaw von Bonin im Spannungsfeld zwischen Wiederbewaffnung - West-integration - Wiedervereinigung. Baden-Baden, Nomos Verlag 1987.

12 Daß diese freien Wahlen ein Gesamtdeutschland nach westlichen Vorstellungen hervorbringen würden, war - wie jedermann in West und Ost wußte - selbstverständlich. Und das nicht nur deshalb, weil die Bevölkerung der Bundesrepublik zwei- bis dreimal so groß war wie die der DDR.

Es war deshalb konsequent, wenn der damalige Außenminister von Brentano erklärte:

> "... Es wäre ein völlig sinnloses Unternehmen, Entspannung, ein Sicherheitssystem oder Abrüstung zu suchen, ohne daß die Deutsche Frage gelöst ist, die doch ein Ausdruck dieser Spannung ist."[13]

Ein später Reflex dieser Adenauer-Politik, der Sowjetunion Rüstungsbegrenzung nur "gegen die Wiedervereinigung zu bewilligen", war der Versuch des CDU-Abgeordneten Bernhard Friedmann, die Verhandlungen über die Null-Lösung für Mittelstreckenraketen mit der Wiedervereinigung zu verknüpfen.[14]

Nichts zeigt deutlicher das vollständige Scheitern dieser ersten Deutschlandpolitik, als der Kommentar des "Adenauer-Enkels", des Bundeskanzlers Helmut Kohl, zu diesem Papier seines Parteifreundes:

"Blühender Unsinn."[15]

I.2 Die zweite Deutschlandpolitik: "Wiedervereinigung Deutschlands durch Entspannung als Mittel zur Überwindung der Teilung Europas".

Die zweite Hoffnung, die um die Wende der 60er zu den 70er Jahren die erste ablöste, hieß:

Die NATO ist nicht nur der Garant für Frieden und Freiheit in Europa. Sie wird auch eine Rüstungsbegrenzungs- und Abrüstungspolitik durchsetzen, die schrittweise zum Abbau der Spannungen und der Rüstungen in Europa führt. Kooperation an Stelle von Spannung soll die Schranken zwischen Ost- und Westeuropa beseitigen und damit auch die Teilung Deutschlands überwinden.

---

13 Außenminister v. Brentano auf der Außenministertagung der NATO v. 7.5.1958. Brentano wies darauf hin, daß erste Abrüstungsschritte zwar vor der Wiedervereinigung möglich seien, man müsse aber "die Sicherheit im Sinne einer festen Verpflichtung aller Beteiligten haben, daß die Deutsche Frage gelöst wird... Die erste Abrüstungsvereinbarung muß befristet werden." Zit. nach Siegler, Heinrich (Hrsg.): Dokumentation zur Abrüstung und Sicherheit, Bd.1, Bonn 1960, S.314.

14 Die Welt, 13.5.1987. Vgl. dazu auch die positiven Stimmen von D. Kühn (Die Welt, 21.5.1987, S.4) und Enno v. Loewenstein (Die Welt, 23.5.1987). Die ausführliche Begründung zu diesem Schritt gibt Friedmann in: Friedmann, Bernhard: Einheit statt Raketen. Herford, Seewald Verlag 1987.

15 In einem ARD-Interview. Zit. nach Die Welt, 25.5.1987.

Richtungsweisend für diese Politik war der Bericht über die zukünftigen Aufgaben der Allianz vom 13./14. Dezember 1967 - der sogenannte Harmel-Bericht:

> "... 8. Die Entwicklung der sowjetischen und osteuropäischen Politik berechtigt zu der Hoffnung, daß diese Regierungen schließlich die Vorteile erkennen werden, die auch ihnen aus der gemeinsamen Erarbeitung einer friedlichen Regelung erwachsen. Eine endgültige und *stabile Regelung in Europa ist jedoch nicht möglich ohne eine Lösung der Deutschlandfrage, die den Kern der gegenwärtigen Spannungen in Europa bildet. Jede derartige Regelung muß die unnatürlichen Schranken zwischen Ost- und Westeuropa beseitigen, die sich in der Teilung Deutschlands am deutlichsten und grausamsten offenbaren....*"[16]

Vorsichtig eingeleitet durch die Große Koalition unter Bundeskanzler Kurt Georg Kiesinger und Außenminister Willy Brandt, wurde die neue Deutschlandpolitik Kernstück der Reformpolitik der sozialliberalen Koalition. Gustav Heinemann als Bundespräsident, Willy Brandt als Bundeskanzler und Walter Scheel als Außenminister setzten diese Politik gegen erhebliche Widerstände durch. Deutschlandpolitik firmierte ab jetzt unter dem Namen "Entspannungspolitik".

Das Schlagwort für die Militärpolitik, die dieser Deutschlandpolitik dienen sollte, hieß "militärisches Gleichgewicht". "Frieden schaffen mit immer weniger Waffen" (Bundeskanzler Helmut Kohl) bezeichnet heute die Richtung, in die dieses "militärische Gleichgewicht" verschoben werden soll.

Daß die Deklamation dieses Zieles für das NATO-Bündnis alle "Wenden" überstanden hat, zeigt z.B. das Weißbuch der Bundesregierung zur Sicherheit der Bundesrepublik Deutschland aus dem Jahre 1985:[17]

> "... Die Bundesregierung will mit den anderen Teilnehmern der KSZE[18] ... eine Friedensordnung in Europa schaffen, in der sich die Zusammenarbeit der Staaten ungeachtet der Verschiedenheit der Systeme frei entfalten kann. *Ziel muß die Schaffung einer wirklichen Friedensordnung in Europa sein, in der die gleichberechtigte Eigenständigkeit aller Staaten, die Menschenrechte und das Selbstbestimmungsrecht auch des deutschen Volkes verwirklicht werden können...*"

Die mit der zweiten Deutschlandpolitik eingeleitete Entideologisierung hat zweifellos zu einer Begrenzung der politischen Spannungen in Europa, zum Durchlässigerwerden der Grenzen und zur Ost-West-Kooperation beigetragen. Und das, obgleich die sicherheitspolitische Komponente - die Rüstungsbegrenzungspolitik - zunächst vollständig scheiterte. Nie zur Zeit der Konfrontations- und roll-back-Politik Anfang der 60er Jahre sind so hohe Rüstungsaufwendungen beiderseits der Demarkationslinie getätigt worden, nie haben damals die Kernwaffenarsenale

---

16 Zit. nach Abrüstung und Rüstungskontrolle, Hrsg: Auswärtiges Amt, Bonn 1981, S.40. (Hervorhebg. von mir).

17 Ziff.37, S.20. (Hervorhebg. von mir).

18 Konferenz über Sicherheit und Zusammenarbeit in Europa.

beider Seiten auch nur annähernd das Niveau erreicht, wie zur Zeit der "Rüstungsbegrenzungspolitik"[19] Ende der 70er und in der ersten Hälfte der 80er Jahre. Doch solange Rüstungssteuerungs- und Abrüstungspolitik, das Herzstück der zweiten Deutschlandpolitik, nur eine Hoffnung war, mußte auch die zweite Deutschlandpolitik eine Fata Morgana bleiben.

I.3   "Deutschland-Politik" - oder "Europa-Politik"?

Wer heute trotz aller bisherigen Fehlschläge die Überwindung der Teilung Deutschlands fordert, muß zunächst einmal klarstellen, was er unter Überwindung der Teilung Deutschlands versteht:

einen Einheitsstaat mit westlicher (östlicher?) Verfassung - "nationale" Maximalforderung;

oder:

zwei deutsche Staaten unterschiedlicher Verfassung - aber mit transparenten Grenzen - so wie z.B. heute zwischen Ungarn und Österreich - "nationale" Minimalforderung;

oder:

irgendeinen Status dazwischen.

Eines ist sicher: Den Einheitsstaat nach westlichem/östlichem Muster kann man nicht am Tisch der Abrüstungsverhandlungen erzwingen.[20] Solange die Konfrontation der Supermächte in Europa andauert, kann es diese Lösung allenfalls nach einem Sieg der westlichen oder östlichen Supermacht geben. Trotz allem Liebäugeln mit einem Zusammenbruch des "Reichs des Bösen" mit einem "Winseln" vor amerikanischer Militärmacht, Wirtschaftsmacht und Technologie (SDI), das

---

19 Die Rüstungsaufwendungen Anfang der 60er Jahre wurden für die NATO auf 180 Milliarden $, für 1985 auf über 300 Mrd $ (Werte v. 1980) geschätzt (SIPRI Yearbook 1985, S.229). Die Schätzungen für den Warschauer Pakt sind sehr strittig. (Vgl. dazu z.B. SIPRI Yearbook 1985, S.250ff.) Eine amerikanische Schätzung aus dem Jahre 1979 nimmt für Anfang der 60er Jahre 130-145 Mrd $, für 1985 250 Mrd $ an. (Department of Defense, USA: Annual Report of the Secretary of Defense 1981, S.109). 1960 besaßen die USA etwa 700 strategische Interkontinentalraketen-Systeme (Launcher), die Sowjetunion weniger als 200. 1980 hatten die USA rund 2 000 Systeme mit 9 000 Sprengköpfen, die Sowjetunion 2 600 Systeme mit 6 000 Sprengköpfen. (Berechnet in meinem Buch Atomkrieg. Das Verhängnis einer Politik mit militärischen Mitteln. München, Hanser Verlag 1984, S.123-125).

20 Insofern traf die Bemerkung des Bundeskanzlers "blühender Unsinn" zu einer derartigen Forderung des Abgeordneten Friedmann sicher zu.

Anfang der 80er Jahre zum Vorschein kam - keine der im Bundestag vertretenen Parteien verfolgt diese "Lösung" des Deutschland-Problems.

Natürlich kann man weiter hoffen, eines Tages eine Entwicklung einleiten zu können, die dennoch zur staatlichen Wiedervereinigung führt. Dieser Hoffnung stehen aber gravierende Gründe entgegen: Staatliche Wiedervereinigung Deutschlands hieße, in Zentraleuropa eine Macht zu schaffen, die schon ökonomisch kaum noch durch die anderen *europäischen* Völker ausbalanciert werden könnte. Die Erfahrungen dieses Jahrhunderts mit einem solchen "Deutschen Reich" schrecken:

> " .... es gibt keinen europäischen Staat in West und Ost, der eine solche Wiedervereinigung wünscht oder auch nur willig hinnehmen könnte. Alle europäischen Staaten haben mit dem einstigen Deutschen Reich schlechte, vielfach schreckliche Erfahrungen gemacht. Und insbesondere in den beiden wichtigsten Nachbarstaaten, in Frankreich und in Polen, würden sofort alle Alarmglocken schrillen, wenn sich wieder ein neuer 80-Millionen-Machtblock zwischen ihnen bilden würde."

schreibt Sebastian Haffner in seinem jüngsten Buch mit Recht.[21]

Kein Wunder, daß heute mancherorts in Ost- und Westeuropa der echte Wunsch nach einem wiedervereinigten *Europa* der Angst vor einem dann möglicherweise wiedervereinigten *Deutschen Reich* untergeordnet wird. Wenn die Bundesrepublik versuchen wollte, gegen die so nolens volens zur Beharrung auf dem Status quo entschlossenen politischen Kräfte in Europa und der Welt die staatliche Wiedervereinigung Deutschlands zu erzwingen, würde ihre Politik ebenso scheitern, wie alle bisherigen Versuche der Deutschen, Europas politisches Gesicht allein zu bestimmen.

Bundespräsident Richard von Weizsäcker:[22]

> "Die deutsche Geschichte hat noch nie den Deutschen allein gehört. Mehr als andere haben wir erfahren, daß Geschichte Wandel ist. Auf die Frage nach der politischen Gestalt der europäischen Mitte hat es bisher noch nie eine endgültige Antwort der Geschichte gegeben ...

> Das erfüllt die Menschen in Europa mit ganz unterschiedlichen Gefühlen: Mit Sorgen die einen, mit Hoffnung die anderen, mit gemischten Gefühlen die dritten. Ihnen allen gegenüber ... ist unsere Verantwortung groß."

Die erste Voraussetzung für eine erfolgreiche Deutschland-Politik ist deshalb, eine Rolle für die Deutschen in Ost und West zu definieren und nach außen hin klar

---

21 Haffner, Sebastian: Von Bismarck zu Hitler. München 1987, S.322/324.

22 Presse- und Informationsamt der Bundesregierung (Hrsg): Bulletin des Presse- und Informationsamts, Nr.64, Bonn, 12.6.1983, S.537-544, abgedruckt ebenfalls in: Käser, Steffen (Hrsg.): "Denk ich an Deutschland...". Gerlingen, Bleicher Verlag 1987, S.9-26 (insb. S.11).

herauszustellen, die die anderen Europäer in Ost und West mit uns gemeinsam anstreben, weil sie sie akzeptieren.

Bundespräsident Richard von Weizsäcker meint hierzu, Paul Claudel zitierend:[23]

"Deutschland ist nicht dazu da, die Völker zu spalten, sondern um sie zu versammeln. Seine Rolle ist es: Übereinstimmung zu schaffen - all die unterschiedlichen Nationen, die es umgeben, spüren zu lassen, daß sie ohne einander nicht leben können."

Und er schließt:

"Das ist ein großer, ein zuversichtlicher Auftrag für uns. ... Es ist unsere Sache, dem Begriff 'deutsch' einen Inhalt zu geben, mit dem wir selbst und mit dem die Welt gern und in Frieden leben können."

Die Frage ist nur, *wie* dieser Begriff "deutsch" aussehen soll. *Welche* Rolle sollen "die Deutschen" in Zukunft in Europa spielen?

Konsens herrscht in unserem Lande darüber, daß die Überwindung der Spaltung Europas notwendige Voraussetzung für jede Wiedervereinigung Deutschlands ist[24] und daß folglich der Überwindung der Spaltung Europas Vorrang vor dem nationalen Ziel der staatlichen Wiedervereinigung eingeräumt werden muß.[25]

Noch einmal Bundespräsident Richard von Weizsäcker:[26]

"Das Thema der Einheit, das sich uns heute stellt, ist primär ein gesamteuropäisches. Seine Substanz sind nicht wie früher nationale Grenz- und Gebietsfragen. Es geht nicht darum, Grenzen zu verschieben, sondern Grenzen den trennenden Charakter für Menschen zu nehmen...

Einheit der Europäer heißt nicht staatliche Einheit oder Gleichheit der Systeme, sondern ein gemeinsamer Weg bei einem menschenwürdigen Fortschritt der Geschichte. Die deutsche Frage ist in diesem Sinne eine europäische Aufgabe."

Dieser umfassende Konsens über Deutschlandpolitik ist neu. Sehr vereinfacht kann man sagen: Die "Neutralisten" der 50er Jahre haben den Vorrang der Westbindung akzeptiert, die "Adenauer-Enkel" übernahmen dafür die These der "Neutralisten", daß nur solche Lösungen der deutschen Frage möglich sind, die auch

---

23 Presse- und Informationsamt der Bundesregierung (Hrsg): Bulletin, Nr.64, Bonn, 12.6.1983, S.537-544, ebenfalls in Käser, a.a.O., S.25f.

24 Bundeskanzler Helmut Kohl hat sich ausdrücklich hinter diese These des von Heiner Geißler entworfenen Kommissionspapiers zur Deutschland-, Außen- und Sicherheitspolitik gestellt. Vgl. dazu: Die Welt, 17.2.1988, S.4, und Süddeutsche Zeitung, 15.4.1988, S.1.

25 Dieser Konsens reicht von den Grünen über die SPD und F.D.P bis weit in die CDU/CSU, wie Bericht und Debatte zur Lage der Nation vom 1.12.1988 zeigen. (Vgl. Frankfurter Allgemeine Zeitung, 2.12.1988, S.1/2.

26 Presse- und Informationsamt der Bundesregierung (Hrsg.): Bulletin, Nr.64, 12.6.1983, S.537-544, ebenfalls in Käser, a.a.O., S.22.

den Interessen der Sowjetunion entsprechen. Gerade weil beide sich einst so heftig befehdende Auffassungen zum Kompromiß gleichermaßen beitrugen, erscheint er gut fundiert und haltbar.

Uneinigkeit herrscht aber darüber, ob man, um das prioritäre europäische Ziel überhaupt erreichen zu können, die Forderung nach staatlicher Wiedervereinigung Deutschlands formal aufgeben soll - wie z.B. Egon Bahr mit guten Gründen forderte. Eine Position, die der SPD-Vorsitzende Jochen Vogel ebenso wie Abgeordnete der Grünen in der Debatte zur Lage der Nation übernahmen.[27] Ich teile diese Meinung, doch beweisen läßt sie sich nicht. Es ist nicht völlig auszuschließen, daß die anderen Nationen unsere seit 40 Jahren erhobene Forderung nach staatlicher Wiedervereinigung ernster nehmen, als wir selber es heute tun. Ein formaler Verzicht auf Wiedervereinigung könnte dann der Bundesrepublik möglicherweise nicht geglaubt werden und so statt zu mehr Vertrauen, zu mehr Mißtrauen führen. Daher hat auch die Auffassung Gewicht, das "Recht auf Wiedervereinigung" sei jedenfalls als "normative" Politik festzuhalten.

So fundamental der Streit über den "Verzicht auf das Recht auf staatliche Einheit" aussieht: Er bleibt letztlich ein Streit über Formalitäten, bleibt an der Oberfläche. Denn das unabänderliche Problem im Zentrum Europas ist nicht die deutsche Teilung, sondern die Existenz von 80 Millionen Deutschen mit ihrer Wirtschaftsmacht. Ob diese 80 Millionen in zwei oder drei Staaten leben oder in einem: das Problem bleibt dasselbe. Wie soll diese Wirtschaftsmacht in Europa ausbalanciert werden?

Je mehr in Europa Kooperation Konfrontation ersetzen wird, desto kleiner wird das Gewicht der militärischen Machtmittel, und desto größer wächst die Bedeutung von Wirtschaftsmacht. Oder im Klartext ausgedrückt: Die deutsche Macht wächst, englische, französische, aber auch russische und amerikanische Macht gehen dafür in Europa zurück. Deutsche können daher in Ost und West ohne Rückhalt auf Entspannung und Kooperation setzen, die anderen europäischen Völker nicht. *Ohne* ein klares Bild von der Zukunft Europas und seiner Mitte werden deshalb die anderen Europäer ebenso wie die USA und voraussichtlich auch die Sowjetunion an irgendeiner Stelle den Abbau der militärischen Konfrontation bremsen. Der "Raketenstreit" vom Mai 1989 war die erste Warnung. Er hat überdies gezeigt, daß stillschweigendes Ausklammern der "deutschen Frage" und der Hinweis darauf, daß die deutsche Frage sich "nur im europäischen Rahmen lösen läßt", nicht mehr hinreichen, die bis dahin in Europa kaum deutlich ausgesprochenen politischen Bedenken gegen einen Abbau der militärischen

---

27 vgl. dazu Frankfurter Allgemeine Zeitung, 2.12.1988, S.1/2.: "Im Bundestag erstmals offener Streit über das Fernziel Wiedervereinigung".

Konfrontation auszuräumen. Sollte die Machtverschiebung durch den Übergang von Konfrontation zu Kooperation in Europa jemals ein Geheimnis gewesen sein, heute ist sie offensichtlich. John Vinocour, Chefredakteur der New York Herald Tribune in Paris, beschreibt geradezu als Alptraum, wie die Gewichte sich beim Abbau der militärischen Konfrontation zu Gunsten Deutschlands verschieben könnten:

> "Wer Gorbatschows Vorstellungen auf ihre Konsequenzen abklopft, könnte zu folgendem Ergebnis kommen: Alle Atomwaffen und fremden Streitkräfte werden aus Deutschland abgezogen; die amerikanischen Truppen verlassen Europa; ... die Mauer ist weg, und die Deutschmarkzone erstreckt sich von Reykjavik bis Murmansk. Der Einfluß Englands und Frankreichs in Europa reduziert sich weitgehend auf die BBC und die Michelin-Reiseführer; die Polithebel Amerikas in Europa sind so lang und so brüchig geworden wie Zahnstocher. Die Sowjetunion hat kaum noch Raketen; die Rote Armee ist durch Verhandlungen dezimiert. Aber das Land gärt in Frustration: es ist zu einem Riesen-D-Mark-Schuldner geworden, von Massenarbeitslosigkeit und zahlreichen Mininationalitätenbewegungen erschüttert, unfähig, die neuen Erwartungen mit den neuen Realitäten in Einklang zu bringen. ... Die sowjetischen Abrüstungsvorschläge haben dazu geführt, daß die Europäische Wirtschaftsgemeinschaft längst von dem erstarkenden Deutschland überschattet wird. ... Die Sowjetunion (hat) sich äußerem Einfluß und äußerer Mitsprache in einem Maße geöffnet, daß der sowjetische Sieg im Zweiten Weltkrieg an Relevanz verloren hat."[28]

Japans "Großostasiatische Wohlstandssphäre"[29] von heute ein Vorbild für die Politik des zweiten Verlierers des Zweiten Weltkrieges in Europa? Das kann und darf sicherlich nicht Leitmotiv deutscher Politik werden. Doch eine für alle Beteiligten akzeptable Rolle für die Deutschen in Europa zu finden erinnert an die Quadratur des Kreises. Es ist also nicht nur die Scheu, den deutschen Verbündeten mit der Zurückweisung seines "Rechts auf Wiedervereinigung" vor den Kopf zu stoßen, die unsere Alliierten im Westen bisher daran hinderte, die Frage der Rolle Deutschlands *nach* einem erfolgreichen Abrüstungsprozeß in Europa aufzuwerfen. Und es ist nicht nur Angst, "schlafende Hunde zu wecken", oder gar die böse Absicht, heimlich, still und leise die Würfel so zu lenken, daß schließlich die Welt vor der vollendeten Tatsache der deutschen Dominanz in Europa steht, die diese Debatte bislang in der Bundesrepublik verhinderte. Es ist vielmehr typisch für moderne Demokratien, sehr schwer lösbare Probleme auf keinen Fall anzufassen, bevor man mit ihnen unausweichlich konfrontiert wird. So ersparte die Fortdauer der militärischen Konfrontation bis heute Deutschen und anderen Europäern diese schwierige Debatte. Wer sie fürchtet und sie sich deshalb weiter ersparen will, wird folglich versuchen, die militärische Konfrontation aufrecht zu erhalten - z.B.

---

28 John Vinocour, Moskau muß Farbe bekennen. Will Gorbatschow wirklich ein Europa ohne Waffen? Die Zeit, 2.6.1989, S.47.

29 Als "Großostasiatische Wohlstandssphäre" bezeichnete Japan im Zweiten Weltkrieg den von ihm eroberten, beherrschten und dann wieder verlorenen Raum in Ostasien.

durch die Verweigerung der dritten Null-Lösung für Kurzstreckenraketen. Wer aber die Teilung Europas überwinden will, muß sich dieser Debatte stellen, um einen europäischen Konsens über die Rolle der Deutschen im Zentrum Europas zu entwickeln.

Politik, die die deutsche Frage als europäische Aufgabe versteht, Politik die in Europa einen befriedeten Raum schaffen soll - letztlich sogar ein handlungsfähiges Europa vom "Atlantik bis zum Ural"[30], oder jedenfalls von "Portugal bis Polen"[31], sollte man dann aber auch *europäische Politik* nennen. Denn eine als egoistisch-nationale deutsche Politik mißverstandene "Deutschland-Politik" weckt nur unnötige Widerstände. Unvermeidliche Widerstände gegen den Prozeß der Einigung Europas gibt es aber ohnehin genug.

1992 soll der gemeinsame westeuropäische Binnenmarkt Realität werden. Dieser westeuropäische Binnenmarkt wird heute allen Anzeichen nach in West- und Osteuropa als wichtiger Schritt zu einer gesamteuropäischen Politik verstanden. Wirtschaftliche Einigung erfordert aber Kompromisse. Daß solche Kompromisse nivellieren, ist unvermeidbar, ja ist ihr Zweck. Damit aber entsteht unvermeidlich eine Gefahr für die Errungenschaften an Lebensqualität in den fortgeschrittenen westeuropäischen Staaten. Das bedeutet Gefahr für viele Arbeitsplätze, Gefahr für die soziale Sicherheit, für den sozialen Frieden und - wie die Erfahrung zeigt - ein Hindernis auf dem ohnehin schweren Weg zur Erhaltung unserer Umwelt in einer weltweiten Wettbewerbsgesellschaft. Die Bundesrepublik ist von allen Staaten der EG von diesen Gefahren vielleicht am stärksten bedroht. Sucht sie ihre ökologischen und sozialen Regelungen EG-weit durchzusetzen, belebt sie leicht die Furcht vor deutscher Dominanz. Andererseits kann es aber nicht die Aufgabe Westeuropas sein, reibungs- und schrankenloser die Regeln des Wettbewerbs durchzusetzen. Eine Wirtschaftsordnung des freien Wettbewerbs allein kann keine anderen Ziele als wirtschaftliche Effizienz erreichen. Sie löst weder soziale noch ökologische Probleme.[32] Marktwirtschaft kann solche Probleme nur lösen, wenn der Staat geeignete Rahmenbedingungen setzt, unter denen der wirtschaftliche Erfolg des Unternehmens mit dem angestrebten sozialen oder ökologischen Erfolg zusammenfällt. Die europäischen Staaten haben diese Aufgaben angesichts der sich äußerst schnell verändernden technischen Bedingungen bisher immer weniger erfüllen können. Ein Millionenheer von Arbeitslosen in der EG, sterbende Wälder, Seen und Meere, zum Horror ausufernder Lastwagenverkehr sind äußere Zeichen dieser ungelösten Aufgaben. Das wenige aber, was in einigen Staaten erreicht wurde, muß durch Kompromisse mit den hinterherhinkenden Staaten zwangsläufig

---

30 So in der Denkweise Charles de Gaulles.
31 So Alfred Dregger.
32 vgl. dazu Biedenkopf, Kurt: Die neue Sicht der Dinge. München, Piper Verlag 1985, Kap. VI und VII.

weiter verwässert werden. Selbst wenn den Nationalstaaten Europas das Recht bleibt, ihre weitergehenden Schutzbestimmungen zu erhalten - der wirtschaftliche Ausleseprozeß wird diese Bastion unterhöhlen und zur Anpassung an die wirtschaftlich "effizienter" produzierenden Regionen mit schwächeren Schutzvorschriften zwingen. Und was nach 1992 im gemeinsamen westeuropäischen Rahmen noch erreicht werden kann, das steht in den Sternen.[33] "Markt ohne Staat" nennt Harald Schuhmann in seinem Spiegel-Essay[34] diesen Zustand. Markt ohne Staat aber ist Leben nur nach den Gesetzen der effizienteren Produktion. Mit sozialer Marktwirtschaft hat das nichts mehr gemein. Die spezifische Lebensform der europäischen Völker in einer Sozialstruktur, die ausgewogener ist als alle anderen in der Welt, würde langsam aber sicher ausgelöscht. Die Entwicklung in Reagans Amerika sollte hier eine deutliche Warnung sein.[35]

Der französische Premierminister Michel Rocard trifft den Kern des Problems, wenn er fragt:

"Sehen Sie, in welchem manchmal jämmerlichen Zustand die Städte und andere kollektive Einrichtungen in den Vereinigten Staaten sind. Wollen wir dieses Modell kopieren? Oder wollen wir das unsere behalten, das einer weniger harten Gesellschaft, einer weniger ungleichen, die ein sehr umfassendes System der sozialen Sicherheit besitzt?"[36]

In allen offiziellen Erklärungen der führenden kontinentaleuropäischen[37] Staatsmänner wird kein Zweifel daran gelassen, daß die Erhaltung der europäischen sozialen Vorstellungen ein wesentliches Element der Europapolitik ist. So erklärte der französische Staatspräsident François Mitterrand:

"Ich will kein Europa, in dem es einen (sozialen) Rückschritt gibt."[38]

---

33 Die österreichische Verzweiflungstat, ab 1. Dezember 1989 nachts die Durchgangsstraßen für den Lastwagenverkehr zu sperren, zeigt, wie unerträglich der "Lastwagenterror" schon geworden ist. Sie erinnert aber auch daran, daß der Souveränitätsverlust in der EG nach 1992 den einzelnen EG-Staaten selbst solche "Maßnahmen des letzten Augenblicks" unmöglich machen wird.

34 "Europa 1992: Markt ohne Staat", Der Spiegel, Nr.27/1988, S.94/95.

35 Einem für den amerikanischen Kongreß angefertigten Bericht über die Berichtsperiode von 1979-87 ist zu entnehmen: "Im Berichtszeitraum nahmen Privateinkommen des ärmsten Bevölkerungsfünftels um 9,8% ab, während das reichste Fünftel 15,6% mehr verdiente." Der Abgeordnete Thomas J. Downey warnte davor, "daß die wachsende Einkommenskluft zwischen Reichen und Armen zu sozialen Zerrüttungen führen könnte. Dies würde wiederum Gewaltverbrechen und Drogenabhängigkeit fördern." Süddeutsche Zeitung, 26.3.1989, S.25. (Vgl. auch International Herald Tribune, 4.5.1989.) Schon heute stehen in der "Wachstumsindustrie Strafvollzug" 3,4 Millionen Amerikaner unter Justizkontrolle (Bewährungsauflagen) oder sitzen in Strafvollzugsanstalten. Der Spiegel, Nr.18/1989, S.175.

36 Le Monde, 10.9.1988, S.1/S.23.

37 Die wirtschaftlichen Auffassungen der Regierung Thatcher erlauben zur Zeit ähnliche Äußerungen offizieller britischer Stimmen nicht. Vgl. dazu z.B: "London blockiert Arbeiten an EG-Sozialcharta", Süddeutsche Zeitung, 13.6.1989, S.23.

38 Bei seinem Besuch in Lille. Le Monde, 8.2.1989, S.1/S.8.

Und Bundeskanzler Helmut Kohl versprach:

> "Ich will es noch einmal klar sagen: Der Binnenmarkt kann für mich nicht zum Vorwand für die Beseitigung von Rechten oder für den Ausstieg aus strengeren Schutzvorschriften dienen. Es kann kein 'Sozialdumping' geben."[39]

Ich meine: Wer die Wiedervereinigung Europas ersehnt, muß alles tun, um die entstehende westeuropäische Wirtschaftsgemeinschaft zum Sinnbild der Erhaltung europäischer Lebensvorstellungen zu machen. Scheitern die Europäer auf diesem Wege, wäre bald die Reaktion allgemein: "Dieses Europa, nein danke!"[40] Und das nicht nur im Westeuropa der EG. Denn wie wenig auch der "real existierende Sozialismus" in Osteuropa vom europäischen Traum der französischen Revolution wahrmachen konnte, unvergessen ist dort nicht nur die vorenthaltene Freiheit, unvergessen sind auch die nicht verwirklichten Ideale Gleichheit und Brüderlichkeit. So notwendig es für eine Leistungsgesellschaft ist, Ungleichheit zu akzeptieren, ja zu idealisieren[41], jede Gesellschaft hat eine spezifische Toleranzschwelle gegenüber zu großer Ungleichheit. Diese spezifische Toleranzschwelle dürfte in der Bevölkerung sozialistischer Länder eher niedriger liegen als in Westdeutschland im Jahre 1948, als Ludwig Erhard die *soziale* Marktwirtschaft ins Werk setzte. Negative Reaktionen mancher Menschen in Osteuropa auf neuen Reichtum durch private Unternehmen zeigen dies deutlich.

Wer die spezifischen (west-)europäischen Sozialstrukturen aufgibt, nimmt deshalb der Forderung nach einer Wiedervereinigung Gesamt-Europas die die Welt verändernde politische Kraft. Denn welches andere Motiv könnte die Menschen anspornen, den schwierigen Weg nach Europa zu gehen, als das, europäische Kultur und Lebensart gegenüber anders strukturierten Gesellschaften so weit wie möglich zu bewahren? Wenn die Anstrengung, Europa zu schaffen, lohnen soll, dann muß aber ein für jedermann in Europa sichtbares, attraktives Ziel hinter den Schemen Europas stehen. Ohne ein solches Ziel, das die Menschen in Europa so bewegt und begeistert wie ihre Vorväter im vorigen Jahrhundert die Einheit Italiens oder die Deutschlands, gibt es auf Dauer keine tragfähige Europapolitik.

---

39 Erklärung des Bundeskanzlers vor der Nationalen Europa-Konferenz in Bonn am 7.12.1988. Bulletin des Presse- und Informationsamtes, Nr.172, 9.12.1988, S.1526. Ähnlich auch Vortrag des Bundeskanzlers vor den Grandes Conférences Catholiques in Brüssel am 18.10.1988. Bulletin des Presse- und Informationsamts, Nr.137, 26.10.1988, S.1235.
40 So der Titel des Wirtschaftskommentars von Marion Schreiber. Der Spiegel, Nr. 43/1988, S.121.
41 "Leistung muß sich lohnen!"

26

Die Aufgabe des hier vorgelegten Buches ist, nach den Instrumenten für gesamteuropäische Politik auf dem Feld der *Sicherheitspolitik* zu suchen. Dabei findet man zunächst im Prinzip dieselben Mittel, mit denen die zweite Deutschlandpolitik ohne wirklichen Erfolg angegangen wurde:

Entspannung, Abrüstung und Kooperation zwischen West und Ost.

Doch wenn man für eine neue Politik dieselben politischen Instrumente weiterverwenden will, die der zweiten Deutschlandpolitik nicht zum Erfolg verhelfen konnten, stellt sich selbstverständlich sofort die Frage: Woran ist denn die zweite Deutschlandpolitik bisher gescheitert? Lassen sich die Hindernisse, an denen sie scheiterte, heute vielleicht überwinden? Kann ein von der staatlichen Wiedervereinigung Deutschlands zur "Wiedervereinigung Europas" verlagerter Akzent dabei nützen?

II. Sicherheitspolitik und die Überwindung der Spaltung Europas.

Daß die Spaltung Europas nicht überwunden werden kann, ohne die *machtpolitisch-militärische* Konfrontation der beiden Blöcke in Europa abzubauen, ist evident.

Ein Baustein der Blockkonfrontation ist der *ideologische Gegensatz*, doch der allein müßte kein unüberwindliches Hindernis für die Wiederzusammenführung beider Teile Europas sein. Das Verhältnis Österreichs zu seinen beiden sozialistischen Nachbarn Jugoslawien und Ungarn beweist das. Die Ideologie wird aber dort zum Hindernis, wo die Staaten ihren Bürgern Lebensbedingungen zumuten, die diese als unerträglich betrachten.[42] Solche Staaten müssen zwangsläufig ihre Grenzen schließen.[43] Abschließen der Grenzen aber ist das Gegenteil von Überwindung der Spaltung.

Es ist deshalb gute Europapolitik, wenn alle Bundesregierungen seit Beginn der 70er Jahre versuchen, die Lebensbedingungen in den osteuropäischen Ländern zu verbessern. Innenpolitische Widerstände stehen dieser Politik nicht entgegen. Denn der Prozeß der Verbesserung der Lebensbedingungen in Osteuropa kann sich auf parallele wirtschaftliche Interessen in Westeuropa stützen.[44]

Sehr viel komplizierter dagegen ist das macht- und sicherheitspolitische Geflecht aufzulösen, das beide Teile Europas gegeneinander in der Konfrontation hält und zu immer neuen Rüstungsanstrengungen zwingt, die wiederum zumindest in den osteuropäischen Staaten[45] die notwendige Verbesserung der Lebensbedingungen erschweren oder gar verhindern. Andererseits muß die Überwindung der Spaltung Europas aber blanke Illusion bleiben, wenn die Sicherheitsinteressen der Staaten

---

42 So gibt es parallel zu dem Strom von Deutschen, die die sozialistische DDR verlassen haben, um in die Bundesrepublik zu gelangen, einen Strom von rumänischen Staatsbürgern ungarischer Herkunft, die aus dem sozialistischen Rumänien wegen der dortigen Lebensbedingungen in das sozialistische Ungarn flüchten.- Vgl. Le Monde, 27.4.1988, p.1.

43 Diese Notwendigkeit ist in gewissem Umfange heute noch für die DDR, Rumänien und die CSSR gegeben.

44 Verbesserung der Lebensbedingungen in Osteuropa wird zudem zunehmend auch als notwendiges Instrument angesehen, die Aussiedlung zu verlangsamen.

45 Die Auswirkungen der Rüstungen auf die Wirtschaft hochentwickelter kapitalistischer Gesellschaften sind sehr vielfältig. Ein einfaches Urteil ist nicht möglich. Feststeht aber zumindest, daß das erfolgreiche kapitalistische Land der Nachkriegszeit, Japan, gleichzeitig das Land mit den geringsten Rüstungslasten war und ist. Feststeht auch, daß heute sowohl die USA als auch die westeuropäischen Staaten vor wachsenden finanziellen Anforderungen aus den verschiedensten Sektoren (Umweltreparaturen, Strukturveränderungshilfen, Sozialstaatkosten, Verbesserung der konventionellen Verteidigung etc.) stehen, die aus dem möglichen Steueraufkommen nicht mehr gewährleistet werden können.

West- oder Osteuropas verletzt werden müßten, um die Konfrontation in Europa abzubauen.

II.1 Die politischen Gründe für das bisherige Scheitern von Entspannung, Rüstungsbegrenzung und Abrüstung.

Die politischen Gründe für das Scheitern der Rüstungsbegrenzungs- und Abrüstungspolitik in der Machtkonfrontation der beiden Supermächte sind oft beschrieben worden. Kurz und treffend vor allem von Michael Howard, dem führenden britischen Militärhistoriker. Michael Howard stützt seine Argumentation in erster Linie auf den Konflikt zwischen dem deutschen Kaiserreich, das "seinen Platz an der Sonne" - sprich: Weltmachtstatus - anstrebte, und Großbritannien, der damaligen ersten Weltmacht. Dieser Konflikt manifestierte sich militärisch im Flottenwettrüsten und führte in den Ersten Weltkrieg.[46]

Die wichtigsten der von Michael Howard an diesem Beispiel demonstrierten politischen Gründe für das bisherige Scheitern der Rüstungskontrollpolitik sind:

*   Rüstungskontrolle ist nur möglich, wenn die bestehende Machtverteilung anerkannt worden ist. Von einer wechselseitigen Anerkennung der Machtverhältnisse konnte aber nicht die Rede sein. Weder war die Sowjetunion mit dem zweiten Rang zufrieden, noch billigten die USA der Sowjetunion die Position eines gefährlich nahen Konkurrenten zu.

*   Stets in der Geschichte erschien das, was von der zweiten Macht als Brechen der Hegemonie und Herstellung der Gleichberechtigung angesehen wurde, der herrschenden Macht als Streben nach Hegemonie. Diese Befürchtung ist zudem nicht unbegründet, weil auch in der internationalen Politik der Appetit oft mit dem Essen kommt. Überdies gibt es vielleicht wirklich keinen anderen Weg, einen Rivalen in Grenzen zu halten, als Überlegenheit zu bewahren bzw. zu erringen.

Unter diesen Umständen wird der Rüstungswettlauf ein geradezu notwendiger Ersatz für Krieg. Durchgreifende Erfolge in der Begrenzung der Rüstungen der beiden rivalisierenden Mächte USA und Sowjetunion setzen deshalb voraus, daß

---

46   Howard, Michael: The Causes of War. London, Unwin 1984. Ich habe mich in mehreren Aufsätzen auf diese Arbeit bezogen, Michael Howards Argument rezitiert und vom deutschen Standpunkt aus ergänzt. Vgl. z.B. meinen Aufsatz: Überlegungen zu einer defensiven Verteidigung in Theorie und Praxis, in: Lutz, Dieter S. und Werner Heisenberg (Hrsg.): Sicherheitspolitik kontrovers. Auf dem Weg in die neunziger Jahre. Schriftenreihe der Bundeszentrale für politische Bildung. Bonn 1987, S.291-305.

der Machtkonflikt zwischen beiden Mächten entschieden oder auf irgendeine andere Weise beendet wird. Das aber wurde nicht laut zugegeben. Uneinhaltbare Versprechungen waren damit vorprogrammiert.

Der Politik der Rüstungsbegrenzung fehlte somit bislang schon die politische Grundlage. Darüber hinaus aber hatten sich die militärischen Instrumente dieser Politik zu Hindernissen eigener Art entwickelt.

II.2 *"Militärische Gründe" für die bisherigen Mißerfolge der Rüstungs-*
begrenzung: Das Ziel "Militärisches Gleichgewicht".

Im Westen wie im Osten war - und ist teilweise heute noch[47] - "militärisches Gleichgewicht" offizielles Ziel und offizieller Maßstab für die militärischen Instrumente der Friedenssicherung. Doch Frieden auf militärischem Gleichgewicht aufzubauen, ist eine Illusion. Denn "Frieden durch *militärisches* Gleichgewicht" zeigt sich bei näherer Betrachtung zum einen als eine Verfälschung des alten Begriffs vom *politischen* "Gleichgewichtssystem der Mächte", zum anderen als eine Degeneration der "*Rüstungs-Strategie* des Gleichgewichts", die einen Ausweg aus dem Wettrüsten zwischen zwei Weltmächten um Überlegenheit zu weisen suchte.

Das *System des politischen Gleichgewichts* zwischen mehreren Mächten, die "balance of power" der Metternich und Bismarck, die vom 30jährigen Krieg bis in unser Jahrhundert hinein das europäische Staatensystem bewahrte, beruhte keineswegs auf militärischem Gleichgewicht, sondern auf seinem Gegenteil: auf militärischer Überlegenheit. Überlegenheit, die sich im System der "balance of power" durch eine Allianz aller anderen Mächte gegen denjenigen Staat bildete, der zu stark zu werden drohte und so das bestehende System gefährdete. 1917 suchte der amerikanische Präsident Wilson, dieses System "alle gegen den Störer" zur Grundlage der Friedenssicherung durch einen neu zu schaffenden Völkerbund zu machen, um so Kriege für immer auszuschalten (Prinzip der kollektiven Sicherheit). Jede Konfrontation von zwei Militärbündnissen - wie vor 1914 und wie heute zwischen NATO und Warschauer Pakt - blockiert diesen friedenserhaltenden Mechanismus. Solche Militärbündnisse sollten deshalb nach den Vorstellungen Wilsons als friedensgefährdend verboten werden.[48] "Militärisches

---

47 Erst in den letzten Jahren zeigten sich im offiziellen Sprachgebrauch die ersten Änderungen. Vgl. dazu die Ausführungen über Verteidigerüberlegenheit, unten Kap. IV.5 und Kap. V.
48 Letzter Punkt in Wilsons auf 25 Punkte erweiterten Friedensvorschlägen.

Gleichgewicht" zwischen NATO und Warschauer Pakt anzustreben und den eigenen Pakt als Mittel der "kollektiven Sicherheit" zu bezeichnen, ist deshalb eine Verhöhnung der Prinzipien der Friedenserhaltung durch ein "Gleichgewicht der Mächte" und durch "kollektive Sicherheit".

Nach dem Zweiten Weltkrieg war die Welt in zwei Lager geteilt. Sicherung des Friedens war deshalb weder durch ein Gleichgewicht der Mächte noch durch kollektive Sicherheit denkbar. Zwangsläufig drohte damit aber ein Wettkampf der beiden Rivalen um die nach aller geschichtlicher Erfahrung allein Sicherheit bietende militärische Überlegenheit. So war schon damals der Kreislauf: Konfrontation, Rüstung um Überlegenheit, Verschärfung der Konfrontation, neuer Rüstungsschub usw. vorprogrammiert.

Ende der 50er Jahre schien es, als ob die Kernwaffen eine Chance bieten könnten, den Circulus vitiosus dieses Kampfes um Überlegenheit zu durchbrechen:

Verbunkerte Interkontinentalraketen und Raketen auf Atom-U-Booten waren damals nicht zu treffen, waren "unverwundbar". Überlegenheit an solchen strategischen Waffen, mit denen man die strategischen Waffen des Gegners überhaupt nicht ausschalten konnte, hatte keinen *militärischen* Wert. Und ob eine Großmacht durch 100, 200 oder 500 gegnerische Nuklearraketen, bestückt mit Megatonnen-Sprengköpfen, verwüstet worden wäre, das *machtpolitische Ergebnis* wäre immer dasselbe gewesen: Die so getroffene Weltmacht wäre aus dem Kreis der Weltmächte herausgeschlagen worden.[49] Die Frage nach gleichen Raketenzahlen oder numerischer Überlegenheit war deshalb militärisch und machtpolitisch weitgehend irrelevant geworden. Es lag daher nahe, sich auf ungefähre Gleichheit der Nukleararsenale zu einigen, der man den Namen "Gleichgewicht des Schreckens" gab.

Diese Erkenntnis war die Grundlage der "arms-control-Schule", der Rüstungskontrolle, oder besser: der Rüstungssteuerung. Es ist das Verdienst derjenigen, die damals diese "Strategie des Gleichgewichts"[50] (Helmut Schmidt) propagierten, diese neue Erkenntnis dem alten Glauben entgegengestellt zu haben, nach dem nur Überlegenheit Sicherheit schaffen kann. Seit dieser Zeit ist "Gleichgewicht" verbales Ziel des westlichen Bündnisses.

Voraussetzung für die Richtigkeit des neuen Ansatzes war, daß die strategischen Kernwaffen *nicht militärisch* erfolgversprechend gegen die strategischen Kernwaffen der anderen Seite eingesetzt werden konnten. Doch die Zeitspanne, in der

---

49 Afheldt, Horst und Philipp Sonntag: Stabilität und Abschreckung durch strategische Kernwaffen - eine Systemanalyse, in: Weizsäcker, Carl Friedrich v. (Hrsg.): Kriegsfolgen und Kriegsverhütung. München, Hanser Verlag 1971, S.303-415.

50 vgl. Schmidt, Helmut: Strategie des Gleichgewichts. Deutsche Friedenspolitik und die Weltmächte. Stuttgart, Seewald Verlag 1969.

diese Voraussetzung erfüllt war, wurde nicht für die angekündigte Friedenssicherung auf anderer, politischer Grundlage genutzt. Anfang der 70er Jahre hatte die Treffsicherheit der Interkontinentalraketen schon so zugenommen, daß sich eine Gefährdung der Raketen in ihren Silos abzeichnete. Raketen mit mehreren Sprengköpfen, auf die die USA in den Verhandlungen um SALT 1 nicht verzichten wollten, führten zudem wieder einen Vorteil für den ein, der überraschend als erster die Raketen seines Gegners im Silo angreift (Erstschlag). Überlegenheit war wieder Trumpf. Überlegenheit in Kernwaffen, die sich militärisch erfolgreich gegen die Kernwaffen des Gegners verwenden lassen, kann im Frieden als Druckmittel der Politik eingesetzt werden. Doch gleichzeitig treibt solche "militärisch nutzbare" Überlegenheit in Krisen und im Krieg zur Prävention, weil nur der, der zuerst schießt, die Raketen des Gegners in ihren Bunkern zerstören kann. Das aber erhöht die Gefahr des Atomkrieges. Gerade deshalb mußten Ende der 70er Jahre beide Seiten objektiv die strategische Rüstung ihres Gegners wieder als Bedrohung empfinden.

Darüber hinaus geriet der zunächst ja gerade von Zahlenverhältnissen weitgehend befreite neue Begriff des "Gleichgewichts" in die Hände der "Abrüstungsbürokratie". Bald wurde unter "Gleichgewicht" nur noch "gleiche Zahlen" von Soldaten und Waffen jeder Kategorie verstanden (Datenstreit). Schließlich forderte man im Namen des "Gleichgewichts" auch noch, jede einzelne militärische Option des Gegners durch "Nachrüstung" ebenfalls zu erwerben - wobei man über eigene Optionen, die der Gegner *nicht* hatte, großzügig hinwegzusehen pflegte.

Es war die Tragik Helmut Schmidts, eines der verdienstvollen frühen Träger des Rüstungskontrollansatzes, daß gerade in seiner Regierungszeit unter dem Vorwand der "Wiederherstellung des (militärischen) Gleichgewichts" die Destruktion des Rüstungsbegrenzungsziels vollendet wurde. Heute feiern Insider als einzigen Erfolg der "Truppen*abbau*verhandlungen" (MBFR) in Wien[51], daß die einst von Senator Mansfield geforderte Reduzierung der amerikanischen Truppen in Europa mit Hinweis auf diese Verhandlungen *verhindert* werden konnte.

Zur Rüstungsbegrenzung führt militärisches Gleichgewicht also nicht. Aber auch der Glaube, daß es jedenfalls Kriege verhütet, ist ein Irrtum, wie leider immer wieder gesagt werden muß:[52]

Gleichgewicht besteht zwischen der Erwartung von Rot und Schwarz beim Roulette - und noch niemand hat gehört, daß dieses Gleichgewicht die Menschen ab-

---

51 Diese Verhandlungen zur wechselseitigen ausgewogenen Truppenreduzierung begannen im Oktober 1973 und wurden nach mehr als 15 Jahren am 2.2.1989 ohne den geringsten Erfolg beendet. Le Monde, 4.2.1989, S.3 u. 5.

52 Man muß diese Feststellung so lange wiederholen und immer wieder belegen, bis dieses falsche Ziel aus der politischen Diskussion verschwindet. Das ist bisher leider noch nicht geschehen.

schrecke, zu spielen. Aber Krieg soll es verhüten! Und das absolut verläßlich und zudem noch gegenüber einem so gefährlichen und durch seine Ideologie so verblendeten Feind, daß zu seiner Abwehr selbst die Androhung der Vernichtung der Welt durch Atomwaffen moralisch gerechtfertigt sein soll!

Gleichgewicht bestand 1914/18 zwischen den Mittelmächten und der Entente, 1939/45 zwischen dem "Dreieck Berlin-Rom-Tokio" und dem Bündnis aus sowjetischem Kommunismus und freier Welt. Gleichgewicht bestand für mehr als acht Jahre im Krieg zwischen dem Irak und dem Iran. Kriege verhindern kann militärisches Gleichgewicht also offensichtlich nicht. Aber es verhindert zuverlässig, daß einmal ausgebrochene Kriege beendet werden, ehe beide Seiten ungeheuerlichste, am Anfang des Krieges ganz inakzeptabel erschienene Zerstörungen erduldet haben.[53]

Das ist im atomaren Bereich nicht anders, dafür aber folgenreicher.[54] Nehmen wir zum Beispiel einmal an, zwei Gegner besäßen die genau gleiche Zahl qualitativ absolut gleicher Interkontinentalraketen in festen Silos und sonst keinerlei Kernwaffen. Jede dieser Raketen trüge, wie die amerikanische MX-Rakete, je 10 äußerst treffgenaue Nuklearköpfe. Ein ideales Gleichgewicht also. Doch das Resultat wäre nicht die Unmöglichkeit einer Aggression, Abschreckung vom Kriege also, sondern ein Zwang, in einer Krise *nicht* abzuwarten. Denn der, der angreift, hat die Chance, mit 20-30% seiner Raketenköpfe alle Silos des Gegners zu zerstören, um ihm dann die Kapitulationsbedingungen zu diktieren. Der aber, der abwartet, muß stets mit dieser totalen Niederlage rechnen.

Hat eine Seite darüber hinaus noch eine Verteidigung gegen Interkontinentalraketen aufgebaut, kann sie einen solchen präemptiven Angriff sogar mit der Erwartung lancieren, auch dann ohne größeren Schaden zu bleiben, wenn sie eine oder zwei Raketenstellungen des Gegners aus irgendwelchen Gründen verfehlen sollte. Haben *beide* Seiten eine solche Verteidigung gegen Interkontinentalraketen (Gleichgewicht!), stehen beide Seiten verschärft unter solchen Präemptionszwängen. Zwar könnte ein Verteidigungssystem (SDI) entwickelt werden, das gegen einen Vergeltungsschlag mit *einzelnen*, dem Angegriffenen nach einem Erstschlag verbleibende Raketen Schutz bietet. Doch gegen einen *Erstschlag* mit den Zehntausenden von Nuklearraketenköpfen, die heute in den Arsenalen bereitstehen, gibt es in aller voraussehbarer Zukunft keine verläßliche Verteidigung.

"Nukleares Gleichgewicht" ist also ein Scheinziel.

---

53 Afheldt, Horst: Eskalationsstrategie und Vietnamkonflikt. In: Wehrkunde, Vol.19, Heft 11/1970.
54 vgl. mein Buch Atomkrieg. Das Verhängnis einer Politik mit militärischen Mitteln. München, Hanser Verlag 1984, S.117ff.

Ist "*konventionelles* Gleichgewicht in Europa" mehr als ein Irrlicht? Erlaubt ein solches militärisches Gleichgewicht, konventionelle Angriffe so verläßlich zurückzuweisen, daß der Gegner vom Angriff abgehalten wird?

Im Mai 1940 griff die Deutsche Wehrmacht Frankreich an und warf es in sechs Wochen zu Boden. Dabei war die Wehrmacht an der entscheidenden Nordfront schon den französischen Landstreitkräften unterlegen. 1 806 deutschen Panzern standen hier 2 360 französische gegenüber. Und die französischen Streitkräfte wurden noch durch namhafte belgische, niederländische und britische Streitkräfte verstärkt. Unterlegen war auch die deutsche Luftwaffe. Bei etwa gleicher Bomberzahl standen 800 deutsche Jäger gegen 2 000 alliierte.[55]

Im Juli 1941 griff die Deutsche Wehrmacht die Sowjetunion an. Trotz qualitativer Unterlegenheit der deutschen Panzer[56] und einer zahlenmäßigen Unterlegenheit an Panzern und Kampfflugzeugen von mindestens 1:3 und einer 1:5 unterlegenen Artillerie[57] gelang ihr der Durchbruch bis Moskau und Leningrad.[58] An der Südfront war sogar der Angriff von Rundstedts Armeegruppe mit ganzen 600 Panzern gegen 5 000[59] Panzer der Sowjetunion erfolgreich! Liddell Hart schrieb dazu:

> "Rundstedt konnte einen Vorteil nur auf Überraschung, Geschwindigkeit, Raum und (die Unfähigkeit von) seinen gegnerischen Kommandeuren aufbauen."[60]

Alle Armeen in Europa, im Warschauer Pakt und in der NATO, sind Abkömmlinge dieser Angriffsarmeen des Zweiten Weltkrieges. Sie wurden in der damals eingeschlagenen Richtung weiter spezialisiert, wurden schneller, schlagkräftiger. Hatte die Deutsche Wehrmacht[61] beim Angriff auf Rußland ganze 3 550 Panzer[62],

---

55 Coanet, Michel: Le Précédent 1940. Paris 1986, S.39/41. Unstreitig ist dies allerdings nicht. Liddell Hart spricht von Unterlegenheit der Wehrmacht in Panzern, aber Überlegenheit in Flugzeugen. (History of the Second World War, S.66). Ebenso Ruge, Friedrich: Der Krieg im Westen, im Mittelmeerraum, in: Der Zweite Weltkrieg. Gütersloh, Bertelsmann 1983, S.178.

56 Der russische T 34 Panzer war bis 1943 der "beste Panzer der Welt" (Guderian). Der Panzer IV der Wehrmacht von 1941 konnte den T 34 nur von hinten abschießen, während der T 34 den Panzer IV aus jeder Position zerstören konnte. Barker, A.J., Panzers at War. Shepperton, Ian Allen Ltd. 1978, S.74.

57 Die Angaben schwanken. Rechnet man alle sowjetischen Panzer, also auch die, die bei Kriegsbeginn nicht im Westen der Sowjetunion standen, ergibt sich sogar eine Unterlegenheit in Panzern von 1:7. Liddell Hart, Basil H.: History of the Second World War. London 1970, S.158f. Noch höhere Überlegenheiten auf beiden Feldern ergeben sich nach Dahm, G.: Der Zweite Weltkrieg. Gütersloh, Bertelsmann 1983, S.178.

58 Auch Helmut Schmidt weist darauf hin, daß militärisches Gleichgewicht allein den Frieden in der Geschichte nicht gesichert hat. "Ein Gesamtkonzept - aber wie?" Die Zeit, 3.3.1989, S.3.

59 Diese Angaben Liddell Harts stehen im Widerspruch zu A.J. Barker, Panzers at War, der von 2 000 russischen Panzern spricht, darunter allerdings eine hohe Anzahl von T 34 (S.59).

60 Liddell Hart, Basil H., History of the Second World War. London 1970, S.165.

61 Die folgenden Angaben über die Wehrmacht entstammen Liddell Hart's History of the Second World War. London 1970, S.157f.

hat die NATO heute etwa 22 000[63]. Waren 1941 gut 10% der Divisionen der Wehrmacht im Osten Panzerdivisionen (21), waren nur 14 weitere Divisionen motorisiert und mehr als 80% reine Infanteriedivisionen, so sind heute alle NATO-Divisionen mechanisierte Panzer- bzw. Panzergrenadierdivisionen.[64]

Hatte 1941 eine Panzerdivision 160 Panzer und 140 andere Kettenfahrzeuge sowie 3 000 radgetriebene Fahrzeuge, die außerhalb der Straße praktisch bewegungsunfähig waren, so hatte 1983 eine Panzerdivision der Bundeswehr 308 Panzer und 164 Schützenpanzer, eine Panzergrenadierdivision 252 Panzer und 190 Schützenpanzer.[65]

Initiative und Angriff werden also heute noch ungleich höher prämiiert als 1940/41.[66] Die Dienstvorschrift der US-Armee stellte 1982 deshalb richtig fest:

"Die Anwendung der AirLand-Battle-Doktrin befähigt eine voll kooperierende kleine Streitkraft, eine viel größere feindliche Streitkraft, die schlecht koordiniert kämpft, zu besiegen... Der Angreifer schafft eine fließende Situation, behält die Initiative und zerstreut den Zusammenhang der feindlichen Verteidigung."[67]

Das aber bedeutet: Konventionelles Gleichgewicht zwischen den derzeitigen Armeen der NATO und des Warschauer Paktes in Europa, dieses Traumziel aller "Truppenabbaugespräche" seit 20 Jahren, winkt dem mit der Chance eines militärischen Erfolges, der angreift - und nur dem.

So bringt die Zielvorgabe "*konventionelles* Gleichgewicht" das widersinnige Resultat hervor, daß *die* Seite objektiv bedroht ist, die wirklich *nicht* angreifen will - auch nicht in letzter Minute. Aber genau das ist der feste Entschluß der NATO.[68] Da aber auch der Warschauer Pakt unzweifelhaft zumindest nicht *gezwungen* sein will, anzugreifen, ist auch er objektiv, d.h. bei Betrachtung der Kapazitäten der NATO, bedroht.[69] So kommt man zu dem Ergebnis, daß es kaum ein falscheres

---

62 In Rußland eingesetzt davon anscheinend 3 000. Vgl. Barker, A.J., Panzers at War, S.54.

63 (Davon in Depots ca. 5 500.) Vgl. Presse- und Informationsamt der Bundesregierung (Hrsg.), Konventionelle Streitkräfte in Europa 1988 (Stand Januar 1988), S.6.

64 Auch hier schwanken die Angaben. Doch der Anteil von etwa 12-15% Panzerdivisionen, 5% motorisierten Divisionen und 80% Infanteriedivisionen errechnet sich auch auf der Basis der abweichenden Angaben. Vgl. z.B. Panzers at War, S.54f.

65 Weißbuch der Bundesregierung zur Sicherheit der Bundesrepublik Deutschland 1983, Ziff.162. Eine detailliertere Darstellung mit etwas abweichenden Endziffern findet sich im Weißbuch 1985 zur Lage und Entwicklung der Bundeswehr, S.194ff.

66 Das hat der deutsche General Franz Uhle-Wettler in seinem Buch "Gefechtsfeld Mitteleuropa". Koblenz, Bernard & Graefe 1980, mit unwiderleglichen Argumenten bewiesen.

67 Field-Manual 100-5 (1982), Abschnitt 7-1 und 7-2.

68 Dies wird immer wieder in neuen Erklärungen bestätigt. So z.B. vom Oberbefehlshaber Europa-Mitte, General v. Sandrart, "Die NATO wartet den ersten Stoß ab". Süddeutsche Zeitung, 19./20.11.1988, S.12.

69 So auch v. Bülow, Andreas: Bundeswehrstruktur der 90er Jahre, in: Wehrtechnik, Nr.11, 1986, S.57ff.

Ziel gibt als ein so verstandenes "militärisches Gleichgewicht", in dem beide Seiten sich gerade dann bedroht fühlen müssen, wenn sie *keine* Angriffsabsichten hegen. Daß diese echte Unsicherheit zwangsläufig dazu führt, daß beide Seiten kontinuierlich versuchen, ihre Rüstung weiter zu steigern, dürfte jedem einleuchten.

Daß "militärisches Gleichgewicht" zum Rüstungssteuerungs-Kriterium wurde, war aber keineswegs nur die Folge eines am falschen Ziel ausgerichteten militärischen Denkens, sondern erfüllte durchaus politische Funktionen:[70]

In der *Konfrontation zweier Blöcke ist die Forderung nach "militärischen Gleichgewichten"* eine militärisch begründete politische Forderung zur Bewahrung und Ausdehnung von Macht und Einfluß, ist also ein *militärisches Instrument der Politik.*

Großmacht sein bedeutet, Einflußsphären außerhalb der eigenen Grenzen aufzubauen und zu sichern. Dabei bilden sich meist mehrere Kreise von Einflußzonen unterschiedlich starker Abhängigkeit von der Großmacht. Geographische Nähe verstärkt die Einflußmöglichkeiten der Großmacht, erhöht die Abhängigkeiten. Ungebundene Staaten sind die, die sich dem Einfluß beider rivalisierender Großmächte entziehen können. Man findet sie überwiegend in geographisch größerer Entfernung von beiden rivalisierenden Mächten.

Mittel- und Südamerika sind unzweifelhaft amerikanische Einflußsphären. Ein militärisches Gleichgewicht zu den USA besitzt die Sowjetunion dort nicht. Kuba, der "sozialistische Vorposten", kann ebensowenig auf den "Schutz eines militärischen Gleichgewichts" zwischen der Sowjetunion und den USA rechnen wie Nicaragua. Es ist sofort einsichtig, daß es eine drastische Gefährdung der Machtposition der USA bedeuten würde, wenn die Sowjetunion sich die Forderung zu eigen machte, in der Karibik ein militärisches Gleichgewicht zum Schutze Kubas herzustellen. Gelänge der Sowjetunion dieser Zug, hätte sie den Status quo in der Welt zu ihren Gunsten drastisch verändert. Der Versuch Chruschtschows 1962, auch nur einen kleinen Schritt auf ein solches Gleichgewicht hin zu unternehmen, indem er Nuklearraketen in Kuba stationieren ließ, führte deshalb fast zwangsläufig zur bisher schwersten Krise zwischen zwei Kernwaffenmächten, zur "Kuba-Krise".

Umgekehrt besitzt die Sowjetunion in den osteuropäischen Staaten eine Einflußzone, in der die USA weder über ein militärisches Gleichgewicht verfügen, noch (heute[71]) danach verlangen. Es ist evident, daß Forderungen nach einem

---

70 Andere politische Funktionen derartiger Rüstung werden unten in Kap. II.3.4 dargestellt.

71 Das war nicht immer eindeutig so. Der "Marshall-Plan" für die osteuropäischen Völker wurde von der Sowjetunion nicht ohne Grund als ein Mittel der USA betrachtet, in diesen Ländern gleichberechtigt

militärischen Gleichgewicht zwischen den USA und der Sowjetunion in den osteuropäischen Satellitenstaaten der Sowjetunion "roll-back"-Forderungen wären.

Das, was bei so klaren Status-quo-Verhältnissen deutlich sichtbar ist, gilt natürlich auch da, wo es von einem komplizierteren Status quo verborgen wird. Sowjetischer Flottenbau z.B., der den Status quo weltweiter maritimer Überlegenheit der USA gefährden könnte, wird von den USA mit Grund als Bedrohung aufgefaßt. Sowjetisches Streben nach maritimem Gleichgewicht gar wäre ein Streben nach einem weltweiten "roll back" der USA. Die Forderung der Sowjetunion, auch die Seestreitkräfte in die Abrüstungsverhandlungen mit einzubeziehen und sie dem von der NATO selbst aufgestellten Prinzip zu unterwerfen, daß der, der mehr hat, auch zuerst und mehr abrüsten müsse, wird deshalb von den USA strikt abgelehnt.

Westeuropa liegt der Sowjetunion näher als die meisten Teile Süd- und Mittelamerikas den USA. Dennoch ist der Status quo Westeuropas nicht der der mittelamerikanischen Bananenrepubliken. Diese Tatsache verdankt Westeuropa dem Interesse der USA an Europa und dem NATO-Bündnis. Der aus diesen Fakten folgende militärische Status quo in Europa ist seit Ende der 50er Jahre ein kompliziertes Gemisch aus konventioneller Überlegenheit der geostrategisch benachbarten Supermacht Sowjetunion und wechselnden nuklearstrategischen Kräfteverhältnissen zwischen beiden Supermächten in der Welt. Herrschte anfänglich eine überwältigende Überlegenheit der USA an nuklearen Waffen, so stellte sich in den 70er Jahren praktisch ein ungefährer Gleichstand der Kernwaffenoptionen beider Supermächte ein - ein Gleichgewicht also, wenn man so will. Dieses neue militärische Gleichgewicht bedeutete politisch ein "roll back" der USA und wurde von den USA auch so empfunden, was sich in den außerordentlich hohen Rüstungsaufwendungen der ersten Jahre der Reagan-Administration niederschlug.

Eine wechselseitige nukleare Bedrohung des Territoriums der beiden Supermächte durch landgestützte Raketen aus Europa bzw. aus der Karibik gab es dagegen seit der Kuba-Krise nicht mehr. Beide Großmächte hatten darauf verzichtet, Mittelstreckenraketen auf dem Territorium ihrer jeweiligen Verbündeten zu installieren, die das Territorium der anderen Supermacht erreichen konnten.

In dieser Situation trat die NATO 1979 mit der neuen Forderung auf, in Europa (aber natürlich nicht in der Karibik!) ein Gleichgewicht an Mittelstreckenraketen zu schaffen. Diese Forderung trat jetzt neben die alte Forderung, den Status quo in Europa durch Schaffung eines konventionellen Gleichgewichts zu Gunsten des

---

vertreten zu sein. Die amerikanische Verkündung der "roll-back"-Intentionen nach der Festigung der sowjetischen Herrschaft über Osteuropa dürfte die Sowjetunion in dieser Interpretation bestärkt haben.

Westens zu verändern. Beide Forderungen zusammen bedeuteten "roll-back"-Ambitionen. Sie entsprachen guter alter Machtsphärenpolitik. Die erfolgreiche Herstellung dieses "eurostrategischen Gleichgewichts" durch die "Nachrüstung" war dann ein gelungener Zug zum "roll back" sowjetischer militärischer Machtpositionen.

Die Entwicklung einer erfolgreichen Verteidigung gegen Raketen durch die Vereinigten Staaten (SDI), die der Sowjetunion auch den Gewinn des strategischen Gleichgewichts wieder nähme, liegt in derselben Logik. Gelänge den Vereinigten Staaten dieser Rüstungszug, wäre die Sowjetunion von Westeuropa aus bedroht[72] - und Westeuropa von der Sowjetunion, die Vereinigten Staaten aber von der Bedrohung befreit.

War es deshalb notwendig, nukleare Mittelstreckensysteme in Europa aufzustellen? Sind die Forderungen nach Gleichgewicht bei atomaren Kurzstreckensystemen in Europa, bei Neutronenwaffen, chemischen Waffen usw. bis zum "konventionellen Gleichgewicht" möglichst an der Demarkationslinie (Vorneverteidigung) oder gar davor (Vorwärtsverteidigung[73]) - und sei es auch "nur" zum Erkämpfen von Faustpfändern für Friedensverhandlungen[74] - begründet?[75] Sie sind es, wenn man seine Politik auf Geländegewinne der schon jetzt weltweit führenden, ja einzigen Supermacht USA gründet, wenn man also weiter so denkt, wie es die erste Deutschlandpolitik voraussetzte.

Doch die zweite Deutschlandpolitik - die Entspannungspolitik - steuerte die Überwindung dieses Kampfes der Supermächte um Machtsphären in Europa an. Ja, die erfolgreiche Überwindung solcher Politik in Europa war geradezu die Voraussetzung für jeden Erfolg der zweiten Deutschlandpolitik. Wollte man diesen Machtkampf um Einflußsphären vom europäischen Boden ablösen und weltweit entschärfen, hätte man jeden Rüstungsschritt vermeiden müssen, der den Brennpunkt dieser Auseinandersetzung erneut nach Europa lenken konnte. Daß man dies nicht tat, zeigt: In der rüstungspolitischen Realität hat man sich letztlich

---

72 Die jetzt ausgehandelte "doppelte Null-Lösung" vermindert diese Bedrohung der Sowjetunion, hebt sie aber nicht auf. Neue Stationierungen von Kampfflugzeugen für nukleare Einsätze in Großbritannien und neue nukleare Cruise Missiles auf Schiffen der US-Marine in und um Europa werden diese Bedrohung für die Sowjetunion wieder anheben.

73 So jetzt eindeutig das Memorandum "Discriminate Deterrence" der Commission On Integrated Long-Term Strategy for the (US)Secretary of Defense and the Assistant to the President for National Security Affairs v. 11.1.1988, p.2 u. III-30.

74 vgl. dazu z.B. Farwick, Dieter: Zur Diskussion der NATO-Strategie, in: Österreichische Militärische Zeitschrift, Heft 2/1983, S.117ff.. Huntington, Samuel P.: Conventional Deterrence and Conventional Retaliation in Europe, in: International Security, No.3, Winter 1983/84, S.32ff.,40.

75 Ein solches "Gleichgewicht", und zwar durch einseitige Abrüstung der Sowjetunion einzustellen, wurde allen Ernstes als NATO-Abrüstungskonzept angekündigt. Vgl. z.B. International Herald Tribune, 3.3.1988, pp.1,6.

immer wieder für die alte, erste Deutschlandpolitik entschieden, die Politik des Zurückdrängens der Sowjetunion durch westliche militärische Stärke.

Dabei waren diese Entscheidungen von der Bundesrepublik aus gesehen sicherheitspolitisch nicht grundlos. Von Bonn aus betrachtet ist eine *auch nur in Europa* mächtigere Sowjetunion bereits eine potentielle Gefahr. Und es tröstet nur unzulänglich, daß die USA weltweit überlegen sind. So, wie es für Nicaragua und Kuba nur ein sehr schwacher Trost ist, daß die Sowjetunion in Europa gegenüber den USA Trümpfe besitzt.

Fazit:

Nur auf den ersten Blick scheint es so, als ob der *militärische* Komplex mit seinen als unausweichlich empfundenen Sachzwängen von Aktionen und Reaktionen eine politisch-militärische Entwicklung *diktiert* hat, die den Zielen der zweiten Deutschlandpolitik zuwiderlief. Bei näherem Hinsehen zeigt sich jedoch deutlich, daß die spezifische *Militär*politik von NATO und Warschauer Pakt der *Konfrontationspolitik* der Supermächte optimal diente, indem die so entstehenden "militärischen Sachzwänge" die Konfrontationspolitik gegen alle anderen politischen Alternativen abschotteten.

Anders ausgedrückt: Die militärischen Gründe für das Scheitern der zweiten Deutschlandpolitik erfüllten (auch) einen *politischen* Zweck.

Wieder werden wir so darauf gestoßen, daß der politische Gegensatz zwischen der ersten Weltmacht unserer Tage, den Vereinigten Staaten, und der zweiten militärischen Großmacht Sowjetunion die primäre Ursache des Scheiterns der zweiten Deutschlandpolitik ist. Abhilfe für deren Scheitern muß deshalb zuerst auf dem *politischen* Feld gesucht werden. Die *militärischen* Mittel und ihre Leitbilder sind dann daraufhin zu untersuchen, ob und wie sie sich für das neue politische Postulat entwickeln und nutzen lassen. Das soll unten in Kapitel VII geschehen.

II.3   Kernwaffen und die Sicherheit des Westens.

II.3.1   Ein Glaubensstreit mit politischem Hintergrund.

Seit 20 Jahren basiert die Sicherheitspolitik der NATO auf einer bestimmten Kombination von konventioneller Verteidigung und nuklearer Abschreckung. Beide zusammen sollen das Risiko für einen sowjetischen Angreifer so unkalkulierbar groß machen, daß er bei rationaler Kalkulation von diesem Angriff Abstand nehmen muß. Dabei ist es der NATO seit langem klar, daß ein Griff zu Kernwaffen zumindest für die europäischen NATO-Partner selbstmörderisch wäre. Dennoch hält die NATO bis heute an dieser Strategie der abgestuften Antwort (flexible response) fest.

Man mag an die Grundgedanken einer solchen Strategie glauben. Man kann das Konzept aber auch für eine blanke, selbstmörderische Illusion halten und deshalb eine konventionelle Abhaltungsstrategie fordern, die Kernwaffen nur noch die Rolle der Abschreckung gegnerischer Kernwaffeneinsätze zuweist.[76] Doch auch wenn man mit den die Politik der NATO bestimmenden Regierungen und militärischen Gremien an die Strategie der "flexible response" glaubt, ist damit noch nicht entschieden, *wie* denn das für den Gegner unkalkulierbare Risiko aufrechterhalten werden soll. Ganze Bibliotheken sind mit Büchern und Aufsätzen gefüllt, in denen die Verfasser ihre Vorstellungen davon ausbreiten, wie diese Abschreckung durch unkalkulierbares Risiko gesichert werden kann und welche Rüstungsschritte dazu nach Meinung der Verfasser notwendig sind.

Solche Vorstellungen von den Wirkungen von Kernwaffenstreitkräften auf das Verhalten von Freunden, Feinden und Neutralen nennt man "Perzeptionen"[77]. Aber dieser Ausdruck ist außerhalb des engen Zirkels der "Nuklearstrategen" weitgehend unbekannt. Ich habe ihn hier durch den allgemein bekannten Begriff "Glauben" ersetzt. Warum, wird im folgenden bald verständlich werden.

---

76   Diese Auffassung vertrete ich seit Jahren in einer Reihe von Aufsätzen und Büchern.
77   Aus dem Englischen übernommen: perception.

Glaube Nummer 1: Nur ein lückenloses Spektrum amerikanischer Kernwaffen in Europa sichert den Frieden.

Man kann glauben und mit guten Argumenten belegen, daß es zur Aufrechterhaltung des unkalkulierbaren Risikos für einen sowjetischen Angreifer - und damit zur Sicherheit der Bundesrepublik und Europas - erforderlich sei, daß die Vereinigten Staaten *in Europa ein lückenloses Spektrum amerikanischer* nuklearer Optionen bereithalten und in eigener Entscheidungsgewalt einsetzen können[78], weil nur ein solches "lückenloses Spektrum" von den Schlachtfeldkernwaffen bis zu den strategischen Kernwaffen der Vereinigten Staaten die Sicherheit Westeuropas hinreichend fest an das Schicksal und an die Sicherheit der USA kopple. Lückenlos sei das Spektrum aber nur, wenn *amerikanische* Schlachtfeldkernwaffen[79], Mittelstreckenraketen von kürzerer Reichweite (500-1 000 km), die außer der Bundesrepublik die DDR und Polen erreichen, und Mittelstreckenraketen größerer Reichweite (z.B. Pershing 2), die die Sowjetunion erreichen können, auf europäischem Boden bereitstünden.

Diese Annahme hat weitreichende politische Folgen:

1. Für den, der diese Annahme teilt, ist durch die Forderung nach einem lückenlosen Spektrum *amerikanischer* Kernwaffen in Europa automatisch jede *Souveränität der Bundesrepublik* auf sicherheitspolitischem Gebiet ausgeschlossen. Denn sind diese amerikanischen Kernwaffen wirklich für unsere höchsten Werte, für Frieden und Freiheit, unverzichtbar, dann entscheidet derjenige über unsere höchsten Werte, der über die Stationierung und den Einsatz dieser amerikanischen Kernwaffen entscheidet. Und das ist der amerikanische Präsident. Doch der entscheidet nach amerikanischen Interessen, und nur nach diesen. Dazu ist er gewählt worden und dazu verpflichtet ihn auch die amerikanische Verfassung, auf die er seinen Amtseid geleistet hat.

Dies festzustellen heißt nicht, diesen Souveränitätsverlust der Bundesrepublik zu kritisieren. Formal besiegelt wurde er am 2. Mai 1975 mit dem Verzicht der Bundesrepublik auf den Besitz eigener Kernwaffen durch die Ratifizierung des "Vertrages über die Nichtverbreitung von Kernwaffen". Für diese Ratifizierung sprachen gewichtige politische und sicherheitspolitische Gründe.

---

78 Sehr detailliert dargelegt von Stratmann, K.-Peter: NATO-Strategie in der Krise? Baden-Baden, Nomos Verlag 1981.

79 Battlefield weapons sind Waffen mit Reichweiten unter 500 km. Oft auch als "taktische Kernwaffen" bezeichnet.

2. Für den, der an die Notwendigkeit eines lückenlosen Spektrums *amerikanischer* Kernwaffen und amerikanischer Einsatzoptionen in Europa glaubt, ist aus denselben Gründen aber auch jede *europäische sicherheitspolitische Souveränität* ausgeschlossen. Französische oder britische Kernwaffen können nach diesem Glauben amerikanische Kernwaffen in Europa nicht ersetzen, gleichgültig wie groß die Kernwaffenarsenale dieser Staaten auch anwachsen. Denn europäische Kernwaffen repräsentieren eben keinen lückenlosen Verbund *amerikanischer* Kernwaffenoptionen und werden so in dieser Betrachtungsweise zur "quantité négligeable".

3. Wer an die Notwendigkeit dieses lückenlosen amerikanischen Spektrums von Kernwaffen in Europa glaubt, für den war die Stationierung der Pershing 2 und Cruise Missiles in Europa deshalb nicht *Mittel* zum Zweck der *Rüstungsbegrenzung* und Abrüstung in Europa, sondern Selbstzweck. Die Null-Lösung für die weiterreichenden Mittelstreckenraketen, so wie sie der Rüstungskontrollteil des Nachrüstungsbeschlusses nach der offiziellen Interpretation aller deutschen Regierungen seit 1980 anstrebte[80], ist für ihn des Teufels.

Und das insbesondere, weil mit diesen Mittelstreckenraketen größerer Reichweite ausgerechnet die Waffen entfernt werden, die den gefürchteten Angreifer, nämlich die Sowjetunion, treffen würden, während diejenigen Kernwaffen im NATO-Arsenal verblieben, mit deren Einsatz die Bundesrepublik zerstört würde (Schlachtfeld-Kernwaffen) oder allenfalls darüber hinaus die DDR und die osteuropäischen Nachbarn (Mittelstreckenraketen kürzerer Reichweite).

4. Wer an die Notwendigkeit eines lückenlosen Spektrums von amerikanischen Kernwaffen glaubt, der mußte daher der Sicherheitspolitik der verschiedenen Bundesregierungen seit 1980 heftig widersprechen. Es sei denn, er war sich der Ablehnung der Null-Lösung durch die Sowjetunion sicher und sah in der Forderung nach einer Null-Lösung ein geeignetes (Täuschungs-) Mittel, um die Nachrüstung innenpolitisch durchzusetzen.

---

80 Der Wortlaut des Nachrüstungsbeschlusses ist hier wieder einmal mehrdeutig. Gefordert werden einmal Verhandlungen zur Vereinbarung von Begrenzungen für amerikanische und sowjetische landgestützte LRTNF-Raketensysteme. (Kommuniqué der Sondersitzung der Außenminister und der Verteidigungsminister der NATO vom 12.12.1979. Ziff.9.c.) Als Ziel wird zudem ein "Gleichgewicht bei geringeren Beständen" bezeichnet (Ziff.9). Die Minister erklären schließlich, der Bedarf der NATO an Kernwaffen in Europa (TNF) werde "im Licht konkreter Verhandlungsergebnisse geprüft werden" (Ziff.11). Zit. nach: Bundesminister d. Verteidigung (Hrsg): Die nuklearen Mittelstreckenwaffen. Bonn 1980. Dieser Wortlaut ließ die regierungsamtliche Interpretation zu: "Im besten Falle könnte" die Nachrüstung "durch ein entsprechendes Verhandlungsergebnis sogar überflüssig werden (sogenannte Null-Option)...." Zit. aus: Aspekte der Friedenspolitik. Veröffentlichung der Bundesregierung, Juni 1981, S.19. Diese innenpolitisch nützliche Interpretation wurde von der Regierung Kohl voll übernommen. Vgl. dazu das im Text folgende Zitat der Ziff.45 des Weißbuches 1985.

Wohl schon aus diesem Grunde wurde die deutsche Sicherheitspolitik in den offiziellen Erklärungen der 80er Jahre oft grotesk widersprüchlich formuliert.

So erklärte das Weißbuch 1983 zum Beispiel:

> "... Nur ein überlebensfähiges Nuklearwaffenpotential der *Vereinigten Staaten in Europa* konfrontiert die *Sowjetunion* mit der Drohung ..., der *direkten Wirkung amerikanischer Nuklearwaffen aus dieser Region* ausgesetzt zu bleiben und damit gegenüber Westeuropa den bisher mit allen Mitteln verteidigten Charakter des nuklearen Sanktuariums zu verlieren..."[81]

Dieselbe Regierung schrieb im Weißbuch 1985:

> "... Das Interesse der Bundesregierung ist, ... eine rüstungskontrollpolitische Lösung zu finden, die die *Beseitigung* der weiterreichenden sowjetischen *und amerikanischen* landgestützten Mittelstreckenflugkörper, zumindest ihre Begrenzung *möglichst nahe bei Null*, zum Inhalt hat."[82]

Glaube Nummer 2: Jeder Angriff auf die Lebensinteressen eines Kernwaffenstaates ist immer ein unkalkulierbares Risiko.

Man mag aus mindestens ebenso guten Gründen glauben:

Kein Staat kann sich einen militärischen Angriff auf die lebenswichtigen Interessen eines anderen Kernwaffenstaates erlauben, wenn er nicht *sicher* ist, daß der angegriffene Staat *nicht* mit Kernwaffen antwortet, die das Territorium des Angreiferstaates verwüsten. Zu einer solchen Verwüstung reichen aber selbst bei einer Großmacht relativ wenige Kernwaffenexplosionen. Schon hundert Explosionen von Waffen im Megatonnenbereich würden zu derartigen Zerstörungen führen, daß die betroffene Großmacht aus dem Kreis der lebensfähigen Industriegesellschaften ausscheidet.[83]

Wer deshalb meint, eine relativ geringe Wahrscheinlichkeit selbst einer zahlenmäßig relativ begrenzten nuklearen Eskalation genüge, um auch eine atomare Großmacht abzuschrecken, der muß nur sicherstellen:

1. Daß er über die relativ geringe Zahl von Kernwaffen verfügt, die zur Zerstörung eines angreifenden Gegners nötig sind.

---

81 Weißbuch 1983, Ziff.282 (Hervorhebg. von mir).
82 Weißbuch 1985, Ziff.45 (Hervorhebg. von mir).
83 Weizsäcker, Carl Friedrich v. (Hrsg.): Kriegsfolgen und Kriegsverhütung. München, Hanser Verlag 1971, S.308ff.

2. Daß er auch genügend dieser Waffen ins Ziel, d.h. in das Territorium des Gegners, bringen kann.

3. Daß der Gegner diese Waffen nicht mit einem Präventivschlag vernichten kann. ("Unverwundbarkeit" der Kernwaffenarsenale).

4. Daß er Interessen von geringerem Grade als Freiheit und Unabhängigkeit mit anderen Mitteln sichern kann. Denn nur bei einer Bedrohung der *lebenswichtigen* Werte eines Staates ist es *denkbar*, daß er seine Kernwaffen sogar gegen einen angreifenden Kernwaffenstaat einsetzt. Nur dann also läuft ein nuklear bewaffneter Angreifer wirklich ein unkalkulierbares Risiko.

Wenn man innerhalb des gemeinsamen Abschreckungsdenkens diese Auffassung teilt, dann eröffnen sich ganz andere politische Perspektiven als beim "Glauben Nr. 1", dem Glauben an die Unverzichtbarkeit des lückenlosen Spektrums amerikanischer nuklearer Waffensysteme und Optionen in Europa. Die wichtigste Veränderung der "Realität" durch die Übernahme des "Glaubens Nr. 2" über Kernwaffen ist:

a) Eigenständige *europäische* Sicherheitspolitik wird wenigstens begrifflich wieder möglich, welche Form gemeinsamer europäischer Sicherheitspolitik man sich auch im einzelnen vorstellen mag. Ein Weg zu einer solchen europäischen Sicherheitspolitik wird im letzten Kapitel dieses Buches[84] beschrieben werden.

b) Aber auch für die Sicherheitspolitik der NATO eröffnen sich weitere Perspektiven. Denn glaubt man an die abschreckende Kraft eines solchen unkalkulierbaren Risikos, selbst gegenüber nichtnuklearen Angriffen auf Europa, dann muß die NATO in Europa heute nur sicherstellen:

- Daß die USA weiterhin die Freiheit Westeuropas von sowjetischer Dominanz als lebenswichtiges eigenes Interesse betrachten.

- Daß die konventionellen Verteidigungsfähigkeiten der NATO aufrechterhalten oder gar verbessert werden, um nur im schlimmsten Fall und nicht bald nach Beginn eines konventionellen Angriffs auf die nukleare Drohung angewiesen zu sein.

Schon die amerikanischen Kernwaffenstreitkräfte außerhalb Europas reichen zu einer *solchen* Abschreckung zahlenmäßig und qualitativ mehrfach aus. Denn die USA verfügen bekanntlich über Tausende von Kernwaffen auf U-Booten, Flugzeugträgern, Fernbombern und verbunkerten Raketen auf dem amerikanischen

---

84 Kap. VII.

Kontinent. Zumal einige Atomraketen tragende U-Boote dem NATO-Oberkommandierenden Europa unterstellt sind und auch 1979 schon unterstellt waren.[85]

Glaubt man so an die umfassende Abschreckung durch ein solches unkalkulierbares Risiko, dann brauchte man 1979 auch nicht nachzurüsten. Denn für ein "lückenloses Spektrum amerikanischer Kernwaffen in Europa" bestand dann keinerlei Bedarf. Dieses unkalkulierbare Risiko für die Sowjetunion verminderte sich auch nicht durch die "neue Bedrohung durch die sowjetischen SS-20 Raketen". Beide Standardargumente für die Nachrüstung waren deshalb in der hier betrachteten Denkkategorie nuklearer Abschreckung falsch. Aber auch die Null-Lösung für Mittelstreckenraketen hat in dieser Denkweise keinen Einfluß auf die militärische Sicherheit in Europa. Sie wird hier zu einem für politische Zwecke frei verfügbaren Instrument. Der wechselseitige Verzicht auf Mittelstreckenraketen in Europa durch den INF-Vertrag von Washington vom Dezember 1987 nutzte den in dieser Abschreckungsauffassung sich öffnenden politischen Handlungsspielraum zum Start der bislang stets gescheiterten Abrüstung.

Auch der Abbau derjenigen Kernwaffen der NATO, die nur die Bundesrepublik zerstören (Schlachtfeldkernwaffen) oder allenfalls noch die DDR und Osteuropa erreichen können (Mittelstreckenraketen kürzerer Reichweite), wird in dieser Auffassung von Abschreckung in Europa politisch verfügbar.

Nimmt man aber an, die USA könnten ihre Interessen an Europa in einer zukünftigen Krise einmal *nicht mehr als lebenswichtig* ansehen, dann ist nach dem hier unterstellten Glauben über Kernwaffen eine Abschreckung durch *amerikanische* Kernwaffen nicht mehr *gesichert*, gleichgültig, ob amerikanische Kernwaffen auf dem europäischen Kontinent stehen oder nicht. Darüber, ob die Sowjetunion als vorsichtige Macht sich dennoch abgeschreckt fühlen würde, oder als risikofreudiger Herausforderer dann einen Krieg wagen könnte herrscht wieder ein unentscheidbarer Streit unter den "Nuklearstrategen".

---

85 Dies wurde auch die Auffassung der amerikanischen Regierung. Verteidigungsminister Caspar Weinberger sagte bei den Beratungen des Verteidigungsplanungsausschusses der NATO, Europa brauche von einem ... INF-Abkommen keine Entnuklearisierung zu befürchten, angesichts von 4 000 Atomsprengköpfen auf Flugzeugen, U-Booten und anderen Waffenträgern. Vgl. Süddeutsche Zeitung, 27./28.5.1987, S.2.

Glaube Nummer 3: Kernwaffen sind Machtsymbole. Zahlenmäßige Über- oder
Unterlegenheit der Kernwaffenarsenale entscheidet über ihre politische
Nutzbarkeit.

Abgesehen von ihrer Rolle als Droh- und Abschreckungsinstrumente werden
Kernwaffen auch als Machtsymbole betrachtet, die durch ihre bloße Präsenz politisch nutzbare Machtmittel darstellen. In dieser Logik stand auch das Argument
der Nachrüstungsbefürworter: Wenn der Westen nicht nachrüstet, behält die Sowjetunion ein Monopol in der Kategorie der Mittelstreckenraketen in Europa. Dieses Monopol kann aber auf die Dauer allein durch seine bedrohliche Existenz zu
einer stillschweigenden Anpassung der Westeuropäer an die Sowjetunion führen
("Finnlandisierung"). Also muß unter allen Umständen ein ungefähres Zahlengleichgewicht[86] an Mittelstreckenraketen errüstet werden, um dieser Erpressung zu
widerstehen. Die Sowjetunion pflegte denselben Glauben.[87] Der gleiche Gedanke,
Zahlen*ungleichgewichte* in Kernwaffen könnten sich für den zahlenmäßig
Schwächeren politisch negativ auswirken, selbst wenn sie keinerlei militärische
Konsequenzen nach sich ziehen, findet sich auch in der Diskussion über die stra-
tegische Kernwaffenrüstung.[88]

Auch der Glaube an die Bedeutung relativer nuklearer Überlegenheit hat gravierende politische Folgen:

Wer nukleare Zahlengleichgewichte für politisch bedeutend oder gar entscheidend
hält, definiert die Möglichkeit einer selbständigen europäischen Sicherheitspolitik
- etwa unter französischer Führung - fast ebenso weg, wie der, der amerikanische
Kernwaffen in Europa auf allen denkbaren Ebenen für überlebenswichtig erklärt.[89]
Denn ein *Zahlengleichgewicht* zwischen den sowjetischen Kernwaffen und denen
Frankreichs (oder auch den englischen und französischen zusammen) ist weder in

---

86 Interessanterweise findet sich diese Gleichgewichtsforderung in dem von den Außenministerien erar-
    beiteten Teil des Nachrüstungsbeschlusses, der die Null-Lösung anzusteuern verspricht. Nicht aber in
    dem eigentlichen Nachrüstungsteil, der ein Gleichgewicht sogar ausdrücklich ablehnt. Vgl. dazu: Bun-
    desminister d. Verteidigung, Die nuklearen Mittelstreckenwaffen. Bonn 1980, S.21f. Mit den
    Widersprüchen des Doppelbeschlusses insgesamt habe ich mich in: Atomkrieg. Das Verhängnis einer
    Politik mit militärischen Mitteln, S.179ff, ausführlich befaßt.

87 vgl. Spiegel-Gespräch mit dem KPdSU-Politbüromitglied A.N. Jakulew: "Hatten die Amerikaner eine
    neue Rakete, glaubten wir, die gleiche haben zu müssen. Hatten sie 5 000 Atomsprengköpfe, mußten
    wir die gleiche Menge haben, obwohl schon ein Zehntel reichen würde." Der Spiegel, Nr.3/1989,
    S.118ff.(120).

88 Beispiel: Schlesinger, James R., Annual Report of the Secretary of Defense 1976/77, S.II/7.

89 Im sowjetischen Fernsehen erklärte der ehemalige französische Premierminister Chirac, daß ein
    Zahlengleichgewicht zwischen den Kernwaffen seines Landes und der Sowjetunion Voraussetzung für
    französische Rüstungsbegrenzungsmaßnahmen, insbesondere den Stopp der französischen Kern-
    waffenversuche, sei. Vgl. Süddeutsche Zeitung, 18.5.1987, S.7. Im Oktober 1988 erklärte Staatspräsi-
    dent Mitterrand das Gleiche. Süddeutsche Zeitung, 13.10.1988, S.9.

Sicht, noch könnte die Sowjetunion zulassen, daß es entstünde. Denn gerade in der Denkweise, nach der Kernwaffenzahlen politisch entscheidendes Gewicht haben, wäre die Sowjetunion doch gezwungen, die amerikanischen *und* die französischen *und* die chinesischen Kernwaffenstreitkräfte *einzeln* genau aufzuwiegen. Woraufhin wieder die USA die dann aufs Doppelte oder gar Dreifache angewachsenen sowjetischen Kernwaffenarsenale einstellen müßten usw. usf.

Wer der Lehre von der Notwendigkeit eines Zahlengleichgewichts bei Kernwaffen anhängt, hat andererseits grundsätzlich die Freiheit, *Null*-Lösungen für jede denkbare Waffenkategorie anzunehmen, wenn er diese Null-Lösung für politisch nützlich hält. Denn auch eine wechselseitige Null-Lösung befriedigt die Forderung nach einem Zahlengleichgewicht.

Wer den Glauben an die politische Bedeutung von Zahlengleichgewichten bei Kernwaffen teilt, findet sich aber andererseits stets in einem Gestrüpp von Rüstungszwängen wieder:

1. Er muß Waffenkategorie für Waffenkategorie nachziehen, wenn sein Gegner die Zahl seiner Kernwaffen erhöht oder eine neue Kategorie (z.B. Cruise Missiles) einführt.

2. Die Atomrüstungen beider Supermächte sind aus historischen und geographischen Gründen asymmetrisch gewachsen. Die USA stationierten z.B. größere Teile ihres Arsenals auf U-Booten als die Sowjetunion. Die Sowjetunion dagegen baute mehr und größere landgestützte Potentiale und besaß seit kurz nach der Kuba-Krise von 1962 bis zur Nachrüstung der NATO ein Monopol an auf Europa gerichteten Mittelstreckenraketen. Wenn aber die USA vorzeigbare atomare "Überlegenheiten" für politisch wichtig halten, müssen sie versuchen, in den Kernwaffenkategorien, in denen sie *unterlegen* sind, nachzurüsten. Während die Sowjetunion, solange sie ebenfalls ein zahlenmäßiges Übergewicht bei Kernwaffen für politisch wichtig hält, versuchen muß, dort nachzurüsten, wo die USA in Zahl oder Qualität einen Vorsprung aufweisen.

Wettrüsten ist somit die zwangsläufige Folge dieses Denkens. Ob das aber ein Nachteil für die westliche Sicherheitspolitik ist, das ist wieder streitig. Denn einmal läßt sich der aus diesem Glauben notwendigerweise folgende Zwang zum Wettrüsten auch dazu nutzen, neue Kernwaffenrüstung vor der eigenen Bevölkerung zu legitimieren, die sich oft von subtileren Gedankenspielen der Strategen wenig überzeugen läßt. Der aus dieser Auffassung abgeleitete "Zwang zu neuer Rüstung" läßt sich aber auch als Signal an den Gegner nutzen, daß er mit nicht endenwollendem Wettrüsten rechnen muß, wenn er seine Herausforderung nicht aufgibt. So gehandhabte Nuklearrüstung wird zu einer *Politik mit militäri-*

schen Mitteln ohne Krieg. Die ersten Jahre der Regierung Reagan waren durch eine solche Politik gekennzeichnet.

Glaube Nummer 4: Selbst wenn sie sich nicht ohne Selbstzerstörung einsetzen lassen, können Kernwaffen als militärische Mittel der Politik dienen, sogar zur Veränderung des Status quo.

Die ersten drei genannten Glauben über Kernwaffen sind der *proklamierten* Politik mit nuklearen Mitteln zuzurechnen, während der vierte Glaube selten offen propagiert wird:

Rüstungswettlauf als Ersatz für den Krieg, wie Michael Howard formulierte[90], ist nur eine Möglichkeit für Politik mit Kernwaffen. Eine andere, ebenso oft genutzte Variante beschreibt Philip A.G. Sabin in seiner Studie "Schatten oder Substanz - Perzeptionen und Symbolismus in der Planung nuklearer Streitkräfte"[91]:

"Eine detaillierte Studie amerikanischer demonstrativer militärischer Aktionen in den drei Jahrzehnten bis 1975 zeigte, daß die USA sich in fast jedem Fall durchsetzen konnten, in dem sie die strategischen Nuklearstreitkräfte oder bedeutende konventionelle Streitkräfte demonstrativ mobilisierten (were brandished).[92]

Dabei sieht Sabin den Grund für die Wirksamkeit solcher demonstrativer Drohungen

"nicht so sehr darin, *freien Willens* einen Kernwaffenkrieg *anzufangen*, als darin, eine Eskalation einzuleiten und weiterzutreiben, die in einem Atomkrieg *enden könnte.*"[93]

Gerade die militärische Instabilität der derzeitigen Verteidigungsvorbereitungen erweist sich so als politisches Instrument für eine Konfrontationspolitik, die nicht nur die Selbstbehauptung sichern, sondern auch über Optionen verfügen will, die Gegenseite zurückzudrängen. Militärische Instabilität und *Weltmachtpolitik* zeigen sich so in Einklang.[94]

---

90 oben Kap. II.1.
91 Sabin, Philip A.G: Shadow or Substance? Perceptions and Symbolism in Nuclear Force Planning. Adelphi Paper 222. IISS London 1987, S.59.
92 Die Studie, auf die sich Sabin bezieht, ist die von Blechmann, Bary M. und Stephen S. Kaplan: Force without War: US Armed Forces as a Political Instrument. Washington D.C., Brookings 1978, S.98-101 (Hervorhebg. von mir).
93 Blechmann, Bary M. und Douglas M. Hart in: International Security, Summer 1982, S.153.
94 Daß militärpolitische Aktionen zusammen mit der Möglichkeit eines unbeabsichtigten Kriegsausbruchs ein Element der wechselseitigen Bedrohung sind, betont auch der sowjetische Generalstabschef Moissejew. "Moskau wirft der NATO Offensivdrang vor". Süddeutsche Zeitung, 14.3.1989.

Ein Zusammenhang zwischen Erfolgen in diesem Krisenpoker und Zahlenüberlegenheit der Kernwaffenarsenale konnte nicht festgestellt werden.[95] Der Glaube an die politische Bedeutung und Nutzbarkeit *zahlenmäßiger* nuklearer Überlegenheiten bestätigte sich hier also nicht. Die politische Nutzbarkeit von Kernwaffenarsenalen in Krisen hängt offensichtlich nicht von den Größenverhältnissen der Arsenale ab, sondern davon, welcher der beiden Kontrahenten in der Krise risikofreudiger auftritt. Anders ausgedrückt: vom Leichtsinn in der Krise.

Aber die USA haben doch im Gegensatz zur Sowjetunion stets nur eine defensive Politik betrieben? Das ist richtig, wenn man unter defensiver Politik die Verteidigung der amerikanischen Suprematie versteht. Doch "roll back", (begrenzte[96]) Verbesserungen der eigenen Position, schließt das nicht aus. Ja man kann sogar sagen, daß eine Weltmacht, die ihre Suprematie verteidigt, bestimmte militärische "roll-back-Optionen" *benötigt*. Sei es, um verlorene Positionen zurückzugewinnen, sei es, um sich für auf irgendeine Weise verlorene Positionen in der Welt an anderer Stelle Ersatz zu verschaffen (z.B. Unterstützung von Guerillas gegen Regierungen anderer Länder). Das unten[97] besprochene Memorandum "Discriminate Deterrence" der amerikanischen "Commission On Integrated Long-Term Strategy" vom 11.1.1988[98] macht dieses besondere Großmachtinteresse der USA nunmehr unmißverständlich[99] deutlich.

Im Unterschied zu den anderen bisher behandelten Glauben über die Wirkung von Kernwaffen läßt sich der Glaube Nr. 4 also ein gutes Stück weit auf empirische politische Erfahrungen stützen. Warum aber wird hier dennoch von einem "Glauben" gesprochen?

Weil es zwar belegbar ist, daß nukleare Drohungen in kriseninstabilen Lagen zum Rückzug des Gegners (meist der Sowjetunion) genutzt werden *konnten*, weil es

---

95 Blechmann, Bary M. und Stephen S. Kaplan: Force without War: US Armed Forces as a Political Instrument. Washington D.C.: Brookings Institute 1978, S.127/129. Für die Kuba-Krise siehe auch McGeorge Bundy, Danger and Survival: Choices about the Bomb in the First Fifty Years. New York, Random House 1989. Anderer Ansicht: Glynn, Patrick: Nuclear Revisionism. Commentary, Vol.87, No.3 March 1989, S.42f.

96 Unbegrenzte, d.h. entscheidende Einbrüche in die Position einer atomaren Großmacht verbieten sich ohnehin von selbst. Denkbar ist nur das Voranschreiten mit der sogenannten "Salamitaktik"- und auch das nur in engen Grenzen.

97 Kap. III.1 und III.2.

98 Besonders der Abschnitt II (Third World Conflicts and US Interests) und "Main Points", p.2/3. Die (völkerrechtswidrige) Unterstützung von "anti-Communist insurgents" gegen Regime, die "threatens its neighbors" wird ausdrücklich als einer der "Main Points" genannt, ebenso wie die Forderung nach militärischer Unterstützung durch Verbündete außerhalb der Grenzen der Bündnisse.

99 Der Vorreiter, die AirLand-Battle-Doktrin, wurde noch eifrigst zur Nicht-Doktrin ohne politische Bedeutung stilisiert. Vgl. insbes. Stratmann, K.-Peter, "AirLand Battle" Zerrbild und Wirklichkeit. Stiftung Wissenschaft und Politik, SWP-AP 2397, September 1984.

aber völlig offen ist, ob und in welchen Fällen nukleare Drohungen in *zukünftigen* Krisen zum selben Resultat führen würden. Denn Sabin folgert in seiner Studie zu Recht, daß selbstverständlich stets die Gefahr besteht, daß den Großmächten bei solchen Demonstrationen der Entschlossenheit die Dinge aus der Hand gleiten und die Supermächte auf diese Weise in einen nicht beabsichtigten Krieg hineinschlittern. Vor allem dann, wenn in zukünftigen Krisen auch die Sowjetunion ihre Nuklearstreitkräfte durch Heraufschrauben des Bereitschaftsgrades politisch zu nutzen sucht.

Das Schlimme ist, daß die Gesetze des Machtpokers die Sowjetunion geradezu zwingen, dies eines Tages auch wirklich zu tun. Denn ließe sie sich auf die "Spielregel" ein, *stets* vor der Alarmierung der amerikanischen Kernwaffenstreitkräfte zurückzuweichen, könnten die USA sie durch nukleares Auftrumpfen in Krisen Stück für Stück zurückdrängen (roll-back). Die Sowjetunion hätte dann den Machtkampf endgültig verloren. Alles das weiß die NATO natürlich. Nur, *wann* die Sowjetunion meint, nicht mehr zurückweichen zu können, das weiß sie nicht. Auch das "rote Telephon" hilft da wenig. Denn zur Machtprobe mit Einmischung militärischer Drohungen gehört natürlich stets, zu erklären, daß man *jetzt* nicht mehr nachgeben könne. Das ist die tragische Zwangslage einer solchen Konfrontation von zwei Mächten, die in Rivalität um ihren Platz in der Welt streiten. Alarmiert aber die Sowjetunion ihre Nuklearstreitkräfte nolens volens eines Tages, beginnt ein wechselseitiger Eskalationsprozeß, bis eine Seite schließlich doch nachgibt - oder die Krise in militärische Handlungszwänge einmündet und im Atomkrieg endet.

Der ehemalige US-Außenminister Henry Kissinger:

> "Wenn die Sowjetunion damit fortfährt, alle Konflikte - vom Persischen Golf bis Angola, von Südostasien bis Nicaragua - durch Waffenlieferungen und geheimdienstliche und politische Unterstützung für ihre Freunde zu schüren, *wird irgendeine Krise unvermeidlich außer Kontrolle geraten*, und das wird vernichtende Folgen haben. *Ein Krieg zwischen den Vereinigten Staaten und der Sowjetunion* würde zwangsläufig den relativen Niedergang beider Länder sowie die Verschiebung des politischen Gravitationszentrums der Welt beschleunigen."[100]

Hält man neben diese Erklärung die folgende These des Memorandums "Discriminate Deterrence"[101]:

> "Die Vereinigten Staaten sollen antikommunistische Aufständische unterstützen"[102],

---

100 "Elemente einer neuen Strategie für den Westen". Welt am Sonntag, 17.1.1988 (Hervorhebg. von mir).
101 Memorandum "Discriminate Deterrence" der Commission On Integrated Long-Term Strategy for the (US)Secretary of Defense and the Assistant to the President for National Security Affairs, 11.1.1988, vgl. unten Kap. III.1.
102 S.16 des Berichts.

sieht man gleichzeitig die Instrumentalität der militärisch instabilen Lage für wechselseitiges Zurückdrängen der Großmächte und ihre Gefährlichkeit. Wieweit man die Instrumentalität ausnützen kann, ohne das Pulverfaß der Instabilität zu zünden, ist Glaubenssache.

Glaube Nummer 5: Nur militärisch mit Erfolg einsetzbare Kernwaffenarsenale dienen der Politik.

Dort, wo Politik mit Nuklearwaffen in *militärische Planung* umgesetzt werden soll, zeigte sich schon früh die geringe Brauchbarkeit der proklamierten nuklearen Doktrinen für Steitkräfteplanungen oder gar Zielzuweisungen. Aus diesem Grunde entwickelten sich Denkschulen, die den Wert von Kernwaffen für Machtpolitik und Kriegsverhütung davon abhängig sehen, ob eine militärisch mit Vorteil nutzbare Nuklearkapazität ("exploitable capability")[103] zur Verfügung steht oder nicht.

Der Begriff der "Eskalationsdominanz" gehört in diese Kategorie. Eskalationsdominanz fordert eine Überlegenheit der USA auf jeder einzelnen Stufe der Eskalation, damit es für den Gegner niemals sinnvoll und vorteilhaft werden kann, seinerseits auf eine höhere Stufe zu eskalieren, wenn er auf der von den USA gewählten Eskalationsstufe "verliert".

Mit sehr guten Gründen ist aber auch die Auffassung vertreten worden, solche "nutzbaren" Kapazitäten oder Eskalationsdominanzen nützten nichts, wenn sie nicht Teil eines *Sieg-im-Atomkrieg*-Konzeptes würden. Denn, so wurde argumentiert: Drohung mit Atomkrieg, ohne die Fähigkeit zum Sieg, schrecke auch nicht ab:

> "Strategische nukleare Optionen, selbst wenn sie sehr weitgehend nach militärischen Gesichtspunkten gegen militärische Ziele gerichtet werden, haben einen vollen Abschreckungswert dann und nur dann, wenn die Sowjetunion hinter ihnen die amerikanische Fähigkeit und den amerikanischen Willen sieht, einen Krieg bis zur sowjetischen politischen Niederlage durchzufechten."[104]

---

103 Erstmals tauchte dieser Begriff Anfang der 60er Jahre auf, als die USA durch ihre forcierte Raketenrüstung eine erhebliche zahlenmäßige Überlegenheit erreichten. Diese Überlegenheit sollte zur auf Europa ausgedehnten Abschreckung genutzt werden und war so die Grundlage der in jenen Jahren implementierten NATO-Strategie der "flexible response".

104 Gray, Colin S., Nuclear Strategy: The Case for a Theory of Victory. International Security, No.1/1979, S.54-87, S.65 (Übersetzg. von mir).

Drohung mit Selbstmord sei nichts als Selbstabschreckung:

> "Es ist manchmal leicht zu vergessen, daß ein allgemeiner Nuklearkrieg (central nuclear war) wirklich stattfinden kann. ... Wenn man sich nicht auf den Standpunkt stellt, daß die nukleare Abschreckung nur ein Bluff ist, dann kann die 'defense community' nicht der Notwendigkeit ausweichen, nukleare Abschreckungsoptionen zu entwickeln, die ein vernünftiger politischer Führer - wie zögernd auch immer - anwenden könnte, ohne von ihrer Anwendung selbst abgeschreckt zu sein."[105]

Wechselseitige strategische Abschreckung der Supermächte mit Kernwaffen wird aus diesem Grunde prinzipiell abgelehnt:

> "Vor allem die Vereinigten Staaten brauchen eine glaubwürdige strategische Streitkräfteplanung, eng verbunden mit einer Theorie durchführbarer Anwendung dieser Waffen. Die katastrophale Vergeltungsthese, ob diese Vergeltung nun einem selektiven Nuklearschlag folgt oder nicht, ist eine Idee, die kaum übertroffen werden könnte, wenn man versuchen wollte, die Relevanz amerikanischer Waffen für die Weltpolitik zu minimieren."[106]

Krieg ohne Siegziel sei außerdem unpolitisch und könne vom amerikanischen Volke deshalb weder verstanden noch durchgestanden werden:

> "Sehr wenig Länder können einen langen, verlorenen (oder dauernd unentschiedenen) Krieg wagen und mit wenig innerem Schaden daraus hervorgehen. ... Die meisten Amerikaner glauben, daß, wenn Kriege nicht wert sind, im klassischen Sinne gewonnen zu werden, sie auch nicht wert sind, gefochten zu werden."[107]

Diese Auffassungen über die Rolle von Kernwaffen werden in dem im nächsten Kapitel zu behandelnden Memorandum "Discriminate Deterrence" in wichtigen Teilen rezipiert.

6. Andere Glaubenssätze über Kernwaffen.

Die soeben genannten Glauben über Kernwaffen beschreiben Prototypen der bis heute im Westen in Politik und Wissenschaft vertretenen Denkweisen. Inwieweit die dargestellten Kernwaffen-Glauben im Osten geteilt werden, ist strittig. Ob sich hier oder dort andere Glauben entwickeln, ist offen. Um das volle Spektrum

---

eser strategischen Auffassungen, die sich heute in dem Memorandum "Discriminate Deterrence" teilweise widerspiegeln, habe ich in meinem Buch: Atomkrieg. Das Verhängnis einer Politik mit militärischen Mitteln. Kap. 5.2, S.147ff. dargestellt.

106 Gray, a.a.O., S.70 (Übersetzg. von mir).

107 Gray, a.a.O., S.71, Anm.42 (Übersetzg. von mir).

möglicher Glauben über Kernwaffen anzudeuten, darf eine sehr extreme Auffassung nicht unerwähnt bleiben:

Mao Tse-tung's These: *Die Atombombe ist ein Papiertiger!*

Von uns aus gesehen erscheint diese Behauptung zwar absurd. Und doch ist sie nur eine andere Variante von Abschreckung, wie sich im folgenden zeigen wird.

II.3.2   Jenseits von Glauben: Der Vergeltungsschlag.

Sehr verschiedene Glauben herrschen also darüber, daß und wie man mit Kernwaffen politische Ziele erreichen kann. Sei dieses Ziel die Verhütung des Atomkrieges, sei es die Verhütung des konventionellen Krieges z.B. in Europa:

> Nutzbare Nuklearkapazitäten ("exploitable capabilities") sollen im Falle eines *konventionellen* Angriffs *"einsetzbar"* sein, so daß der Gegner aus rationalen Erwägungen auch einen konventionellen Angriff unterläßt. Der Glaube an die kriegsverhütende Wirkung jedes nicht gänzlich unwahrscheinlichen Atomwaffeneinsatzes (Glaube Nr. 2) vertraut darauf, daß die geringste Gefahr, die eine oder die andere Macht *könnte* im Laufe eines Krieges Kernwaffen als *erste einsetzen*, jeden Krieg und jede Aggression kampflos verhindert. "Die Atombombe ist ein Papiertiger" soll dem Gegner signalisieren, daß ein *Ersteinsatz* seiner Kernwaffen nicht schreckt, daß seine Drohung mit Ersteinsatz deshalb zu nichts taugt.

In allen diesen Fällen kreisen die Theorien um das Problem, ob und wie Kernwaffen für irgendwelche Zwecke *verwendet* werden können, um "Erst*einsatz* im weitesten Sinne" also.

Auf der Kehrseite dieser Theorien und Glauben steht der *Vergeltungsschlag*. Das ist der Kernwaffeneinsatz durch eine Macht, die von einer anderen mit Kernwaffen angegriffen worden ist. Die Möglichkeit dieser Vergeltung ist es, die einen Ersteinsatz von Kernwaffen so gefährlich erscheinen läßt. Vergeltung und Rache sind selten rational, aber menschlich. Deshalb kann sich niemand darauf verlassen, daß dieser Racheschlag *nicht* stattfindet. Selbst wenn ein voraussichtlich sinnloser Massenmord als Antwort auf Massenmord weder rational wäre noch letztlich tatsächlich stattfände. Angst vor Vergeltung macht Kernwaffen *uneinsetzbar*.

Theorienstreit, Glaubensstreit gibt es hierüber nicht. Erst bei der Frage, ob sich nicht der Racheschlag durch eine besondere Strategie (z.B. durch eine "Eskalationsdominanz auf jeder Stufe", vgl. oben Glaube Nr. 5) austricksen ließe und dadurch doch militärischer oder politischer Profit aus Kernwaffen gezogen werden könnte, beginnt das Feld der Atomstrategen und ihrer Dogmen. Aber damit ist man wieder bei der Frage nach der Chance und den Bedingungen für einen *Ersteinsatz* von Kernwaffen.

II.3.3   Welcher Glaube ist der beste?

Bei so unterschiedlichen Annahmen über die politische und militärische Bedeutung von Kernwaffen muß man sich fragen, ob hier gleichberechtigte Glaubenswirklichkeiten vorliegen, oder ob einige dieser "Wirklichkeiten" wirklicher sind als die anderen. Doch mit dieser Frage landet man mitten im Dogmenstreit der Abschreckungstheoretiker. Und der Versuch, "objektiv" den Realitätsgehalt der verschiedenen Theorien zu ermitteln, führt nur allzu leicht dazu, eine neue "Realität" gegen die alte auszutauschen.

Philip A.G. Sabin hat am Londoner International Institute for Strategic Studies (IISS) versucht, für die verschiedenen Glaubenssätze (perceptions) über die Rolle von Kernwaffen in Politik und militärischen Situationen Kriterien aufzustellen. Dabei hat Sabin von Anfang an darauf verzichtet, die verschiedenen Glaubenssätze in objektiv falsche, richtigere und richtige einzuteilen. Denn:

> "... So ein Versuch würde sehr problematisch sein und wegen der großen Ungewißheiten, die hereinspielen, zu kontroversen Resultaten führen, ..."[108]

Stattdessen setzte er sich das begrenztere Ziel, herauszufinden:

> "... welche Fragen an zukünftige Argumente in der nuklearen Debatte gestellt werden müssen und welche Fallgruben bei der Konstruktion von Gründen oder der Interpretation von Fakten in dieser Debatte bestehen. ..."[109]

Schon damit landete er in einem Dschungel von Problemen:

* *Wer* soll eigentlich an eine bestimmte Wirkung von Kernwaffenbeständen oder Anwendungsoptionen für Kernwaffen glauben? Die Sowjetunion? Die eigene Führung? Die eigene Bevölkerung? Neutrale?

---

108 Sabin, Philip A.G., Shadow or Substance? Perceptions and Symbolism in Nuclear Force Planning. Adelphi Paper 222, IISS London 1987, S.8.
109 Sabin, a.a.O., S.8.

* *Wie* demonstriert man die für die Abschreckung notwendige Entschlossenheit, notfalls die Waffen auch einzusetzen, *bevor* man in der Zwangslage ist, sie einsetzen zu müssen: Durch Hochrüsten zu großen Kernwaffenbeständen? Durch Anschaffung von Kernwaffen, die für einen Erstschlag geeignet sind? (Waffen mit sehr hoher Treffergenauigkeit auch gegen verbunkerte Raketen.) Durch Zivilschutzmaßnahmen, die bei einer nuklearen Reaktion des Gegners Teile der Bevölkerung retten sollen? Durch Verteidigung gegen die gegnerischen Angriffsraketen (SDI)? Durch demonstratives Alarmieren der Streitkräfte in der Krise? Durch Führen "kleiner" Kriege (Falkland, Grenada)?

* *Wie* schätzen eigentlich sowjetische Führer heute zukünftige Konstellationen ein? Wie werden sie sie ansehen, wenn die USA das Waffenprogramm "Z" durchgeführt haben werden, wie, wenn es abgebrochen wird?

* *Wie* wirkt die Eskalationsstrategie der NATO eigentlich im Krisenfalle auf die eigene Bevölkerung? Wird sie in Panik davonlaufen und so die eigene konventionelle Verteidigung stören? Wird sie von ihrer Regierung die Kapitulation fordern? Kann sie sie gar erzwingen?

* *Zählen* die realen Kapazitäten an Kernwaffenmenüs überhaupt, oder ist *nur* wichtig, was geglaubt wird? Was ist, wenn der Glaube keinen Bezug zur Realität mehr hat?

* *Sind* Kernwaffen nur oder jedenfalls vor allem Symbole für politische Absichten und Interessen? Oder müssen sie militärisch sinnvoll oder gar mit Aussicht auf einen militärischen Sieg einsetzbar sein? Braucht man Siegfähigkeit, um einen Krieg zu verhüten?

* *Haben* auch bestimmte *Anzahlen* von Kernwaffen einen für die Abschreckung wichtigen/entscheidenden Symbolwert, der es verbietet, durch Abrüstung an der Zahl zu rütteln? (Beispiel: Die ehemals[110] sakrosankten 7 000 taktischen Kernwaffen der NATO in Europa.)

* *Werden* sowjetische Führer überhaupt durch die Drohung mit der Zerstörung von Städten in der Sowjetunion abgeschreckt, oder ist ihnen die eigene Bevölkerung ziemlich gleichgültig? Schreckt sie deshalb nur die Drohung, ihre Führungsbunker nuklear zu zerstören? Braucht man folglich dafür eine besonders zielgenaue Waffe? (Die MX-Rakete zum Beispiel?)

* *Zeigt* der Aufbau der sowjetischen Militärmacht, daß die Sowjetunion bereit ist, allerhöchste Risiken einzugehen? Muß man deshalb das nukleare Risiko für die Sowjetunion extrem hochschrauben? Viel höher, als umgekehrt ein Risiko sein

---

110 Vor der Entscheidung der NATO von Montebello vom 27.10.1983.

müßte, das hinreichte, uns selber abzuschrecken? Muß auch der Schaden extrem hoch sein, gar bis zur Vernichtung des gesamten Landes und der Zerstörung seiner Wiederaufbaufähigkeiten gehen? Oder demonstriert der Aufbau der gewaltigen sowjetischen Militärmacht im Gegenteil besondere Vorsicht, ist er nur eine Überversicherung gegen ein neues 1941? Was belegt das im Vergleich zu den Vereinigten Staaten meist besonders vorsichtige Verhalten der Sowjetunion in Krisen?[111]

Und so weiter und so fort.

Doch in keinem einzigen Punkt konnte Sabin Übereinstimmung unter den "Experten" auch nur des westlichen Lagers konstatieren. In nicht einem einzigen Streitpunkt zeigten sich objektive, unstreitige Kriterien, mit deren Hilfe sich "falsche" und "richtige" Positionen säuberlich voneinander trennen ließen. Kein Wunder, daß Sabin zu dem recht resignierenden Schluß kommt:

"Leider hat es sich herausgestellt, daß es nicht möglich war, Kategorien von Argumenten zu identifizieren, die richtiger sind als andere Argumente, weil so viele Variablen mitspielen, bei denen Vor- und Nachteile gegeneinander wirken. Die Vorstellungen der sowjetischen Führer sind von kritischer Wichtigkeit, aber sie sind schwerer auszumachen und richtig zu beeinflussen, als die Vorstellungen der westlichen Verteidigungsexperten. ...

... Selbst wenn mehr auf verschiedene Formen von evident richtigen Sätzen Bezug genommen wird, was zur Plausibilität der Gültigkeit bestimmter perzeptioneller Behauptungen beitragen kann - die Natur des Problems führt zwangsläufig dazu, daß wesentliche Unsicherheiten bestehen bleiben und die Interpretation der Fakten weitgehend vom subjektiven Urteil des Einzelnen abhängt."[112]

1981 machte Stratmann den Versuch, durch eine außerordentlich detailreiche Analyse jedenfalls

"... den *Rahmen* (zu) verdeutlichen, *in dem voneinander abweichende* Beurteilungen der Abschreckungswirkung der NATO-Posture und der militärstrategischen Stabilität in Mitteleuropa objektiv *vertretbar erscheinen.*"[113]

Auch diese Arbeit bewies letztlich aber nur, wie unbestimmt und widersprüchlich jede Aussage über Wirkungen und Gegenwirkungen von Abschreckungsoptionen ist. Stratmann hat dies in seinen *Analysen*[114] deutlich herausgearbeitet. Doch die

---

111 vgl. dazu oben Kap. II.3.1, Glaube Nr.4 und die dort zitierten Untersuchungen von Krisen, nach denen fast stets die USA durch hartes, risikofreudiges Auftreten Vorteile erlangten.
112 Sabin, Shadow or Substance? S.63f.
113 Stratmann, K.-Peter, NATO-Strategie in der Krise? Baden-Baden, Nomos Verlag 1981, S.24 (Hervorhebg. von mir).
114 Anders leider in seinen politischen Folgerungen und Forderungen. Vgl. dazu die folgenden Ausführungen im Text.

konkrete aus diesen Analysen abgeleitete (zweite) Forderung Stratmanns für die NATO lautete dann:

> "... die Abschreckungswirkung ihres (NATO) *nuklearen Potentials* gegenüber sowjetischen Kernwaffeneinsätzen in Europa *zu erhöhen* und seine Flexibilität zu steigern. *Ohne die dazu erforderlichen Verstärkungen und Modernisierungsschritte* läuft die NATO Gefahr, ihre binnengerichtete Stabilitätsfunktion zu verlieren und den Belastungen einer Krise *politisch und militärisch nicht mehr gewachsen* zu sein."[115]

Im Deutsch von 1981 hieß das: Die Nachrüstung mit Mittelstreckensystemen, stationiert in Westeuropa an Land, ist notwendig und erfüllt die gestellte Aufgabe. Aus dem gesuchten "*Rahmen*, in dem voneinander abweichende Beurteilungen der Abschreckungswirkung der NATO-Posture und der militärstrategischen Stabilität in Mitteleuropa objektiv vertretbar erscheinen", wurde so das Bekenntnis des Glaubens an die Unverzichtbarkeit der gerade beschlossenen Stationierung amerikanischer Mittelstreckenraketen auf dem europäischen Kontinent. Wie man diese Dinge auch immer ansehen mag - zumindest zeigt der Vertrag von Washington (INF-Vertrag) über den Abbau gerade dieser nach Stratmann "objektiv unverzichtbaren" Mittelstreckenraketen in Europa: So objektiv zwingend war die Alternative von Abschreckungsdenken, nach der diese Raketen unverzichtbar sein sollten, wohl doch nicht. Das Zeichnen eines so zweifelhaften "objektiven Rahmens" hilft nicht weiter. Diese Spur schreckt.

Tatsächlich: je tiefer man sich in das Gestrüpp der Wirklichkeitsprüfung nuklearer Abschreckungslehrsätze begibt, desto weiter weichen nachprüfbare Fakten zurück und desto mehr finden wir uns in einer Glaubenswelt wieder. Politik, die auf ganz bestimmten Annahmen über nukleare Abschreckung beruht, hängt damit letztlich an einem Spinnennetz von Hypothesen. Sind diese Hypothesen aber selbst bei bestem Willen nicht in objektiv bessere und objektiv schlechtere zu trennen, ist es nur zu naheliegend, diese Auswahl danach zu treffen, wie gut die Hypothese, der Kernwaffenglaube also, zur eigenen oder erwünschten Politik paßt. Und erst hier, wo diese Kernwaffenglauben dann für konkrete Politik genutzt werden sollen, zeigen sich die ersten nach "objektiven" Kriterien entscheidbaren Widersprüche. Bei diesen Widersprüchen handelt es sich jedoch nicht um Widersprüche in den Abschreckungsdoktrinen, sondern um Widersprüche der Abschreckungsdoktrinen zu politischen Zielen.

---

115 a.a.O., S.233 (Hervorhebg. von mir).

II.3.4   Politik und Glauben über Kernwaffen.

II.3.4.1   Jeder Politik ihren Kernwaffenglauben.

Zu jeder politischen Situation und zu jedem politischen Konzept passen nur ganz spezifische Glauben über die Wirkung von Kernwaffen. Das soll an vier Beispielen noch einmal verdeutlicht werden:

1. Mit der Annahme, *amerikanische* nukleare Optionen und Waffen auf allen Ebenen *in Europa* seien aus Sicherheitsgründen *unverzichtbar*, wird eigenständige europäische Politik unmöglich. Die zwangsläufige Folge hiervon ist eine Verstärkung und Betonierung der amerikanischen sicherheitspolitischen Dominanz - einer Dominanz, die in alle anderen politischen Felder ausstrahlt. Besonders deutlich sichtbar wird diese Ausstrahlung auf den Gebieten Wirtschaft und Währung. Vorweggenommene Kapitulation vor amerikanischen Forderungen ist hier die meistgezeigte Verhaltensweise der Europäer.

2. Die "Dissuasion du faible au fort", die *Abschreckung des Starken durch den Schwachen*, beruht auf der Annahme, jeder Angriff auf die Lebensinteressen eines Kernwaffenstaates sei so mit einem unkalkulierbaren Risiko verbunden, daß er verläßlich abgeschreckt werde (oben Kap. II.1, Glaube Nr. 2). In dieser Sicht sind Kernwaffen Gleichmacher zwischen allen Staaten, die selbst Kernwaffen besitzen. Ein Staat, der seine eigene Souveränität im Atomzeitalter bewahren will, muß, wenn diese Annahme richtig ist, nur selbst ein eigenes beschränktes Kernwaffenarsenal aufbauen, um als "Gleicher" mitreden zu können. Frankreich war in der Mitte der 50er Jahre ein Staat mit dieser Ambition und verfocht folglich den Glauben an die "dissuasion du faible au fort". Kernwaffenglaube und Politik paßten so glänzend zusammen.

3. Die *Auffächerung der nuklearen Arsenale der Supermächte*, das schnelle Anwachsen in Zahl und Qualität, vor allem aber die immer energischer vertretene These, Zahlenübergewichte und militärische Optionen für Kernwaffen seien politisch wie militärisch entscheidend, verneinte die zunächst auch von den Supermächten angenommene Gleichmacherrolle der Kernwaffen. Kleineren Kernwaffenarsenalen wurde jetzt nur noch eine geringe oder gar keine Bedeutung mehr zugesprochen.[116] Dieser Anschauungswandel diente optimal der Bewahrung der hierarchischen Machtstruktur in der Welt und somit den Machtinteressen der Supermächte.

---

116 Typisch die Bezeichnung "Farce de Frappe" für die französischen Nuklearstreitkräfte, die damals "Force de Frappe" hießen.

4. Dabei war den Propagandisten dieser Auffassung ein schöner Erfolg beschieden: *Heute* ist gerade in der *französischen Rechten* der Glaube an die Notwendigkeit, ein lückenloses Spektrum amerikanischer Kernwaffen in Europa bereitzuhalten, verbreitet. Er manifestiert sich im *Widerstand gegen Null-Lösungen* für amerikanische Mittelstreckenraketen in Europa.[117]

Doch kann man auch diese Wandlung strategischen Denkens nicht vom politischen Hintergrund losgelöst sehen. Denn mit der Wandlung des Denkens über nukleare Abschreckung ging in Frankreich eine andere Bewertung des politischen Grundkonfliktes Hand in Hand. Für de Gaulle war der Konflikt zwischen der UdSSR und den USA ein klassischer Machtkonflikt, der französischen Politik fehlte damals insbesondere jede antikommunistische Stoßrichtung. Doch seit der Besetzung der CSSR 1968 und insbesondere seit der Unterdrückung der "Solidarität" in Polen Anfang der 80er Jahre wuchsen Antikommunismus und antisowjetische Stimmung in Frankreich stetig an, wurden der früheren, heute zerfallenden, antikommunistischen und antisowjetischen Grundstimmung in der Bundesrepublik immer ähnlicher. Zudem schwand das Interesse an de Gaulles Vision eines Europa vom Atlantik bis zum Ural und die Unsicherheit über den Weg der Deutschen in einem von der Konfrontation befreiten Europa wuchs. Politik und Kernwaffenglauben steuerten so in Frankreich eine neue Harmonie an.

5. Zahlengleichgewicht.

Daß der Glaube an ein "Zahlengleichgewicht als Voraussetzung für den Frieden" nur dann zelebriert wird, wenn es *politisch nützlich* ist, zeigt sich frappierend deutlich bei der Frage, ob heute über Kernwaffen kürzerer Reichweite in Europa verhandelt werden soll oder nicht. Die Sowjets sind an Kernwaffen in Europa 14:1 *überlegen*. Dennoch bieten sie selbst Verhandlungen zur Reduktion dieser Überlegenheit an. Doch die Vereinigten Staaten und Großbritannien verweigern solche Verhandlungen, weil sie fürchten, daß die zu einer dritten Null-Lösung führen könnten. Die USA und Großbritannien ziehen damit aber eine sowjetische *14:1-Überlegenheit* Verhandlungen vor, die in die *"Gefahr"* eines Gleichgewichts bei Null führen können.[118]

---

117 Deutlich ausgesprochen ("très fortes réserves") bei dem Treffen Chirac/Kohl am 3.5.1987 in Straßburg. Le Monde, 5.5.1987, S.6.

118 Das Argument der USA, bei Aufnahme von Verhandlungen sei eine dritte Null-Lösung nicht zu verhindern, ist auch nach Auffassung von Verteidigungsminister G. Stoltenberg ernstzunehmen. Süddeutsche Zeitung, 11.3.1989, S.6.

6. Die *Atombombe als Papiertiger*

Mit der Behauptung, China betrachte die Atombombe als Papiertiger, konnte China, das damals noch keine Kernwaffen besaß, Unerpreßbarkeit gegenüber den Kernwaffenmächten USA und Sowjetunion demonstrieren.

Hinter dieser Behauptung stand ein Volkskriegskonzept, bei dem ein in das Land eindringender Gegner selbst nach einem Angriff mit Atomwaffen noch mit Millionen überlebender chinesischer Kämpfer rechnen mußte, die ihn in einem verstrahlten Land durch einen jahrelangen Kleinkrieg in Stadtruinen und Bergen, Wäldern und Sümpfen aufzureiben drohten. Das konnte kein lohnendes Kriegsziel für einen Angreifer sein.

Voraussetzung für diese speziell auf die damaligen chinesischen sozialen und wirtschaftlichen Bedingungen zugeschnittene Abschreckungspolitik waren die drei sicherheitspolitischen Leitsätze Mao Tse-Tung's:

- Tunnel bauen!

- Vorräte anlegen!

- Keine Hegemonie anstreben!

Heute hat China eine "Abschreckung vom Schwachen zum Starken". Und so empfing Deng Xiaoping am 5. Mai 1987 den französischen Außenminister mit der Feststellung, es sei zu begrüßen, daß beide Länder eine gemeinsame Sicht des Problems der Friedenserhaltung hätten, was sich auch darin ausdrücke, daß beide Länder eine "quantitativ begrenzte, aber abschreckende Kernwaffenstreitmacht" aufgebaut hätten.[119] Von Papiertigern wurde nicht mehr gesprochen.

Die Nachbarn Chinas werden sehr aufmerksam verfolgen, ob mit dem "Papiertiger" auch das Prinzip, "keine Hegemonie anstreben" in der Versenkung verschwinden wird.

---

119 "armement limité en puissance mais dissuasif", Le Monde, 6.5.1987, S.3.

II.3.4.2   Schein und Sein.

Nicht nur sind so die verschiedenen Kernwaffenglauben für jeweils spezifische politische Zwecke verfügbar, oft decken sich nicht einmal die eigenen Glaubens-grundlagen des handelnden Politikers oder argumentierenden "Strategen" mit der Glaubensstruktur, in der er argumentiert. Sei es, weil er bei der Öffentlichkeit oder bei seinen Zuhörern eine andere Denkweise vermutet als die eigene, sei es, weil die Argumentation in seiner eigenen Vorstellungswelt so kompliziert ist, daß er es vorzieht, für die von ihm geforderte Rüstungsmaßnahme eine einfachere Be-gründung aus einer anderen Glaubenswelt zu nehmen. Ein typisches Beispiel hier-für bot der Streit um die Nachrüstung, die in der Öffentlichkeit vor allem mit der "gefährlichen Bedrohung" durch die russischen SS-20 Raketen oder mit "Wiederherstellung des Gleichgewichts" begründet wurde, obgleich viele der Befürworter ganz andere, viel subtilere Gründe für die Nachrüstung hatten. Die-selbe Diskussion zeigte auch, daß es möglich ist, daß selbst die Befürworter (oder Gegner) einer und derselben Maßnahme in völlig verschiedenen Kategorien den-ken. So vereinten sich zur Durchsetzung des Doppelbeschlusses von 1979 unter anderen:

1. Diejenigen, die nur von einem *lückenlosen Spektrum amerikanischer* Kernwaf-fen in Europa Sicherheit erwarteten, und die deshalb auf amerikanische Mit-telstreckenraketen, die die Sowjetunion erreichen können, besonderen Wert legten.

2. Diejenigen, die durch ein *Zahlengleichgewicht an Mittelstreckenraketen* die befürchtete politische Pression durch das sowjetische Mittelstreckenmonopol abwehren wollten.

3. Diejenigen, die in der Nachrüstung einen Hebel sahen, die Sowjetunion zum *Abbau ihrer Mittelstreckenraketen* zu zwingen.

Doch ein Zahlengleichgewicht bietet auch der radikalste Abbau, die Null-Lösung. Die völlig unerwartete Annahme der Null-Lösung durch Gorbatschow führte so zwangsläufig zum Zerbrechen des "Nachrüstungskonsenses" und dem Zusammen-prall der drei verschiedenen Glauben an Kernwaffen, die ihn trugen.

II.3.4.3   Europapolitik und Kernwaffenglauben.

Weil also die Abschreckungslehre in relativ weiten Grenzen subjektiven poli-tischen Annahmen folgt, muß sich jeder, der europäische Politik machen will, fragen: *Wie groß ist der Spielraum für die Annahmen über die nuklearen Mittel?*

Erlaubt er europäische Politik zwischen den Supermächten, ohne die Sicherheit in Europa und der Welt zu vermindern?

Wer nach den zwangsläufig ebenso wenig objektiv genau bestimmbaren Kriterien für Abschreckung durch Kernwaffen sucht, die für Europa-Politik genutzt werden könnten, muß dabei viererlei beachten:

1. Welche Interpretationen der politisch-militärischen Rolle von Kernwaffen erlauben überhaupt Europa-Politik?

2. Sind diese Interpretationen so einleuchtend, daß sie allgemein akzeptiert werden können? Ist es plausibel, daß man mit Strategien, die auf diesen Interpretationen aufbauen, Gegner verläßlich von unerwünschten Handlungen abschrecken kann? Läßt sich mit diesen Strategien auch der eigenen Bevölkerung und den Verbündeten das Gefühl verläßlicher Sicherheit vermitteln?

3. Mit welchen *anderen* Interpretationen ist auf dem Markt der Kernwaffenglauben in der näheren Zukunft zu rechnen? Aus welchen anderen politischen Zielsetzungen heraus werden diese Interpretationen entwickelt und angeboten?

4. Ist die Politik, die diese anderen Interpretationen durchzusetzen sucht, vereinbar mit Europa-Politik oder unvereinbar?

Je stärker die Politik anderer Staaten die sicherheitspolitischen Entscheidungen in Europa beeinflußt, desto schwieriger wird es, eigene Interpretationen des Abschreckungsglaubens außen- und innenpolitisch durchzusetzen. Den stärksten doktrinalen Einfluß auf das sicherheitspolitische Denken in der Bundesrepublik hat selbstverständlich das Denken in den USA. Doch auch die Politik und die Denkweise in der Sowjetunion und in Frankreich bestimmen mit über den Kreis des zukünftigen Glaubens über Kernwaffen.

III. Neue Auffassungen von militärischer Sicherheit erlauben und erzwingen eine neue Politik für das westliche Bündnis.

III.1 Die Weiterentwicklung des Denkens über militärische Mittel im Atomzeitalter: "Discriminate Deterrence" - ein Versuch einer langfristigen Planung amerikanischer Außen- und Sicherheitspolitik.

Nach fünfzehnmonatiger Arbeit legte im Januar 1988 eine "Kommission für integrierte Langzeitstrategie" von 13 hochrangigen amerikanischen Experten[120] dem amerikanischen Präsidenten, seinem Vizepräsidenten, dem Sicherheitsberater und dem Verteidigungsminister der Vereinigten Staaten einen Bericht zur zukünftigen amerikanischen Sicherheitspolitik vor.[121]

Der Bericht wurde in der Bundesrepublik von "rechts" bis "links" als aufschlußreiches Dokument gewertet:

> "Es wäre falsch, sich darauf zurückziehen zu wollen, daß das kürzlich veröffentlichte amerikanische Strategiepapier kein offizielles Regierungsdokument ist. Denn die hohe Bedeutung dieses Papiers, insbesondere für uns Europäer, liegt darin, daß es einen seit längerem erkennbaren Trend strategischen Umdenkens in den USA widerspiegelt."[122]

Die Reaktionen in der Bundesrepublik waren heftig und überwiegend ablehnend.

---

120 Co-Chairmen: Fred C. Iklé und Albert Wohlstetter. Mitglieder der Kommission: Anne L. Armstrong, Zbigniew Brzezinski, William P. Clark, W. Graham Claytor, Jr., Andrew J. Goodpaster, James L. Holloway III, Samuel P. Huntington, Henry A. Kissinger, Joshua Lederberg, Bernard A. Schriever, John W. Vessey.

121 Memorandum "Discriminate Deterrence" der Commission On Integrated Long-Term Strategy for the (US)Secretary of Defense and the Assistant to the President for National Security Affairs, Washington D.C. 1988, 11.1.1988.

122 Volker Rühe in seiner Antwort auf den amerikanischen Botschafter in Bonn, Richard Burt, Süddeutsche Zeitung, 21.1.1988, S.11. Ähnlich Egon Bahr: "(Burt) macht es sich zu leicht, wenn er das Iklé-Papier mit seinen Empfehlungen für eine regionale Strategie als einen 'Bericht' herunterspielt, der im Widerspruch zur Politik der USA steht. Jede neue Politik hat so angefangen, und die Zusammensetzung dieser Gruppe spricht in der Tat für die Hoffnung ihres Vorsitzenden, daß eine genügende Anzahl von Mitgliedern entscheidenden Einfluß in der nächsten Administration haben wird. Auf diesem Hintergrund ist die Formulierung Richard Burts zurückzuweisen: 'Es werden auch weiterhin amerikanische Nuklearwaffen auf deutschem Boden bleiben.'..." Der Spiegel, Nr.9/1988, S.30. Daß Rühe mit dieser Beurteilung Recht hatte, zeigt die positive Aufnahme des Berichts durch den Vorsitzenden des Streitkräfteausschusses des amerikanischen Senats, das Verteidigungsministerium und den nationalen Sicherheitsrat, die einige der Empfehlungen in ihre Arbeiten bereits aufgenommen haben. Vgl. dazu Stephen D. Prowse, The Iklé-Wohlstetter Report, in: The National Interest, Washington D.C., No.12 Summer 88, p.11/13.

Was ist geschehen, daß eine amerikanische Studie über eine langfristige Strategie der Vereinigten Staaten bis tief in die "atlantischsten" Kreise in Europa[123] solche Reaktionen hervorrufen konnte?

Der Inhalt des Memorandums kann in drei Kategorien gegliedert werden:

1. Prognosen der politisch-militärischen Entwicklung der Welt in den nächsten 20 Jahren.

2. Kritik und Weiterentwicklung der Vorstellungen über Verteidigung und Abschreckung im Atomzeitalter.

3. Empfehlungen für eine Politik zur Wahrung der amerikanischen Interessen, die aus den unter 1) und 2) dargelegten Annahmen und Erkenntnissen folgen.

III.1.1 Prognosen der politisch-militärischen Entwicklung der Welt in den nächsten 20 Jahren.

Die bisherige amerikanische Nachkriegspolitik beschreibt der Bericht so :

"Verteidigungsplanung in den Vereinigten Staaten hat für viele Jahre auf einer großen Strategie globaler Tragweite beruht. ...: Vornestationierung amerikanischer Streitkräfte mit dem Auftrag, Invasionsarmeen zu widerstehen, verstärkt durch starke Reserven und eine Fähigkeit, Kernwaffen zu verwenden, falls dies nötig wird. Diese Strategie, die auf Allianzen mit anderen demokratischen Ländern beruht, hat das Ziel, eine Linie zu ziehen, die kein Angreifer zu überschreiten wagt."[124]

Der Grund für diese Nachkriegsstrategie, der Wettstreit mit der Sowjetunion, wird auch für die kommenden 20 Jahre als wichtigste Determinante amerikanischer Politik gesehen:

"Für die vorhersehbare Zukunft müssen die Vereinigten Staaten *militärisch mit der Sowjetunion im Wettbewerb* bleiben."[125]

---

123 Selbst Wolfram von Raven und Karl Kaiser reihten sich unter die Kritiker. Vgl. Raven, Wolfram von, Abgeschwächte Abschreckung, in: Europäische Wehrkunde, Nr.2/1988, S.69, und "Differenzierende Abschreckung" von Michael Howard/Karl Kaiser/François de Rose, Frankfurter Allgemeine Zeitung, 4.2.1988, S.6.
124 S.5 des Berichts "Discriminate Deterrence".
125 a.a.O., S.39. Der Bericht fährt dann fort: "Merkwürdig genug, einige Amerikaner betrachten diese Behauptung als kontrovers. Sie sehen unsere vergangenen Anstrengungen, mit der Sowjetunion mitzuhalten, als Teil eines 'Reaktionszyklus', der einen sinn- und zwecklosen 'Rüstungswettlauf' produziert hat, der zu immer größeren Zahlen von zunehmend zerstörerischen Waffen führt." Anschließend wird versucht, diese Auffassung zu widerlegen. Diese Argumentation überzeugt wenig. Die Behauptung, die amerikanische Seite sei nur reaktiv gewesen, die Sowjetunion dagegen habe ihre Macht langsam und beständig aufgebaut (S.40 des Berichts), wird gerade für die strategische

Andererseits werden für die nächsten 20 Jahre wichtige Veränderungen im weltpolitischen Umfeld angenommen. Als eine Schlüsselfrage für die strategische Balance in der Zukunft wird bezeichnet, ob Japan seine Option nutzen wird, eine militärische Großmacht zu werden. Als mögliche Bedrohung wird angesehen, daß Japan sich entscheiden könnte, der Sowjetunion in der Entwicklung von Technologie zu helfen. Chinas Aufwachsen zur zweiten oder dritten ökonomisch-militärischen Weltmacht wird als möglich bezeichnet.[126] Befürchtet wird auch, daß in den nächsten 20 Jahren Kernwaffen in vielen Ländern konstruiert werden, die solche Waffen heute nicht besitzen.[127]

Die Schlußfolgerung des Berichts für die zukünftige amerikanische Außenpolitik lautet:

> "Eine *Welt mit drei oder vier militärischen Weltmächten* würde die amerikanische strategische Planung mit einem viel komplizierteren Umfeld konfrontieren, als es der gewohnte bipolare Wettstreit mit der Sowjetunion ist. In jeder solchen multipolaren Welt müßten die Vereinigten Staaten Beziehungen mit mehreren verschiedenen Weltmächten steuern und geeignete Koalitionen mit ihnen bilden. ... *Die nächsten 20 Jahre werden die Periode des Übergangs zu dieser neuen Welt mehrerer Großmächte sein."*[128]

Dramatische Entwicklungen in der Militärtechnologie werden vorausgesehen, die wesentliche Veränderungen in militärischen Doktrinen und Streitkräftestrukturen erfordern könnten. Die Präzision der Waffen, die mit diesen neuen Technologien verbunden ist, wird es nach Ansicht der Verfasser erlauben, konventionelle Waffen für viele Zwecke zu verwenden, die einst Nuklearwaffen überlassen wurden.[129]

Als Problem wird gesehen, daß diese verbesserte Waffentechnologie in der Hand kleinerer Mächte[130] die Fähigkeit der Vereinigten Staaten beeinträchtigen wird, zum Schutze ihrer Alliierten überall in der Welt intervenieren zu können.

Nuklearrüstung durch die auf S.39 abgedruckten Kurven widerlegt, die die amerikanische Nuklear-Vorrüstung und eine sowjetische Reaktion zeigen.
126 a.a.O., S.6.
127 a.a.O., S.14.
128 a.a.O., S.7.
129 a.a.O., S.8.
130 a.a.O., S.10.

III.1.2 Kritik und Weiterentwicklung der Vorstellungen über Verteidigung und Abschreckung im Atomzeitalter.

Kritik der NATO-Strategie für Europa:

"..Die Vereinigten Staaten und ihre Alliierten haben oft erklärt, daß ihre Streitkräfte in Europa *nicht* hinreichend ausgerüstet sind, um *länger als eine Anzahl von Tagen Widerstand leisten zu können*, und daß sie dann zu Kernwaffen greifen müßten.

Diese Erklärung verhüllt aber eine *verhängnisvolle Doppeldeutigkeit*. Manchmal schien es, als ob die NATO plane, Kernwaffen in der Direktverteidigung zum Zerschlagen des sowjetischen Angriffs auf dem Schlachtfeld, oder sogar auf dem gesamten europäischen Kriegstheater zu verwenden. Zu anderen Zeiten haben die offiziellen Stellen der NATO eine andere Strategie vorgestellt - nämlich, daß die *NATO* in Wirklichkeit *beabsichtige*, mit *der Drohung* des Gebrauchs von Kernwaffen der sowjetischen Führung die Gefahr der Eskalation und die *Apokalypse* am Ende dieser Eskalationsstraße vor Augen zu führen."[131]

Und, an anderer Stelle:

"*Viele NATO-Verantwortliche sehen* eine entscheidende Verbindung zwischen den beiden extremen Alternativen. Im Falle eines konventionellen Angriffs durch den Warschauer Pakt planen sie eine konventionelle alliierte Verteidigung, gestützt durch die Drohung, Kernwaffen zu verwenden. Während das Ergebnis der konventionellen Schlacht selbstverständlich die Bedingungen zur Kriegsbeendigung mitbestimmt, erwarten diese Verantwortlichen der NATO nicht, daß die konventionelle Schlacht den sowjetischen Angriff letztlich hält. Das, worauf sie letztlich zählen, um eine Invasion zu stoppen und einen Frieden zu schließen, der für die Allianz akzeptabel ist, ist die sowjetische Furcht vor einem sich immer mehr ausweitenden Nuklearkrieg. Ihrer Ansicht nach ist die *Aussicht auf einen 'nuklearen Schlagabtausch' (nuclear exchange) - der sowohl die Sowjetunion als auch die Vereinigten Staaten zerstören würde - der letztlich entscheidende Hebel der NATO in der Verteidigung gegen einen konventionellen Angriff.*"[132]

"Wenn das letztere tatsächlich die Botschaft der Allianz sein sollte, stellt sich die Frage, ob sie glaubhaft bleibt? *Kann die NATO sich auf Drohungen mit einer Eskalation verlassen, die ihre eigene Zerstörung* (zusammen mit der der Sowjetunion) bedeuten würde, wenn die Drohung wahrgemacht würde? Diese beunruhigenden Fragen, die kaum neu sind, sind soeben wieder in europäischen Debatten gestellt worden, von denen manche durch die Verhandlungen über die Beseitigung der nuklearen Mittelstrecken-Streitkräfte vom Kontinent ausgelöst wurden."[133]

Als *geradezu pervers* bezeichnet der Bericht, daß die Eskalationsstrategie der NATO in öffentlichen Debatten mit jener Theorie stabiler Abschreckung verbunden wurde, nach der die Kernwaffenstreitkräfte der Vereinigten Staaten und der

---

131 a.a.O., S.27 (Hervorhebg. von mir).
132 a.a.O., S.33 (Hervorhebg. von mir).
133 a.a.O., S.27 (Hervorhebg. von mir).

Sowjetunion durch eine wechselseitige Vernichtungsdrohung (mutual deterrence) Kernwaffen absolut unanwendbar (inherently unusable) gemacht werden, um so einen Atomkrieg zwischen den beiden Supermächten sicher zu verhindern.[134] Die Verfasser meinen:

"... Wenn die Abschreckung wirklich an wechselseitiger Verwundbarkeit hängt, dann ist die Grundidee der NATO, einen Angriff auf Einen auch als Angriff auf Alle zu betrachten, über Bord geworfen. Auf die Dauer könnte diese Doktrin noch nicht einmal begrenzte Angriffe auf die Vereinigten Staaten abschrecken. Sie würde als Bluff betrachtet, und der Bluff würde aufgedeckt werden..."[135]

Extreme Versionen der Doktrin von wechselseitiger Verwundbarkeit als Garantie von "Stabilität" seien zwar wegen ihrer Widersprüche immer angegriffen worden. Doch hätten diese Ansichten "unglaublicherweise" einen außerordentlichen Einfluß in den politischen und militärischen Eliten des Westens behalten, vor allem in Europa."[136]

III.1.3 Empfehlungen für eine Politik zur Wahrung der amerikanischen Interessen, die sich aus den unter 1) und 2) dargelegten Erkenntnissen und Auffassungen ableiten:

A. Keine selbstmörderischen Strategien:

"Um unseren Alliierten zu helfen, sich zu verteidigen, und um unsere Interessen in der Welt zu verteidigen, können wir uns nicht auf Drohungen verlassen, die zu unserer eigenen Vernichtung führen würden, wenn wir sie ausführen. In Friedenszeiten würde eine solche Strategie die Unterstützung für die nationale Verteidigung untergraben. In einer Krise könnte die Abhängigkeit von einer solchen Strategie sich wegen des Mangels öffentlicher Unterstützung als katastrophal erweisen. Wir brauchen militärisch effektive Antworten, die die Zerstörungen begrenzen, wenn wir die Zerstörung dessen, was wir verteidigen wollen, nicht geradezu herbeirufen wollen."[137]

B. "Angriff und Verteidigung ... ergänzen sich auf jeder Ebene des Konfliktes."[138]

"Sowohl unsere konventionellen als auch unsere nuklearen Vorbereitungen sollten auf einem Mix von offensiven und defensiven Systemen beruhen. Um zur Abschreckung eines nuklearen Angriffs beizutragen und um sicherer die offensiven Systeme reduzieren zu kön-

---

134 a.a.O., S.35.
135 a.a.O., S.35 (Hervorhebg. von mir).
136 a.a.O., S.35 (Hervorhebg. von mir).
137 a.a.O., S.2 (Hervorhebg. von mir).
138 a.a.O., S.65.

nen, brauchen wir 'Strategic Defense' (SDI). Um konventionelle Angriffe abschrecken zu
können oder auf sie reagieren zu können, brauchen wir die Fähigkeit zu konventionellen
Gegenoffensiven tief in das Land des Gegners."[139]

"Die wachsende Zahl von Europäern, die eine *non-offensive defense* vorschlagen, würde die
sowjetische Selbstsicherheit weiter verstärken, indem sie alle offensiven Waffen wegnehmen
würden. Das würde keinen gegnerischen Angriff verhüten, wohl aber den Gegenangriff."[140]

C. Konventionelle Verteidigung in Europa und der Welt:

1. "Gleichgewicht" löst das Problem nicht.

"Die zentrale Herausforderung an uns seit dem 2. Weltkrieg war, Wege zu
finden, ... eine Aggression zerschlagen zu können und so abzuschrecken, die
gegen wichtige Interessen gerichtet ist, die sich an Orten befinden, die sehr viel
näher zu unserem Gegner liegen als zu uns." "Militärische Balancen", d.h.
Gleichkommen in Zahlen von NATO und Warschauer Pakt in Panzern,
Artillerie, Panzerabwehrsystemen usw. (selbst wenn man die qualitativen Dif-
ferenzen berücksichtigt), lösen das Problem nicht.[141]

Dazu Kissinger, einer der Mitverfasser des Memorandums:

"... Die Nummernspielerei beim Messen konventioneller Abschreckung durch Gleichheit an
Männern und Ausrüstung muß beendet werden. Sie verletzt die elementarste Lehre aus der
Geschichte: Siege werden nicht errungen aufgrund von Gesamtzahlen, sondern aufgrund der
Fähigkeit, Kräfte am entscheidenden Punkt zu konzentrieren..."[142]

2. Verbesserung der konventionellen Verteidigung in Europa:

Ohne eine endgültige Antwort zu geben, stellt das Memorandum die Frage:
"Besteht die Möglichkeit, daß die Allianz die Sowjetarmee besiegt oder zumindest durch Kampf zum Stand bringt, ohne nukleare Waffen zu verwenden?"[143]. Die Verfasser halten aber zumindest für erwiesen, daß die
*Verteidigungsposition der Allianz durch neue Militärtechnologien wesentlich
verändert* werden könnte:

"... Diese modernen Waffen würden zwar nicht billig sein, doch würden ihre *Kosten nur
einen kleinen Bruchteil der derzeitigen NATO-Militäraufwendungen* erfordern. Diese Kosten
wären niedrig genug, um sie notfalls durch Umplanungen der vorgesehenen Mittel
aufbringen zu können."

---

139 a.a.O., S.2 (Hervorhebg. von mir).
140 a.a.O., S.66.
141 a.a.O., S.66.
142 Kissinger, Henry A., Elemente einer neuen Strategie für den Westen. Welt am Sonntag, 17.1.1988.
143 S.27 des Berichts "Discriminate Deterrence" (Hervorhebg. von mir).

3. Vorwärtsverteidigung

Eine glaubhafte konventionelle Verteidigung müsse auch *"Pläne für Gegenoffensiven der NATO-Landstreitkräfte über die Grenze zum Warschauer Pakt umfassen,* (die natürlich durch die Invasion des Warschauer Paktes vorher verletzt worden sein würde). *Noch wichtiger*:

Die Vorbereitungen der Allianz für einen Krieg sollten *spezielle Pläne beinhalten, um die potentielle Abneigung der osteuropäischen Völker gegen die Sowjetunion zu nutzen."*[144]

D. Kernwaffen

1. Kernwaffen in der NATO-Verteidigung:

Das Memorandum erklärt:

"Selbst wenn die NATO drastische Verbesserungen in ihrer konventionellen Verteidigung macht, wird die *NATO immer noch Kernwaffen brauchen* (einschließlich Kernwaffen, die in Europa stationiert sind), und zwar zumindest aus zwei Gründen:

a. Weil Kernwaffen die Massierung von Streitkräften für jeden Angriff bedrohen und so 'unratsam' machen.

b. Weil die Fähigkeit der NATO, mit kontrollierten und effektiven Kernwaffenschlägen zu reagieren, einer sowjetischen Neigung, solche Waffen in begrenzten Angriffen auf Schlüsselelemente der konventionellen NATO-Verteidigung zu nutzen, entgegenwirkt".[145]

Der Bericht fordert, daß "weniger Zweideutigkeit über die Art dieser Abschreckung herrschen soll. Die *Allianz sollte nicht damit drohen, Kernwaffen als ein Bindeglied zu einem umfassenderen und zerstörenderen Krieg* zu verwenden - obgleich das Risiko einer weiteren Eskalation immer noch bestehen würde -, *sondern hauptsächlich als ein Instrument, das den angreifenden sowjetischen Streitkräften den Erfolg streitig macht. ..."*[146]

---

144 a.a.O., S.29f.
145 a.a.O., S.30 (Hervorhebg. von mir).
146 a.a.O., S.30 (Hervorhebg. von mir).

2. *Kernwaffen zur Sicherung der amerikanischen Interessen und der Verbündeten außerhalb des Gebiets der NATO.*

Die Verfasser meinen, die Vereinigten Staaten "sollten eine große Rolle (für Kernwaffen) in der Verteidigung gemeinsamer Interessen außerhalb der nationalen Grenzen und außerhalb der Grenzen der Allianz vorsehen, wo, wie z.B. im Persischen Golf, wichtige alliierte Interessen klar mit unseren übereinstimmen."[147]

III.2 *Sicherheitspolitische Interessengegensätze zwischen den Vereinigten Staaten und Europa.*

III.2.1 *Europäische Reaktionen auf das veränderte amerikanische Denken.*

Das, was heftige Reaktionen in Europa und insbesondere in der Bundesrepublik auslöste, waren nicht die Vorhersagen über die zukünftige politische Entwicklung der Welt. Die Annahme, daß auch die nächsten zwanzig Jahre von dem sowjetisch-amerikanischen Gegensatz geprägt werden, erscheint zwar unerfreulich, aber doch nicht unwahrscheinlich. Wobei man befürchten muß, daß bei Durchführung der in dem Memorandum empfohlenen Politik diese Grundannahme des Memorandums gute Chancen hat, eine "self-fulfilling prophecy", eine sich selbst erfüllende Prognose, zu werden.

Auch der Aufstieg Japans und Chinas zu wirtschaftlichen und militärischen Weltmächten erscheint wahrscheinlich, ebenso das Auftauchen[148] neuer Nuklearmächte. Die größere Multipolarität mit ihrer größeren Komplexität, der Zwang zu balancierenden Allianzen, ist ebenfalls plausibel - mit allen Risiken, aber auch Chancen.[149]

Europa erscheint in der Sicht des Memorandums *nicht* als einer dieser neuen Pole. Die für die Europäer gewünschte Rolle heißt mehr Zuarbeit zur amerikanischen Führungsmacht in deren weltweiten Anstrengungen zur Sicherung ihrer Interessen - oder auch der Interessen der USA *und* der Europäer. Das Memorandum klagt:

---

147 a.a.O., S.64f. (Hervorhebg. von mir).
148 Bei einigen Mächten, z. B. Indien und Israel, im wahrsten Sinne des Wortes: etwas bereits jetzt Existierendes aus der Versenkung hervorholen und zeigen.
149 vgl. dazu Kap. IV.2.2.

"Die atlantische Allianz hat Zusammenhaltsprobleme. Wenn es sich um Länder wie Nicaragua oder Libyen handelt, ist es vielleicht nicht überraschend, daß die Alliierten darüber
verschiedene Meinungen haben, wie sie ihre Interessen sehen. Aber selbst an der NATO-
Flanke und im Persischen Golf, wo die vitalen Interessen unserer europäischen Alliierten an
der Verhinderung einer sowjetischen Machtübernahme direkter und massiver sind als unsere,
hat sich die Lage verschlechtert."[150]

Im übrigen werden von den Europäern höhere Beiträge zur eigenen konventionellen Verteidigung, und - bei Engländern und Franzosen - zur *nuklearen
Verteidigung* auf europäischem Boden erwartet.[151]

Die Tendenz, die Europäer - im Gegensatz zu den Japanern - nur als amerikanische Hilfstruppen zu sehen, stützt sich auf die bisherigen Nachkriegserfahrungen mit diesen Nationen und auf die nach Ansicht des Memorandums
größere sicherheitspolitische Abhängigkeit der Europäer von den Vereinigten
Staaten.[152]

Abgesehen von dem - ausgebliebenen - Schrei über diese Rollenzuweisung an die
Europäer, bieten die Voraussagen über die militärisch-politischen Veränderungen
in der Zukunft somit auch wenig Anlaß zu Protesten. Sie sind eine nützliche Prognose - mit allen Risiken und Schwächen solcher Vorausschauen.

Das, was wie eine Bombe einschlug, waren vielmehr die Argumentationen des
Memorandums über die Weiterentwicklungen der Vorstellung von Verteidigung
und Abschreckung im Atomzeitalter. Und hier vor allem die These, Kernwaffen
dürften *nicht* als ein Bindeglied zu einem umfassenderen und zerstöreneren Krieg
dienen, wie viele europäische NATO-Offizielle meinen,

"sondern hauptsächlich als ein Instrument, das den angreifenden sowjetischen Streitkräften
den Erfolg streitig macht. Die Kernwaffen sollten gegen ausgewählte Ziele eingesetzt werden, z.B. zum Angriff auf sowjetische Kommandozentralen oder Truppenkonzentrationen ..."[153]

Das heißt also auf europäischem Boden.

Der damalige Staatssekretär im Verteidigungsministerium, Lothar Ruehl, reagierte
auf diese Feststellungen unter der Überschrift "Eine solche Strategie hätte fatale
Konsequenzen für die Sicherheit Westeuropas"[154] mit den Worten:

"Diese Ansicht der Autoren, Kernwaffen sollten in Europa von der NATO ausschließlich als
Mittel einer 'differenzierenden' Gegenabschreckung und als militärische Waffen zur

---

150 a.a.O., S.66.
151 a.a.O., S.68.
152 a.a.O., S.23.
153 a.a.O., S.30.
154 Die Welt, 19.1.1988.

Zerschlagung eines konventionellen Angriffs eingesetzt bzw. angedroht werden, bedeutet de facto eine Konzeption begrenzten Nuklearkriegs in Europa ohne Abschirmung durch die strategischen Waffen der USA.

Eine solche Strategie würde für Westeuropas Sicherheit ... fatale Konsequenzen haben ..."

Der damalige verteidigungspolitische Sprecher der CDU/CSU-Bundestagsfraktion, Wimmer, derzeit Staatssekretär im Verteidigungsministerium, sah in den Empfehlungen der Studie Discriminate Deterrence: "die Entscheidung des Rückzugs auf die Festung Amerika." Er fuhr fort:

"Von dieser sicheren Plattform aus könnte dann global mit kalkulierbarem Risiko agiert werden. Ein Großteil der übrigen Welt, auch das europäische NATO-Gebiet, wäre dann zu einer Zone degradiert, in der gegebenenfalls auch 'kleine Kriege' durchgeführt werden könnten ... Solche 'Kriegsführungsüberlegungen' seien für die davon betroffenen Staaten aber nicht hinnehmbar. Auch ein begrenzter Krieg mit zielgenauen Waffen würde nicht akzeptable Zerstörungen verursachen. Die Daseinsberechtigung der NATO ergebe sich daraus, daß sie für alle ihre Mitglieder den Krieg mit sehr hoher Wahrscheinlichkeit verhindern könne."[155]

Der Chefredakteur der Europäischen Wehrkunde, Wolfram von Raven, schreibt unter der Überschrift "Abgeschwächte Abschreckung"[156]: "Dies wäre eine Strategie des begrenzten Krieges mit taktischen Kernwaffen,

die - da sie des Schirms der strategischen Kernwaffen entbehrte - kaum den Effekt hätte, den Frieden durch glaubhafte Abschreckung zu bewahren. Eine Strategie, wie sie die Untersuchung nahelegt, wäre im Bündnis nicht konsensfähig."

In einer sehr abgewogenen Untersuchung, in der er auch den Verdienst des Memorandums hervorhebt, Fiktionen der gültigen NATO-Strategie offen angegriffen zu haben, schreibt Flottillenadmiral Elmar Schmähling:[157]

"... die Empfehlung, den Verbund zwischen den Elementen der NATO-Triade, konventionelle Streitkräfte, taktische Nuklearstreitkräfte und strategische Nuklearpotentiale aufzulösen, um die Vereinigten Staaten aus der Geiselhaft einer quasi automatischen Eskalation zu befreien, berührt indes das Mark der derzeitigen NATO-Strategie. Auch der Vorschlag, im sogenannten 'abgestuften' Einsatz 'militärisch brauchbare' Atomwaffen für das Erreichen militärischer, begrenzter Ziele in Europa, also zum Kriegführen und Krieggewinnen, vorzusehen - für uns Deutsche indiskutabel -, wäre bei einer Realisierung mehr als eine 'Anpassung'."

---

155 Frankfurter Allgemeine Zeitung, 19.1.1988, S.5.
156 Europäische Wehrkunde, Heft 2/1988, S.69.
157 Frankfurter Rundschau, 10.3.1988, S.22.

Schmähling sieht die Studie als Teil der allgemein sichtbaren Veränderung des Glaubens an die Wirksamkeit der derzeitigen Abschreckungsstrategie:

"Nach Robert McNamara und Helmut Schmidt haben nun auch die prominentesten konservativen Sicherheitspolitiker des Westens die Glaubwürdigkeit der nuklearen Abschreckung in der NATO-Strategie in Zweifel gezogen."[158]

Dem ist zuzustimmen. Die Weiterentwicklung amerikanischen strategischen Denkens im Memorandum liegt in der seit der Amtszeit des Verteidigungsministers Schlesinger erkennbaren Tendenz[159], auch Kernwaffen zu *einsetzbaren* militärischen Mitteln zu entwickeln. Wurden Kernwaffen zunächst als ein Phänomen betrachtet, das die traditionelle Machtpolitik mit "Einmischung militärischer Mittel" unmöglich macht: "entweder wir schaffen die Kernwaffen ab, oder die Kernwaffen schaffen uns ab", setzte sich in den USA immer mehr die Tendenz durch, die Kernwaffen der traditionellen Politik mit ihren Kriegsführungsoptionen[160] und Kriegsführungszwängen anzupassen. Die oben zitierten offiziellen Kernwaffenglauben an "ausnutzbare Überlegenheiten" und "Eskalationsdominanz"[161] waren ebenso Schritte zu solchem Realismus in der Anpassung der militärischen Mittel an traditionelles politisches Denken wie die nicht offiziellen "Sieg im Atomkrieg"-Theorien und die offizielle AirLand-Battle-Doktrin von 1982 für die amerikanische Armee.

Eine solche Entwicklung lag in der Natur der Dinge. Nimmt man an, der Gegner könne Krieg oder gar Atomkrieg beabsichtigen, zwingt die einfache Logik tatsächlich zu der Erkenntnis: Alles was man *nicht* durchführen kann, ohne sich selbst zu zerstören, taugt im Kriege auch nicht zur Verteidigung der eigenen Werte - und deshalb letztlich nicht einmal zur Abschreckung.

Die bisher übliche Reaktion der Europäer auf alle Anzeichen eines solchen wachsenden Realismus in den militärischen Planungen der USA war, die Dinge herunterzuspielen, um die Tendenz nicht erkennen zu müssen.[162] Beruhigende Erklärungen von seiten der NATO "die Strategie der Flexible Response bleibt unverändert" haben meist schnell dazu geholfen, daß man so tun konnte, als sei

---

158 a.a.O., S.22.

159 vgl. dazu den Report 1976/77 des Secretary of Defense to the Congress on the FY 1976, FY 1977 Defense Program und die Auseinandersetzung mit diesen Vorstellungen in meinem Buch: Verteidigung und Frieden. München, Hanser Verlag 1976, Kap.5.2.

160 Solche nuklearen Kriegsführungsoptionen fordert z.B. das Memorandum "Discriminate Deterrence" zur Sicherung amerikanischer Interessen im Nahen Osten. Vgl. Memorandum, S.68.

161 oben Kap. II.3.1, Glaube Nr. 5.

162 Ein besonders eklatantes Beispiel hierfür ist der Versuch von Stratmann, der AirLand-Battle-Doktrin jede Bedeutung abzusprechen. Stratmann, K.-Peter: "AirLand-Battle" - Zerrbild und Wirklichkeit, in: Aus Politik und Zeitgeschichte, B48, 1.12.1984, S.19-30.

nichts geschehen.[163] So senkten sich stets erneut die Nebel über die Widersprüche
der gültigen NATO-Strategie. Heute ebenso zu verfahren, scheint offensichtlich
die politisch bequemste Lösung zu sein. Und so erhoben sich auch diesmal bald
die Stimmen, die zu einer "Rückkehr zu den gemeinsamen Bündnisgrundlagen"
aufforderten. Staatssekretär Lothar Ruehl:

> "Insofern zeigt die neue Konzeption nur, wie schlüssig und tatsächlich optimal die gültige
> NATO-Strategie der 'Flexiblen Reaktion' zu allen vorstellbaren Alternativen ist."[164]

Doch solches Wunschdenken retuschiert nur das Erscheinungsbild der amerikanischen Sicherheitspolitik in der europäischen Öffentlichkeit mit altvertrauten
Schnörkeln. So wird versucht zu vertuschen, daß sich nicht nur in den USA, sondern - wie im folgenden Kapitel dargestellt wird - auch und gerade in der
Bundesrepublik ein schnell wachsender Widerstand gegen die Selbstmorddrohung
der nuklearen Eskalationsstrategie der NATO gebildet hat.

III.2.2 Die große Irritation: Nachrüstung, Abbau der "nachgerüsteten" Mittelstreckenraketen, neue Nuklearrüstung ("Modernisierung").

Der INF-Vertrag von Washington über den Abbau der Mittelstreckensysteme des
"Nachrüstungsbeschlusses" überraschte die "Strategen der Abschreckung" in Europa. Nach einigen hilflosen Widerstandsversuchen, die sich in der Bundesrepublik vor allem an die alten Pershing 1a anklammerten, blieb nichts, als sich
mit dem Faktum des Abbaus zu arrangieren.

Das Dilemma der Anhänger der Strategie der "flexible response" in Europa beschreibt kurz und treffend Pierre Lellouche:

> "Dadurch, daß die weiterreichenden Systeme beseitigt wurden, während die Kurzstrecken-
> kernwaffen in Westdeutschland bleiben, zerstört der Vertrag über den Abbau der Mittel-
> streckensysteme die politische und militärische Legitimation von Kernwaffen in Europa.
>
> Es ist schwer, der Öffentlichkeit nukleare Abschreckung zu erklären, wenn alle
> verbleibenden Waffen ausschließlich auf dem eigenen Territorium explodieren können."[165]

---

163 So auch der Mitverfasser der Studie Iklé auf der Wehrkundetagung, vgl. die tageszeitung (taz),
   8.2.1988, S.2.
164 Die Welt, 19.1.1988, S.5.
165 Der dann aber fortfährt: "... Mit oder ohne Pershings werden Kernwaffen in Europa sein von England
   bis Griechenland. Westdeutschland trägt nicht mehr Risiken im Tschernobyl-Zeitalter als die benachbarten Staaten Frankreich, Italien und Belgien." International Herald Tribune, 17.2.1988. Pierre
   Lellouche ist stellvertretender Direktor von IFRI, Paris.

Um der so empfundenen Malaise entgegenzutreten, schrieb der amerikanische Botschafter in der Bundesrepublik, Richard Burt:

"... Das INF-Abkommen hat im wesentlichen den Status quo in Europa wiederhergestellt, wie er Mitte der 70er Jahre vor der Stationierung der SS-20-Raketen bestand. ... Die Vorstellung, daß die verbleibenden amerikanischen Nuklearwaffen in Europa nur auf deutschem Boden eingesetzt werden könnten, ist ebenfalls falsch. Nach dem Abzug der Mittelstreckenraketen werden die Vereinigten Staaten weiterhin eine beträchtliche Anzahl nuklearer Kampfmittel in Europa auf See und in den Vereinigten Staaten selbst besitzen, mit denen Ziele in ganz Osteuropa und in der Sowjetunion bedroht werden können."[166]

Fast verzugslos argumentierte dann 1988 auch Hans Rühle, damals Ministerialdirektor in jenem Bundesministerium für Verteidigung, das zuvor stets die Nachrüstungswaffen als "für die Abschreckung unverzichtbar" bezeichnet hatte, so:

"In der nuklearen Strategie ist die Gefahr der Vernichtung so groß und so wenig akzeptabel, daß das Risiko auch dann nicht hinnehmbar wäre, wenn man es mit einer relativ hohen Wahrscheinlichkeit ausschließen könnte. Die nukleare Abschreckung funktioniert, so Hermann Kahn, solange das Eintreten des Schadens für den Aggressor 'nicht ganz unwahrscheinlich' ist. ... "[167]

woraus er folgerte, daß der INF-Vertrag von Washington die Nuklearstrategie der NATO nicht tangiert habe.

Es ist schwer, sich nicht sehr zu wundern. Nach dem Vertrag von Washington, in dem die "großen Brüder" auf ihre vorher doch so wichtigen Mittelstreckenraketen verzichteten, wurde der Glaube an ein unverzichtbares, ununterbrochenes Spektrum amerikanischer Kernwaffen in Europa *mit* Mittelstreckenraketen (Glaube Nr. 1)[168] plötzlich Ketzertum. Rechtgläubig war nun der, der glaubte, daß die amerikanischen Kernwaffen schlechthin lebenswichtige amerikanische Interessen auch in Europa schützen, gleichgültig ob sie auf europäischem Boden stationiert sind oder nicht (Glaube Nr. 2).

Doch kaum gelernt, las der erstaunte Zeitgenosse nur wenige Monate später, es sei notwendig, *neue* Mittelstreckenwaffen anzuschaffen ("Modernisierung der Kernwaffen der NATO"), "weil die Weltmacht USA die Sowjetunion nun nicht mehr von westeuropäischem Boden aus nuklear in Schach halten könne."[169] Es fehle deshalb künftig ein Glied in der Leiter der Eskalation des Abwehrkrieges. Ergo sei die Bereitschaft der NATO, einen sowjetischen Angriff zum Atomkrieg zu eskalieren, unglaubwürdig, und ergo funktioniere die Abschreckung nicht. Die

---

166 Süddeutsche Zeitung, 14.1.1988, S.12.
167 Rühle, Hans, Welche Strategie braucht die NATO? in: Soldat und Technik, Heft 5/1988, S.132.
168 oben Kap. II.3.1.
169 Winfried Münster in Süddeutsche Zeitung, 29./30.10.1988, S.2.

Kampfbomber der NATO seien deshalb mit sogenannten Abstandsraketen auszurüsten, die auf eine Entfernung von bis zu 450 km selbständig ihr Ziel suchen. Die Lance-Rakete solle auf Werte bis nahe unter 500 km Reichweite verbessert werden. Und auch die Stationierung von Cruise Missiles, diesmal auf See, steht wieder zur Debatte.

Noch einmal "kehrt marsch": ab jetzt genügen die verbleibenden Kernwaffen, die der amerikanische Botschafter und das deutsche Verteidigungsministerium ebenso wie das amerikanische soeben als zur Abschreckung ausreichend bezeichnet haben, doch nicht. Und damit wären wir dann wieder beim Abschreckungsglauben der Nachrüstung - und bei fast derselben Rüstung, die mit dem Vertrag von Washington abgeschafft sein sollte - wie man jedenfalls die Öffentlichkeit und die Sowjetunion glauben machte.[170]

Vorwärts zur Nachrüstung mit Mittelstreckenraketen, weg mit den eben angeschafften Raketen, "zurück marschmarsch": Noch einmal zur Kasse bitte für neue Raketen - der Eindruck "Irrenhaus" liegt nahe. Doch es gibt politische Gründe für das erratisch erscheinende Verhalten der europäischen Regierungen:

Einigkeit in der NATO ist ein politischer Wert. *Gegen* die USA ist diese Einigkeit aber nicht zu erzwingen. Zustimmung zu dem, was die USA in der NATO gerade jeweils wünschen, dient deshalb dem Zweck "Einigkeit".

Zum anderen: "Unverzichtbarkeit eines lückenlosen Spektrums amerikanischer Kernwaffen in Europa" ist genau derjenige Kernwaffenglaube, der die Politik der Bindung der Vereinigten Staaten an Europa mit ihrer Kehrseite, der amerikanischen Vorherrschaft in Westeuropa, am verläßlichsten sichert. Die Wiederbelebung des Glaubens an die Unverzichtbarkeit eines lückenlosen Spektrums amerikanischer Kernwaffen in Europa war deshalb den Anhängern einer untrennbaren Anlehnung an die Vereinigten Staaten so wichtig, daß sie es auf sich nahmen, ihre Position so peinlich schnell und oft zu wechseln. Denn das politische Interesse der Nachkriegszeit, Westeuropa auf der Seite der USA gegen die Sowjetunion zu sichern, ist im Schwinden, das Interesse an westeuropäischer Selbständigkeit dagegen wächst. Ein politischer Pfeiler der Nachkriegspolitik kam damit ins Wanken. Das hat unvermeidlich auch den mit ihm untrennbar verwobenen militärischen Glauben an die Notwendigkeit des ununterbrochenen Spektrums amerikanischer Kernwaffen in Europa in Mitleidenschaft gezogen. Zur gleichen Zeit hat dann die Nachrüstungsdebatte den Menschen in Zentraleuropa

---

170 So bezeichnet der sowjetische Botschafter in der Bundesrepublik, Kwizinskij, die geplante Aufstellung von neuen Lance-Raketen mit 480 km Reichweite mit einigem Recht als Betrug an der Sowjetunion, die durch das INF-Abkommen zum Abbau ihrer nur 20 oder 50 km weiter reichenden SS-23-Raketen veranlaßt wurde. Frankfurter Rundschau, 11.5.1989, S.1.

die Augen über die Realität ihrer "Verteidigungsvorbereitungen" geöffnet. Kernwaffen in Europa wurden damit für die eine Hälfte der Bevölkerung, von den Grünen über die SPD bis weit in die CDU/CSU hinein, Anathema. Nachdem so durch das *Aufstellen* der Pershing 2 und Cruise Missiles die eine Hälfte der Bevölkerung gegen die Sicherheitspolitik und die damit verkoppelte amerikanische Dominanz in Europa aufgebracht worden war, stieß man dann mit dem *Abzug* der zwecks Durchsetzung der Nachrüstung über jeden rationalen Grund hochgelobten Pershing 2 und Cruise Missiles den Teil der Öffentlichkeit vor den Kopf, der sich aus Abschreckungsüberlegungen für die Nachrüstung eingesetzt hatte. Gemeinsamer Bezugspunkt der so produzierten Irritation ist dabei für "rechts" und "links" die "Singularisierung" der Bundesrepublik durch die *verbleibenden* Kernwaffen.

III.2.3 Kernwaffen kurzer Reichweite und europäische Interessen - Das Problem der Singularisierung.

Nur in beiden Teilen Deutschlands sind Waffen stationiert, die *nur* auf dem eigenen Boden eingesetzt werden *können*, und "von denen geplant ist, sie auf eigenem Boden einzusetzen."[171] Es ist nicht bekannt, daß irgendein nuklearer Staat Nuklearwaffen hat oder anzuschaffen beabsichtigt, die *nur* auf seinem eigenen Territorium eingesetzt werden *können*.[172] Diese fatale Singularisierung der Bundesrepublik wäre deshalb äußerst dauerhaft. Und sie wäre folgenreich dazu:

Die treffendste Formulierung für die entstandene Situation stammt von Volker Rühe: Je kürzer die Reichweite, desto töter die Deutschen.[173] Auch der Fraktionsvorsitzende der CDU/CSU-Fraktion, Alfred Dregger, hat in dieser Frage eine klare Position bezogen. Unter der Überschrift "Die atomare Sonderbedrohung der Deutschen" führt Dregger aus:[174]

"Die dichtbesiedelte Bundesrepublik Deutschland kann atomar vernichtet, aber nicht atomar verteidigt werden. Atomare Waffen sind nur als Abschreckungswaffen verantwortbar. Nach dieser Zweckbestimmung müssen sie ausgewählt werden. Wenn Atomwaffen tatsächlich zum Einsatz kämen, hätten sie ihren Zweck verfehlt. Das gilt insbesondere dann, wenn ihr

---

171 Volker Rühe, Die Welt, 15.3.1988.
172 Josef Joffe "Das Gespenst der Singularisierung", Süddeutsche Zeitung, 8.2.1988, S.4, verfehlt diesen Gesichtspunkt.
173 vgl. dazu die Kritik "Richtige Lehren, falsche Lehren" von Richard Burt, dem Botschafter der USA in Bonn, Süddeutsche Zeitung, 14.1.1988, S.12, und Rühes Antwort in Süddeutsche Zeitung, 21.1.1988, S.11, "Eine aktive Strategiedebatte tut not."
174 Rede vor der Clausewitz-Gesellschaft in der Führungsakademie der Bundeswehr in Hamburg, Pressedienst der CDU/CSU-Fraktion im Deutschen Bundestag vom 1.10.1987.

Einsatz auch noch auf dem Gebiet des Angegriffenen, also des Verteidigers selbst, stattfände
oder gar stattfinden soll."

Konsequenterweise fordert Dregger atomare Abrüstung auch bei den Reichweiten
unter 500 km. Fremdabschreckung dürfe nicht durch Selbstabschreckung ersetzt
werden.[175]

Der Einwand, es *müsse* ja nicht jede Option, die einmal aufgebaut wurde,
tatsächlich auch eingesetzt werden, falls es trotz Abschreckung zum Krieg kommen sollte, ist richtig. Doch er trifft nicht das Problem. Optionen, deren *Einsatz*
man unter allen Umständen verhindern will, muß man beseitigen, solange man
dazu in der Lage ist - man kann nicht auf das Prinzip Hoffnung ausweichen. Der
Einsatz von Kernwaffen in Mitteleuropa ist eine solche Option. Über den *Einsatz
der amerikanischen Kernwaffen bestimmt die Bundesrepublik aber nicht*. Sie kann
nur mitreden, "falls die Zeit das erlaubt". Nichts spricht dafür, daß die Zeit im
Chaos eines Krieges diese Erlaubnis erteilen wird.

Will die Bundesrepublik den Einsatz von Schlachtfeldkernwaffen auf ihrem Territorium verhindern, muß sie deshalb im Vorfeld handeln und die Entfernung dieser Waffen vom deutschen Territorium im Frieden fordern und durchsetzen.

Flottillenadmiral Elmar Schmähling, Leiter des Amtes für Studien und Übungen
der Bundeswehr, fragt in diesem Zusammenhang mit Recht:

"Welche Logik verbietet eigentlich, von Anfang an mit dem Einsatz seegestützter Nuklearwaffen zu drohen, wenn es auf Glaubwürdigkeit der Abschreckung ankommt?"[176]

Die Antwort lautet: Bestehen die USA auf der Stationierung von Kernwaffen
kurzer Reichweite auf europäischem Boden, so handeln sie in der Logik der
Empfehlungen des Memorandums "Discriminate Deterrence".[177] Ob die Vereinigten Staaten es wollen oder nicht, die europäischen Verbündeten werden des-

---

175 "Einige unserer Verbündeten haben geglaubt, was durch Abrüstung im Reichweitenband zwischen
500 und 5 500 km ausfalle, könnte durch Aufrüstung im Reichweitenband unter 500 km ausgeglichen
werden. Ich habe dagegen von Anbeginn Front gemacht, da es uns Deutschen weder zuzumuten ist,
noch einen strategischen Sinn ergibt. Würde unter 500 km aufgerüstet, was über 500 km wegfällt,
dann würde aus der aufgrund der Grenzlage unvermeidbaren konventionellen Sonderbedrohung
unseres Landes eine durchaus vermeidbare nukleare Sonderbedrohung. Das lehnen wir ab." (Hier folgt
der im Text oben wiedergegebene Wortlaut). Alfred Dregger in seiner Rede vor der Führungsakademie, a.a.O.

176 Und er fährt fort: "Der kürzlich aufgekommene Begriff der 'abgestuften Abschreckung' (discriminate
deterrence) muß ja geradezu 'Singularisierungsängste' bei denen wecken, bei denen nukleare Mittel
zur 'abgestuften Reaktion' lagern. Anstelle von Abwiegelung und Entrüstung muß Klarheit treten: Entweder es gibt eine 'Einklassenrisikogemeinschaft', dann müssen die Atomwaffenbesitzer auch bereit
sein, den Nuklearwaffeneinsatz aus dem eigenen Land anzudrohen, ohne daß ihr eigenes Staatsgebiet
zunächst in einen Konflikt einbezogen ist, oder es gibt doch 'Zonen unterschiedlicher Sicherheit'".
Frankfurter Rundschau, 10.3.1988, S.22.

177 oben Kap. III.1.3 D.) "Kernwaffen in der NATO-Verteidigung".

halb, ebenso wie der Gegner im Osten, mit der weiteren Stationierung oder gar Modernisierung von Kurzstreckenraketen auf deutschem Boden auch die Botschaft des Memorandums mitlesen, die so deutlich den Wandel des amerikanischen strategischen Denkens beschreibt:

Die Begrenzung des Einsatzes von Kernwaffen auf den Zweck der militärischen Verteidigung auf europäischem Boden.

Eine klare Abschreckungsbotschaft an die Adresse der Sowjetunion, einen Nuklearkrieg *nicht* im Lande der Verbündeten - und damit gegen die eigenen Verbündeten - führen zu wollen, sondern gegen den befürchteten Aggressor, setzt heute deshalb den Verzicht auf nukleare Kurzstreckensysteme auf europäischem Boden voraus.

So bleibt für Schlachtfeldkernwaffen nur das Argument, Kurzstreckensysteme seien notwendig, um den Warschauer Pakt daran zu hindern, seine *konventionellen* Truppen zu konzentrieren.[178] Doch dieses Argument ist falsch und wird durch dauerndes Wiederholen nicht besser.

Marschierte der Warschauer Pakt so aufgelockert auf, wie es ein "nukleares Gefecht" erfordert, hätte er seine Option verloren, durch schnellen Einsatz seiner konventionell angriffsfähigen Truppen ein "fait accompli" zu schaffen und so die Nuklearabschreckung der NATO zu unterlaufen.[179] Aber eben das ist die einzige militärisch denkbare Nutzung konventioneller Angriffsfähigkeit gegenüber einem nuklear gerüsteten Gegner wie der NATO.

Umgekehrt: Würde die NATO tatsächlich so auflockern, wie es die "Bedingungen des nuklearen Gefechts erfordern", brauchte sie gar nicht erst konventionell aufzumarschieren. Sie müßte ihrerseits entweder sofort nuklear eskalieren oder kapitulieren.

Weder der Warschauer Pakt noch die NATO üben deshalb heute einen Aufmarsch unter den Bedingungen nuklearer Bedrohung, extremer Auflockerung also. Das konventionelle Gefecht wird von beiden Seiten so geführt werden, wie man meint, es nach militärischen Kriterien konventioneller Kriegsführung am besten bestehen

---

178 So auch das Memorandum "Discriminate Deterrence", S.30, "Nuclear weapons discourage the massing of forces in any attack."

179 Rechnerisch würden etwa ein Dutzend Atomsprengköpfe mit 20-150 kt zwischen 30-50% einer Angriffsdivision in der ersten Armeestaffel ausschalten können. Dabei wird angenommen, daß die Hälfte der Division kurz vor dem Antreten zum Angriff im Bereitstellungsraum auf 400 qkm konzentriert ist. Sehr viel größere Auflockerung könnte die Wirkung auf 15-25% Verluste reduzieren. Aber daß der Angreifer eine solche Auflockerung für nötig hält, weil er damit rechnet, daß der Verteidiger mit mehreren hundert Atomsprengköpfen den Angriff im Keim erstickt, dürfte eine Illusion sein. Denn eine solche Selbstzerstörung ist genau das, was die europäischen NATO-Partner unter allen Umständen vermeiden wollen und am Anfang des Krieges wohl auch noch vermeiden können.

zu können. Erst wer unmittelbar vor dem Kernwaffeneinsatz steht oder unter nuklearen Beschuß gerät, wird seine Kampfform den "Bedingungen des nuklearen Gefechts" anpassen wollen - was immer das auch heißen mag. Doch mit einem solchen "nuklearen Gefecht" in Europa ist das Gebiet rationaler Politik verlassen. Denn der militärische Einsatz von Kernwaffen zum Zweck eines Abwehrsieges steht unter den Zwängen militärischer Kriterien. Zu langsam und zu wenig bedeutet militärische Niederlage. Clausewitz in der Formulierung von Guderian: Nicht kleckern, klotzen! ist aber im Atomzeitalter das Ende der europäischen Völker.

III.2.4 Die Strategie der nuklearen Eskalation in Europa verlor ihre Glaubwürdigkeit.

Nachrüstungsdebatte, INF-Vertrag und dauernd wechselnde Erklärungen über "für Abschreckung unersetzliche Kernwaffen" haben mittlerweile die nukleare Eskalationsstrategie der NATO so unterhöhlt, daß ihr Ende abzusehen ist.

Über die Hälfte der Bundesbürger glaubt nicht einmal mehr, daß die atomare Abschreckung bisher den Frieden erhalten hat. Nicht einmal 20% glauben, daß Atomwaffen für die Abschreckung unbedingt nötig sind. Dreimal so viele Menschen glauben daran, daß Abschreckung durch neue, nicht atomare Waffensysteme verwirklicht werden kann.[180] Die klarste und schärfste Ablehnung der noch gültigen NATO-Strategie formulierte der ehemalige Bundeskanzler Helmut Schmidt:

"Diese Militärdoktrin hat einen wissenschaftlichen Namen bekommen: sie wird 'flexible Reaktion' genannt. Vor etwa 25 Jahren wurde sie als 'abgestufte Abschreckung' bezeichnet. Eine solche Terminologie klingt sehr genau, und in gewisser Hinsicht sollte sie auch genau sein - in Wirklichkeit sind diese Militärpläne aber keineswegs flexibel.

Die sogenannte flexible Reaktion bedeutet nämlich, daß Nuklearwaffen innerhalb der ersten Tage, noch vor Ablauf von zwei Wochen, eingesetzt werden.

Das heißt, daß der Westen als Ganzes der Sowjetunion sagt: 'Wir bedrohen Dich mit einer militärischen Verteidigungsstrategie, die den frühzeitigen Einsatz sogenannter taktischer Nuklearwaffen von unserer Seite aus vorsieht.' Implizit aber, ohne dies so auszudrücken, heißt das für die Deutschen, daß der Westen, indem er sich selbst verteidigt, Deutschland zerstören wird.

---

180 Bericht der Süddeutschen Zeitung v. 28.2.1989 über Meinungsumfragen des Allensbacher Instituts, von Emnid und der United States Information Agency aus den Jahren 1987 und 1988.

Sollte dies jemals ausgeführt werden, würde es übrigens bedeuten, daß der Kampfeswille der deutschen Soldaten innerhalb von 72 Stunden zusammenbräche."[181]

Und:

"Auf der einen Seite wird im Nordatlantischen Bündnis die eigene konventionelle militärische Stärke unterschätzt. Der Westen hat die konventionelle Stärke der Sowjetunion immer recht überzogen dargestellt, die eigenen Fähigkeiten dagegen ziemlich heruntergespielt. Teilweise erfolgte dies unter dem Einfluß amerikanischer Generale, die dazu rieten, eine Situation nur dann als zufriedenstellend anzusehen, wenn sie über mehr Soldaten, mehr Panzer und mehr Artilleriegeschütze verfügen, als die Gegenseite.[182] Die NATO als Ganzes hat deshalb ein Militärkonzept übernommen, das - ausgehend von einem konventionellen Minderwertigkeitskomplex - den sehr frühzeitigen Einsatz von Kernwaffen durch den Westen impliziert. Alle Militärpläne, an die sich die westliche Seite bis auf den heutigen Tag hält, gehen davon aus, daß der Westen den Nuklearkrieg beginnt. In den Reden der politischen Führer wird diese Tatsache meist übertüncht, aber sie stellt dennoch die Realität dar. Die Deutschen sind sich dessen bewußt. Das ist einer der Gründe für die sogenannte Friedensbewegung und den 'Ökopazifismus' unter den jungen Menschen in Deutschland. Sie wissen sehr wohl, daß eine Reihe von Staaten in Ost und West über sogenannte taktische Nuklearwaffen verfügt, die auf deutschen Boden und gegen deutsche Städte gerichtet sind."[183]

Zwar stimmte die Bundesregierung in der Wintex-Übung 1989 der "vorbedachten Eskalation zur Wiederherstellung der Abschreckung" zu und die NATO ließ 25 Atombomben in Polen und der Sowjetunion explodieren. Da militärische Übungen den Vorteil haben, daß man die Reaktion des Gegners selber bestimmen kann, ließ man eine sowjetische Reaktion mit Kernwaffen klugerweise aus. Dennoch sollte, so das Drehbuch, "der Irrsinnskrieg weitergehen. Die NATO-Militärs wollten auch noch einen atomaren 'Zweitschlag' führen, weil der Gegner nicht kapitulieren mochte. Das war den Deutschen ein Schlag zu viel. ... Helmut Kohls Order an Übungskanzler Schreckenberger war knapp - wir steigen aus!"[184]

Helmut Schmidt, der damalige Bundeskanzler, hatte Ende der 70er Jahre dem damaligen Bundeswehr-Generalinspekteur Jürgen Brandt erklärt: "Nach der ersten Atomexplosion in Deutschland befehle ich die Einstellung der Kampfhandlungen".[185]

---

181 Europa-Archiv, Folge 11/1987, S.308.
182 Womit die amerikanischen Generale einerseits recht haben, da ein militärisches Gleichgewicht, wie die Geschichte lehrt, bei den gegenwärtigen Strukturen dem Verteidiger keine Sicherheit bietet (oben Kap. II.2). Andererseits befriedigte diese Auffassung natürlich auch das amerikanische Interesse, wegen der so konstatierten Unmöglichkeit konventioneller Abwehr mit amerikanischen Kernwaffen unersetzlich zu sein.
183 Schmidt, Europa-Archiv, Folge 11/1987, Seite 308.
184 Der Spiegel, Nr.11/1989, S.16.
185 a.a.O., S.16.

So ist der sich in der Bundesrepublik abzeichnende Konsens deutlich. Kernwaffen
dürfen in Europa nicht zur Abwehr eines konventionellen Angriffs eingesetzt
werden. Kernwaffen können nur noch der Abschreckung des Gegners vom Einsatz
seiner Kernwaffen dienen.

Helmut Schmidt:

> "Westliche Nuklearwaffen haben nur einen einzigen Zweck[186]: die andere Seite davon abzu-
> schrecken, ihre Nuklearwaffen politisch oder militärisch gegen uns zu verwenden oder ein-
> zusetzen. Ein Ersteinsatz von nuklearen Kurzstreckenwaffen durch den Westen wäre
> Wahnsinn, er bleibt abzulehnen."[187]

Bleiben in Europa die Schlachtfeldkernwaffen stehen, die für die Abschreckung
des Gegners vom Einsatz seiner Kernwaffen gar nicht geeignet sind, dürfte im
Falle eines Krieges die Versuchung immer größer werden, sie so einzusetzen, wie
sie allein einsetzbar sind: militärisch. Und ob im Ernstfall die über diese Kernwaffen verfügenden amerikanischen Truppen dem Befehl eines deutschen
Bundeskanzlers zur Kapitulation folgen würden, ist eher unwahrscheinlich.

Letzteres könnte allerdings wieder zu dem Irrtum verführen, taktische Kernwaffen
könnten so doch als Mittel dazu dienen, die Sowjetunion abzuschrecken. Doch
indem Bundeskanzler Helmut Schmidt keinerlei Zweifel daran ließ, daß ein
Kernwaffeneinsatz auf deutschem Boden das Ende einer Beteiligung deutscher
Truppen an der Verteidigung Europas bedeuten würde, indem Bundeskanzler
Helmut Kohl einen fortgesetzten Kernwaffenaustausch auf europäischem Territorium "weiterzuspielen" verweigerte, veränderten sie die Abschreckungs-
landschaft. Denn es ist von jetzt an ein offenes Geheimnis, daß die Androhung von
Kernwaffeneinsätzen auf zentraleuropäischem Boden durch die NATO in jeder
Krise in erster Linie die Regierungen der europäischen Mitgliedsstaaten der
NATO von jeder Verteidigung abschreckt. Gerade weil sie nicht sicher sein
können, daß sie die Macht haben, den Krieg auf ihrem Territorium beenden zu
können, wenn er zum Kernwaffenkrieg eskaliert, wird Kriegsvermeidung, wird
"Appeasement" der Sowjetunion in der Krise zur letzten verläßlichen Möglichkeit,
das Überleben der europäischen Völker sicherzustellen. So wurde durch die jetzt
offenbarte politische Entscheidung zweier Bundeskanzler in den ungewinnbaren
Glaubenskrieg der Abschreckungsauffassungen ein politisches Kriterium einge-
führt, das akzeptable, durchführbare militärische Optionen der NATO von solchen

---

186 Darüber, ob sie auch noch als politisches Mittel zur Kriegsbeendigung dienen können, mag man
streiten. Entscheiden läßt sich dieser Streit im Frieden nicht. Beide Aufgaben bedingen aber gleichermaßen eine enge Begrenzung der Zahl der Einsätze und langsame, angekündigte Entscheidungen.
Vgl. dazu mein Buch: Verteidigung und Frieden. München, Hanser Verlag 1976, Kap.4.3 und 4.4,
S.82ff.
187 "Ein Gesamtkonzept, aber wie". Die Zeit, Nr.10, 3.3.1989.

Optionen trennt, die die NATO sprengen würden und die für sie deshalb undurchführbar sind. Undurchführbare Optionen aber schrecken einen Gegner nicht ab.

Beide Bundeskanzler haben so ihrem Lande und Europa dadurch gedient, daß sie eine im Ernstfall für Mitteleuropa tödliche Strategie rechtzeitig diskreditierten und damit erkennbar unabwendbar machten. Es ist nunmehr an der Zeit, daß die NATO sich eine neue Sicherheitsstrategie für Europa sucht.

III.2.5 Wiederbelebungsversuche: Die "Modernisierung" der NATO-Kernwaffen.

Die Gründe für den Widerstand von "Links" und "Rechts" gegen die Kernwaffenstrategie des Bündnisses sind deshalb stringent und kaum widerlegbar. Das spiegelt sich in der politischen Landschaft der Bundesrepublik deutlich wider:

Die SPD verlangt bereits seit längerer Zeit die dritte Null-Lösung[188]. Sie hat diese Forderung auf dem Parteitag am 1.9.1988 bestätigt.[189] Auch Außenminister Genscher scheint längerfristig die dritte Null-Lösung anzustreben. Der Generalsekretär der CDU, Heiner Geißler, schließt die dritte Null-Lösung für den Fall nicht aus, daß die sowjetische konventionelle Angriffsoption abgebaut wird.[190] Ähnlich argumentierte der Fraktionsvorsitzende der CDU/CSU-Fraktion, Alfred Dregger.[191] Widerstand kommt nur noch von einzelnen Gruppen aus der CSU und der CDU.[192] Angesichts der breiten Zustimmung in Bundestag und Öffentlichkeit kann hier, einen alten Spruch nutzend, fast von "einer kleinen radikalen Minderheit" gesprochen werden, die heute noch Kernwaffen auf dem Territorium Zentraleuropas wünscht. Bemerkenswert ist, daß der Konsens der Ablehnung solcher Waffen über die Bundesrepublik hinaus auch die DDR erfaßt. So konnte Dregger sich in seiner Rede darauf berufen, daß ihm der Staatsratsvorsitzende Erich Honecker in einem Gespräch am 8.9.1987 in Bonn in der Beurteilung

---

188 So fordert Egon Bahr: Keine Atomwaffen auf dem Boden von Staaten, die darüber nicht entscheiden. "Nichtnukleare Staaten sind bis heute nicht einmal zu Verhandlungen zugelassen worden, die Atomwaffen auf ihrem Boden betreffen. Daraus ergibt sich das Ziel: keine Atomwaffen auf dem Boden von Staaten, die darüber nicht entscheiden." Der Spiegel, Nr.9/1988, S.30, in der Antwort von Egon Bahr auf US-Botschafter Burt.

189 vgl. Süddeutsche Zeitung, 2.9.1988, S.1 und 2.

190 Frankfurter Rundschau, 4.4.1989, S.1.

191 Gespräch mit der Süddeutschen Zeitung, 5.5.1989, S.8. Auch der Verteidigungspolitische Sprecher der Unionsfraktion, Wilz, hatte sich Ende Februar 1989 ähnlich geäußert. (Süddeutsche Zeitung, 28.2.1989, S.9).

192 So mußte sich A. Dregger von Verkehrsminister Zimmermann als "Holzkopf-Populist" beschimpfen lassen. Süddeutsche Zeitung, 10.5.1989, S.1, und 11.5.89, S.6.

zugestimmt habe, daß die Abrüstung bei Reichweiten unter 500 km dringlicher gewesen wäre, als oberhalb 500 km.[193]

Eine neue Kernwaffenrüstung vor den Bundestagswahlen 1990 fürchtet die Regierung Kohl deshalb zu Recht wie der Teufel das Weihwasser. Doch damit geriet sie zwischen zwei Feuer. Denn die USA und Großbritannien fordern in und mit der NATO die neue Nuklearrüstung mit Raketen von knapp 500 km Reichweite (fälschlich als Modernisierung verkauft). Deshalb mußte die Bundesregierung entweder zusammen mit Belgien[194], Dänemark, Norwegen und anderen kleineren NATO-Partnern den neuen Rüstungsplänen der NATO widersprechen, was die Einheit der NATO gefährdet. Oder sie mußte versuchen, zusammen mit den USA und Großbritannien den durch die Atomrüstungspolitik produzierten Widerstand in der Bundesrepublik, Belgien, Dänemark und den Niederlanden zu überwinden. Das ist aber kein leichtes Vorhaben. Die einzige hierfür erfolgversprechende Taktik dürfte sein, die Opposition gegen die NATO-Kernwaffenpolitik auf zwei Fronten anzugreifen: Den Gegnern *jeder* Nuklearwaffenstationierung in Europa muß man sagen, daß man die *Zahl der Kernwaffen* in Europa vermindert. Denjenigen aber, die sich daran stoßen, daß nur noch Kernwaffen kurzer Reichweite in Europa stehen, daß man die *Reichweite* erhöht. Nur so kann man sich Chancen ausrechnen, den fast geschlossenen Widerstand gegen nukleare Abschreckung in Zentraleuropa[195] an beiden Flügeln zu schwächen. Doch auch dieser Plan war der Bundesregierung zu heiß.[196] Die Regierungserklärung vor dem Deutschen Bundestag vom 27. April 1989 fordert deshalb Abrüstungsverhandlungen mit der Sowjetunion auch über die nuklearen Kurzstreckenraketen und verbindet diese Forderung mit der Erklärung, auf absehbare Zeit sei keine Alternative zur Abschreckung durch eine Kombination konventioneller und nuklearer Mittel zu sehen.[197] Eine Erklärung, die man in der politischen Realität als Ablehnung, aber auch als Zustimmung zur Möglichkeit einer dritten Null-Lösung interpretieren kann und interpretiert.

---

193 A. Dregger, Rede vor der Clausewitz-Gesellschaft in der Führungsakademie der Bundeswehr in Hamburg, Pressedienst der CDU/CSU-Fraktion im Deutschen Bundestag, 1.10.1987, S.10.

194 Der belgische Premierminister W. Martens hat erklärt, daß Belgien sich jeder bedeutenden Reichweitenverlängerung der Lance-Rakete widersetzt. Diese Haltung ist nach Le Monde, 13.4.1989, S.9, auf die der Bundesrepublik abgestimmt.

195 Umfragen der letzten Zeit haben ergeben, daß 51% der Bevölkerung der Bundesrepublik nicht an das Prinzip der Abschreckung glauben. Eine überwältigende Mehrheit von 79% möchte gerne alle Atomwaffen aus Europa verbannen. Eine deutliche Mehrheit spricht sich ebenfalls gegen die Modernisierung von Kurzstreckenraketen aus. Vgl. Joffe, Josef: Bundeswehr wohin? Felsen im Meinungsfluß. Süddeutsche Zeitung, 28.2.1989, S.6.

196 Wer wie Albrecht v. Müller und Gerd Schmückle neue Nuklearraketen für Europa - bei gleichzeitiger Reduzierung der Zahl der Kernwaffen - fordert, hilft deshalb der Bundesregierung in ihrer schwierigen Situation nicht. Vgl. Der Spiegel, Nr.10, 6.3.1989, "10 000 Panzer, 5 000 Geschütze genügen".

197 vgl. z.B. Le Monde, 28.4.1989, S.44.

Das alles ist leicht zu verstehen. Doch um so schwerer leuchtet ein, warum die USA, Großbritannien und die NATO mit solcher Hartnäckigkeit auf der so offensichtlich das Bündnis belastenden neuen Kernwaffenrüstung beharren. Warum kein Verzicht auf neue Nuklearwaffen, warum nicht die dritte Null-Lösung für den Fall anbieten, daß konventionelle Stabilität in Europa erreicht und die Sowjetunion ihrerseits zum Abzug ihrer Kernwaffen aus Europa bereit ist?

Weil die Frage nach der neuen Nuklearrüstung eben *keine* Frage militärischer Notwendigkeiten oder Überflüssigkeiten ist. Denn man mag an die Notwendigkeit weiterreichender Raketen oder Kurzstreckennuklearwaffen in Europa glauben oder nicht, wie ja auch das deutsche Verteidigungsministerium beliebig zwischen allen möglichen Glauben hin- und herwechselte und wechselt. Doch der Verzicht auf landgestützte amerikanische Raketen in Europa verändert unvermeidlich die *politischen* Bedingungen. Ist Europa *ohne* amerikanische Kernwaffen auf europäischem Boden sicher, ist Europas Existenz eben nicht mehr so abhängig von den Entscheidungen der Vereinigten Staaten wie bisher. Europäische Interessen können dann auch selbständiger oder gar selbständig vertreten werden. Europäische Politik wird denkbar. So ist es kein Wunder, daß die Bundesregierung auch aus politischen Gründen schwankt, daß aber die Regierung Thatcher, die eine politische Selbständigkeit Europas von den USA ablehnt, die entschlossenste Verfechterin der neuen Nuklearrüstung der NATO ist, die einen europäischen Weg mit großer Sicherheit erst einmal zubauen würde. Denn der Glaube an die Unersetzlichkeit amerikanischer Kernwaffen hält die westeuropäischen Staaten, an der amerikanischen Seite fest, beschränkt also die europäische Handlungsfreiheit.[198]

Beschränkung der Handlungsfreiheit der Bundesrepublik aber ist auch heute noch ein Wert auch für europäische Staaten. Kernwaffen kürzerer Reichweite auf dem europäischen Kontinent sind so nicht nur nach ihrem einzig möglichen *Zielort* Waffen, die besonders auf die Bundesrepublik gerichtet sind. Sie sind wie alle anderen in Europa stationierten amerikanischen, englischen und französischen Waffen *auch* politisch gegen die Bundesrepublik gerichtet. Genauer: gegen die nie ganz verschwundenen Befürchtungen vor einem neuen Rapallo, einem "Abgleiten der Bundesrepublik in den Neutralismus" - oder schlimmer letztlich in das östliche Lager.[199]

---

198 oben Kap. II.3.1, Glaube Nr. 1.

199 Daß das so ist, zeigt sich stets bei Debatten über die Eliminierung von Kernwaffen in Europa. In Frankreich wurde diese Furcht besonders groß, als auf die Mittelstreckenraketen durch den INF-Vertrag durch Washington verzichtet wurde. Erinnert sei an die zitierte Schlagzeile von Le Figaro: "Europa entwaffnet".

Die politische Position der Bundesregierung ist deshalb außerordentlich schwierig.
Sie muß bei allen Europäern das Vertrauen erhalten und festigen, daß es keinen
deutschen Alleingang gibt. Sie muß gleichzeitig die Europäer ermutigen, mit ihr
zusammen europäische Politik ernsthaft anzupacken. Und zu diesem Zweck muß
sie den Prozeß der Umbildung der militärischen Landschaft in Europa in eine stabilere Welt vorantreiben - was den Abbau der Schlachtfeldkernwaffen und anderer
Waffen unter 500 km Reichweite fast zwangsläufig fordert -, ohne dieses
Vertrauen zu verspielen.

IV. Auf der Suche nach einer neuen Doktrin für Sicherheitspolitik

IV.1 Eine Epoche geht zu Ende: Politik und Sicherheitspolitik der Nachkriegszeit lassen keine Lösungen zu, die heute noch amerikanische und europäische Interessen gleichzeitig befriedigen.

Mehr als 40 Jahre standen amerikanische und sowjetische Politik unter dem Zeichen der bipolaren Konfrontation. Selbst wenn man mit dem Memorandum "Discriminate Deterrence" glaubt, diese Konfrontation bestimme auch noch für die nächsten 20 Jahre die Weltpolitik[200], ist "business as usual" für die Sicherheitspolitik keine Lösung. Denn schon die Untersuchung des engen Bereichs offiziell-offiziöser Vorstellungen innerhalb der NATO zeigte zwei miteinander unvereinbare Denkrichtungen:

1. Die Beschreibung der amerikanischen Interessen im Memorandum "Discriminate Deterrence", die keinen Zweifel daran läßt, daß *Nuklearstrategien*, die durch nukleare Eskalation eines Krieges in Europa bis auf die strategische Ebene für die USA selbstmörderisch werden können, für die USA nicht (mehr) akzeptabel sind.

2. Die Forderung europäischer Vertreter in der NATO, die Amerikaner auf die alte *europäische Interpretation der Nuklearstrategie* der NATO, den "lückenlosen Eskalationsverbund von den Schlachtfeldkernwaffen bis zu den strategischen Kernwaffen" zurückzuführen bzw. sie dort festzuhalten, sofern sie dort (noch) zu finden sein sollten.[201]

Doch diese alte europäische Sicht der NATO-Nuklearstrategie bedeutet Verteidigungsvorbereitungen, die, wenn man sie ernsthaft anwenden müßte, die *USA* ebenfalls zerstören würden. Und das weisen die Verfasser des Memorandums mit

---

200 oben Kap. III.1.1.

201 Woran größte Zweifel bestehen. General a.D. Schmückle folgert aus der Weggabe der Pershing 1a einen Trend, der zu den jüngsten Enthüllungen des früheren US-Verteidigungsministers McNamara passe, der schrieb; "er habe bereits in den 60er Jahren die beiden Präsidenten, denen er diente, beschworen, niemals und unter keinen Umständen Atomwaffen als erster einzusetzen; er glaube, beide überzeugt zu haben. Dies war vor 20 Jahren und bei zwei Präsidenten (Kennedy und Johnson), die ... McNamara Tausende von Atomsprengköpfen nach Europa transportieren und die NATO im guten Glauben an ihre Strategie (ließen). Daraus kann man schließen, daß in Washington längst die Abkehr vollzogen ist. ... Daraus wiederum ergibt sich der Zwang, schon jetzt über eine neue NATO-Strategie nachzudenken, bei der amerikanisch-sowjetische Ergebnisse und die euro-amerikanischen Interessen zu berücksichtigen wären." Rheinischer Merkur - Christ und Welt, 25.9.1987.

ebensolchem Recht zurück, wie die Europäer amerikanische Vorstellungen, nach denen die Kernwaffeneinsätze auf Europa *begrenzt* werden sollen.

Deutlich wurde drittens, daß für Europa selbstmörderische Strategien nuklearer Verteidigung in Europa von den mitteleuropäischen Staaten auch dann nicht mehr länger akzeptiert werden, wenn sie nach den alten europäischen NATO-Interpretationen in eine "nukleare Schicksalsgemeinschaft mit den USA" eingehüllt werden.

Damit stellt sich schon in dem engen Rahmen der seit 40 Jahren gewohnten Konfrontationspolitik die Frage:

Läßt sich eine Sicherheitsstrategie entwickeln, die sowohl vom europäischen als vom amerikanischen Standpunkt aus nicht zu unakzeptablen Widersprüchen und Risiken führt, wenn sie tatsächlich einmal angewendet werden müßte?

Mindestens seit Mitte der 60er Jahre haben die Widersprüche der *Nuklearstrategie* der NATO Bündnisgremien, Regierungen und Strategen beschäftigt. Doch eine andere für *alle* annehmbare Lösung als das Zukleistern der Interessenwidersprüche mit schönen Formeln wie "angemessene Reaktion", "nukleare Risikogemeinschaft" oder "unkalkulierbares Risiko" hat sich nicht gezeigt. Das bisher letzte Beispiel eines solchen strategischen Nebelschießens ist der "NATO-Kompromiß über Kurzstreckenwaffen" vom 30.5.1989:

> "Nuklearstreitkräfte unterhalb der strategischen Ebene stellen ein wesentliches politisches und militärisches Bindeglied zwischen konventionellen und strategischen Streitkräften sowie - in Verbindung mit der Präsenz kanadischer und amerikanischer Streitkräfte in Europa - zwischen den europäischen und den nordamerikanischen Mitgliedern des Bündnisses dar."[202]

Der Hinweis darauf, daß die Kernwaffen "in Verbindung mit der Präsenz kanadischer und amerikanischer Streitkräfte in Europa" das Bindeglied zwischen den europäischen und nordamerikanischen Mitgliedern des Bündnisses darstellt, erlaubt zwei diametral entgegengesetzte Interpretationen, unter denen jedes NATO-Mitglied nach Belieben auswählen kann. Lesen Europäer den "ununterbrochenen Eskalationsverbund" von konventionellem Krieg über Schlachtfeldkernwaffen bis zu strategischen Waffen heraus, können Amerikaner darauf verweisen, daß der "Schicksalsverbund" nur bis zu den amerikanischen Truppen in Europa reicht.

Es darf angenommen werden, daß nach dem jahrelangen hohen intellektuellen Aufwand eine plausible gemeinsame Nuklearstrategie für das Bündnis gefunden worden wäre, wenn es sie gäbe. Man muß deshalb von jetzt an davon ausgehen, daß in dem bisherigen Suchbereich, also dem nach einer *Nuklearstrategie* zur Sicherung Europas in der Konfrontationspolitik, keine Lösung zu finden ist.

---

202 Süddeutsche Zeitung, 31.5.1989, S.2.

Führt im Gebirge ein Weg gegen eine Wand oder an einen Abgrund, bleibt nur, an den Ausgangspunkt zurückzugehen und einen anderen Weg zu nehmen. Findet die Suchpatrouille das sinkende Schiff nicht in dem zunächst vorgegebenen Suchbereich, ist der Suchbereich zu erweitern. Dasselbe gilt für die Suche nach einer auch über die Jahrtausendwende anwendbaren Politik, Sicherheitspolitik und Militärstrategie. Thema dieses Kapitels ist die Entwicklung einer solch anderen Sicherheitsstrategie, die nicht auf Kernwaffen beruht.

Für Europäer schließt sich dem sofort die Frage an:

Erlaubt nicht vielleicht gerade eine solche Sicherheitspolitik, die *nicht auf einer Nuklearstrategie beruht*, auch eine Überwindung der Konfrontationspolitik und dadurch Europapolitik?

IV.2 Bausteine für Sicherheitspolitik.

IV.2.1 Nur Überlegenheit sichert Überleben?

Carl Friedrich v. Weizsäcker formuliert:

"Nach Darwin ist der Mensch als biologische Spezies aus der natürlichen Zuchtwahl im Kampf ums Dasein hervorgegangen. Die unmittelbare Anwendung dieses Denkschemas ..., oft Sozialdarwinismus genannt, legt nahe, die heute bestehende Menschenart als die Nachkommen der Sieger historischer Kämpfe zu verstehen ..."[203]

Die Sieger waren stärker als ihre Gegner. So gibt das Gefühl, dem Gegner überlegen zu sein, traditionellerweise ein Gefühl von Sicherheit.[204] Ob diese Sicherheit trügerisch ist, ob gerade wachsende militärische Stärke vielleicht sogar den Untergang vorbereitet, kann man nicht sicher voraussehen. Wer hätte z.B. 1910 beweisen können, daß die wachsenden Flottenrüstungen Deutschlands nicht,

---

203 Weizsäcker, Carl Friedrich v.,(Der bedrohte Friede. München, Hanser Verlag 1981, S.153f, S.159), sieht in dieser Auffassung "einen großen Brocken Wahrheit" (S.160), kritisiert aber: "... die ... angedeuteten Theorien (sind) im wesentlichen schlechter Darwinismus ...: wäre die Natur ... nicht auf Konstruktionspläne für Organismen verfallen, die angeborenermaßen die Artgenossen schonen, so wäre die Entwicklung bis zum Menschen gar nicht möglich gewesen." (S.162).

204 Dieses aus der Erfahrung von Tausenden von Jahren nach der Entstehung des Menschen geborene "sozialdarwinistische Gefühl" ist von der einleuchtenden Kritik v. Weizsäckers an der sozialdarwinistischen Erklärung der Entstehung der menschlichen Aggressivität nicht betroffen.

wie man glaubte und schrieb,[205] für die Sicherheit des Kaiserreiches und die Erhaltung des Friedens notwendige Rüstung, sondern Schritte in seinen Untergang darstellten?

Wir müssen daher feststellen, daß das durch Jahrtausende der Evolution menschlicher Gesellschaften gewachsene und gefestigte Gefühl ist: je stärker meine Gruppe, desto besser, denn desto sicherer bin ich. Illusionslose Sicherheitspolitik muß dieses herangezüchtete Gefühl, zur Sicherheit sei Überlegenheit erforderlich, so oder so befriedigen.

Doch die simple Forderung nach Überlegenheit kann nicht die Antwort auf die Frage nach dem Sicherheitskriterium für unser Land, für Europa und das NATO-Bündnis sein. Denn von zweien ist immer nur einer überlegen. In einer bipolaren Welt ist Streben nach Überlegenheit folglich gleichbedeutend mit Wettrüsten. Und zwar völlig unabhängig davon, ob die politischen Probleme zwischen diesen Mächten geregelt werden konnten, oder ob sie so ungeklärt sind wie heute.

Das war im multipolaren politischen System anders.

IV.2.2 Multipolare Mächtesysteme können Wettrüsten dämpfen.

In einem System aus fünf Mächten war das Errüsten von Überlegenheit gegenüber allen fünf ein utopisches Ziel. Und wer es dennoch probierte - wie Napoleon -, fiel über kurz oder lang der sich *gegen* ihn organisierenden überlegenen Koalition zum Opfer. Nicht Überlegenheit der eigenen Rüstung diente deshalb den eigenen Interessen am besten, sondern das Schmieden einer überlegenen Koalition. Eine überlegene Koalition aber bekam man meistens dann, wenn man den Status quo *nicht* ändern und deshalb den Frieden erhalten wollte. Oder, wenn man gemeinsam irgendeinen Kleinen vergewaltigte und die Beute teilte (Beispiel: die Teilungen Polens).[206] Ein Allheilmittel ist Multipolarität also keineswegs.

---

205 Beispielgebend hierfür seien nur zwei Kommentare anläßlich des Haldane-Besuches 1912 genannt, der den letzten Versuch vor dem Ersten Weltkrieg darstellte, das Flottenwettrüsten einzuschränken: Der Leitartikel der "Münchner Neuesten Nachrichten" vom 11.2.1912 lautete: "Fester Kurs ..., daß der Besuch des britischen Ministers ohne jede Einwirkung auf die Verstärkung unseres Heeres und unserer Flotte bleiben wird. Diese Maßnahmen werden getroffen, weil sie für Deutschlands Sicherheit und Interessen notwendig sind ...". Und der Präsident des Deutschen Flottenvereins, Admiral v. Koester, "hielt eine Rede, in der er die Notwendigkeit weiterer Marinerüstung im Interesse der Wahrung des Friedens betonte." (Münchner Neueste Nachrichten, 10.2.1912, S.1).

206 Über Stärken, Schwächen und Anfälligkeiten des multipolaren Systems, vgl. vor allem Kissinger, Henry A.: The Necessity for Choice. New York 1960, S.170f. Vgl. auch mein Buch: Atomkrieg. Das Verhängnis einer Politik mit militärischen Mitteln. München, Hanser Verlag 1984, S.25f.

Im Normalfall aber war das System der mehrpolaren Welt ein System, das Frieden erhalten *konnte*.[207] Nun sehen wir uns heute - zumindest auf der militärischen Ebene - nicht in einem mehrpolaren Mächtesystem, sondern in einer bipolaren Konfrontation. In dieser Konfrontation verlagerte sich das Gefühl "Sicherheit kommt nur aus Überlegenheit" vom eigenen Staat auf das eigene Bündnis. Infolge dieser Verlagerung finden wir in den westeuropäischen Staaten eine verbreitete Angst, die weltweite Überlegenheit der NATO zu gefährden. Daher der enorme Widerstand, den General de Gaulle nicht nur in Amerika, sondern auch in Europa erfuhr, als er versuchte, wieder die Grundlagen für ein mehrpolares Staatensystem zu schaffen. Gerade diese Angst, "das eigene Bündnis zu schwächen", verhindert so jeden Schritt zu einer selbständigeren europäischen Politik, die dazu beitragen könnte, ein mehrpolares System aufzubauen. Hätten wir aber ein mehrpolares System, wäre *eine* allein aus sich heraus zwingende Ursache für Wettrüsten entfallen. Denn Überlegenheit, die durch Koalitionen, nicht durch eigene Stärke aufgebaut wird, braucht kein Wettrüsten, ja kann Wettrüsten sogar untunlich machen.

Multipolarität ist deshalb im Prinzip ein guter Baustein, der, wenn er in geeigneter Weise mit anderen Bausteinen kombiniert wird,[208] relativ verläßliche sicherheitspolitische Ordnungen ergibt. Zwar kann eine gemeinsame Strategie für die NATO *heute* aus naheliegenden Gründen nicht auf Multipolarität aufgebaut werden. Da Multipolarität aber im Trend der politischen Entwicklung der Welt liegt,[209] muß bei der Wahl von Wegen und Mitteln für europäische Sicherheitspolitik Multipolarität als *Chance* für Friedenssicherung gesehen und so gut wie möglich genutzt werden.

---

207 Was natürlich nicht bedeuten soll, daß es das auch immer getan habe.
208 Den Zusammenhang zwischen Multipolarität und Weltfriedensordnung habe ich 1970 in: Weizsäcker, Carl Friedrich v. (Hrsg.), Kriegsfolgen und Kriegsverhütung. München, Hanser Verlag 1971, S.417ff. dargestellt. Neudruck: Abrüstung der Staaten und die kollektive Organisation des Weltfriedens? in: Lutz, Dieter S. (Hrsg.), Kollektive Sicherheit in und für Europa. Baden-Baden, Nomos Verlag 1985, S.245-259.
209 Wie auch das Memorandum "Discriminate Deterrence" feststellt. Vgl. dazu oben Kap. III.1.1.

IV.2.3 Neue Fundamente für Sicherheitspolitik in Europa.
- Ein Weg aus dem unauflöslichen Dilemma nuklearer Sicherheitspolitik.

1. *Die erste Ursache* für das unlösbare Dilemma der nuklearen Sicherheitspolitik der NATO ist die wahrscheinlich zutreffende Annahme, daß der Warschauer Pakt große Teile Westeuropas erobern könnte, wenn er mit konventionell bewaffneten Truppen angreift und die NATO sich nur mit konventionellen Waffen verteidigt. Grundlage für diese Bedrohungsannahme ist einmal die zahlenmäßige Überlegenheit der Verbände des Warschauer Paktes, zum anderen aber auch die auf geschichtliche Erfahrung gestützte Auffassung, daß bei der derzeitigen Truppenstruktur in Ost- und Westeuropa ein Angreifer selbst dann noch Erfolgschancen hätte, wenn er zahlenmäßig deutlich unterlegen wäre.[210]

Man mag die Zahlenangaben kritisieren, man mag auch behaupten, die These der Überlegenheit der Offensive über die Defensive sei nicht über jeden Zweifel erhaben und könnte sich ebenso wie die gleiche These 1914[211] in einem wirklichen Krieg als falsch erweisen. Doch bleibt solche Kritik letztlich für die militärische Planung und das sicherheitspolitische Verhalten in Krisen weitgehend irrelevant. Denn militärische Planung hat vom schlechtesten Fall auszugehen. Die Annahme, ein sowjetischer Angriff könne erfolgreich sein, ist aber noch weit vom schlechtesten Fall entfernt, ist kein "worst-case-Denken", sondern eine sehr gut belegte Standardannahme, die man nicht mit Wunschdenken beiseiteschieben kann.

2. *Die zweite Ursache* ist die Erkenntnis, daß die mittel- und westeuropäischen Industriegesellschaften mit ihren dichten Wohngebieten, mit ihren zentralisierten Versorgungsnetzen für Wasser und Abwasser, Lebensmittel, Elektrizität, Gas und Fernwärme, ihrer chemischen Industrie und ihren Kernkraftwerken außerordentlich verletzlich sind. So verletzlich, daß zu befürchten ist, daß selbst ein konventioneller Krieg längerer Dauer die europäischen Staaten als *Industrienationen* vernichten könnte - mit der möglichen Folge auch der physischen Vernichtung ihrer von dieser Struktur fast vollständig abhängigen Bevölkerung.[212]

---

210 vgl. dazu oben Kap. I.3.2 über die Untauglichkeit des Gleichgewichtsbegriffes als Maßstab für Sicherheit, und Kap. III.1.3, Abschnitt C.1 "Gleichgewicht löst das Problem nicht" über die im Memorandum "Discriminate Deterrence" beschriebene neuere amerikanische Sicht.

211 Der "Kult der Offensive" war auf beiden Seiten herrschende Doktrin. Vgl. über die Entwicklung dieser damals falschen Doktrin der "Offensive à l'outrance" (Foch): Fuller, John F.C., Die entartete Kunst Krieg zu führen. Köln 1964, S.131f.

212 Dieser Sachverhalt wird als "Strukturelle Kriegsunfähigkeit" bezeichnet. Vgl. Knies, Gerhard, Über die strukturelle Kriegsunfähigkeit moderner Industriegesellschaften. In: Schriftenreihe Wissenschaft und Frieden, Bd.8 März 1987, S.205. Vgl. dazu auch Mechtersheimer, Alfred, Es fehlt Mut zur Abrüstung. In: Vorwärts Nr.46/1987, 16.11.1987. Unverträglichkeit mit der Forderung, das zu

Der Satz: "Es kommt für uns darauf an, *jeden* Krieg zu verhindern, nicht nur den atomaren", findet hier seine Rechtfertigung. Die daraus seit Jahrzehnten gefolgerte Abhängigkeit von nuklearen Eskalationsstrategien und Kernwaffen auf dem europäischen Territorium aber führte in das unlösbare Dilemma der NATO-Sicherheitspolitik von heute.

3. Unzureichend wäre aber auch, Strategien oder Doktrinen zu entwickeln, die zwar die Abhängigkeit von Nuklearwaffen in Europa aufheben, nicht aber die anderen Ursachen beseitigen, die zur Unverträglichkeit der derzeitigen sicherheitspolitischen Struktur mit den Interessen der europäischen Staaten führen. Das sind insbesondere:[213]

1. Die Instabilität im Frieden gegen Versagen der Abschreckung und gegen Wettrüsten.

2. Die Instabilität in Krisen gegen Eskalationen in den Krieg.

3. Die Eskalation im Kriege zum totalen Krieg - mit oder ohne Atomwaffen.

Als sich Anfang der 70er Jahre herausstellte, daß sich die prekäre Abhängigkeit von nuklearen Eskalationsstrategien in Europa als viel dauerhafter erwies als vorhergesehen und versprochen,[214] war die Aufgabe gestellt, die in diesem Ab-

---

erhalten, was zu verteidigen ist, findet sich in noch viel stärkerem Maße für den Vorschlag der "reflektorischen Verteidigung", der in der Stiftung Wissenschaft und Politik, Ebenhausen, entwickelt wurde. Die Verfasser stellen zwar erstmals das Prinzip der Stärkung der Verteidigung gegenüber dem Angriff in den Mittelpunkt. Diese Stärkung sollte dann aber letztlich durch den Einsatz von Kernwaffen nur auf dem eigenen Territorium gesichert werden. Die Verfasser versprachen sich damit sowohl eine Unterstreichung des defensiven Charakters als auch eine Erleichterung des Entschlusses zum Kernwaffeneinsatz, weil die Gefahr der eskalierenden Reaktion ausgeschlossen sei. So positiv der Versuch zu bewerten war und ist, die Defensive gegenüber der Offensive zu stärken - die Erleichterung und feste Einplanung von Kernwaffeneinsätzen auf dem eigenen Territorium widersprach diametral der zu lösenden Aufgabe, nämlich eine Verteidigung zu entwickeln, die nicht zerstört, was sie erhalten soll. Vgl: Zur Problematik einer Verteidigungsoption für Mitteleuropa in den achtziger Jahren. Stiftung Wissenschaft und Politik SWP-2023, (I-II und Zusammenfassung) 1973 u. 1974. Vgl. dazu auch meine Kritik in meinem Buch: Verteidigung und Frieden. München, Hanser Verlag 1976, S.188f.

213 Diese drei Instabilitäten wurden von mir detailliert dargestellt in: Verteidigung und Frieden. München 1976, S.164f.

214 Regierungen und Rüstungskontrollschulen hatten die nukleare Abschreckung als ein Mittel bezeichnet, das nur so lange zur Kriegsverhütung notwendig sei, bis andere, politische Mittel der West-Ost-Zusammenarbeit einen dauerhaften Frieden sichern können. Ich habe diese Position geteilt und vertreten. Vgl. dazu H. Afheldt und H. Roth in: Weizsäcker, C.F. v., Kriegsfolgen und Kriegsverhütung. S.285f. (S.302), mit dem Satz: "Das Problem einer Sicherheitsstrategie ... für Europa ist unter den politischen Gegebenheiten ... nicht lösbar ... Die 'Strategie der flexible response' ist eine Mystifikation dieser Struktur. Eine solche Mystifikation zum für Freund und Feind 'unkalkulierbaren Risiko' ist auch das einzige sichtbare Mittel, um jedenfalls für eine gewisse Zeit eine gewisse Stabilität zu suchen. Sie erfüllt somit eine wichtige Funktion. Eine Analyse ... kann nicht unterlassen, ... darauf

95

schnitt dieses Buches rekapituliert wird: Das Zurückgehen auf grundlegende Ausgangspunkte, die Erweiterung des Suchbereichs für eine bessere Sicherheitsstrategie über Variationen von Rüstungsaufwendungen ("mehr tun für konventionelle Rüstung") oder Kernwaffenkategorien und Kernwaffenoptionen hinaus.[215]

Mitte der 70er Jahre erschienen auch die ersten Studien, die umfassendere Revisionen der Verteidigungspolitik in Europa anstrebten. Es wurde aber schnell klar, daß die gestellte Aufgabe erst dann gelöst ist, wenn *alle* Ursachen für die Unfähigkeit zu nicht selbstzerstörender konventioneller Verteidigung und den daraus folgenden Rückfall auf nukleare Eskalationsstrategien beseitigt werden können. Die Beseitigung nur einer Ursache ist nicht hinreichend. Die damals vorgelegten Entwürfe konnten diese Bedingung aber noch nicht erfüllen.[216]

In meinem Buch "Verteidigung und Frieden" habe ich 1976 Ansätze zur Lösung dieses Aufgabenkreises vorgelegt. Nicht vorausgesehen habe ich,[217] daß sehr bald Lösungsvorschläge für eine Vielzahl von engeren und weiteren Problemkreisen aus dem Felde der Sicherheitspolitik, militärischer Strategie, militärischer Taktik und Rüstung[218] zum Vorschein kommen würden, die weitgehend unbeachtet geblieben waren, weil sie sich in die bestehende Struktur nicht einbauen ließen. Doch zusammengesehen erschienen diese Gedanken plötzlich in einem neuen Licht, konnten sich immer mehr weiterentwickeln, bis sich das Ganze zu einem

---

(hinzuweisen), daß ein für beide Seiten unkalkulierbares Risiko als 'Verteidigungsstrategie' nicht einmal eine Notlösung ist... .''

215 Das zeigte sich in ersten Umrissen schon, als 1972 die politischen Konsequenzen aus der Studie Kriegsfolgen und Kriegsverhütung gezogen werden sollten. Vgl. dazu H. Afheldt, Ch. Potyka, U.P. Reich, Ph. Sonntag, C.F. v. Weizsäcker, Durch Kriegsverhütung zum Krieg. München, Hanser Verlag 1972. Insbesondere dort auch Ch. Potyka, S.131f. (134/135). In dieser Schrift haben wir auch erörtert, "die Möglichkeiten der modernen Technik zur Entwicklung von Waffen auszunutzen, die lediglich defensiv verwendet werden können und in dieser Verwendung effektiv sind." Wir meinten m.E. zu Recht, daß ein solcher Versuch nicht umfassend genug neu angesetzt sei: "... unsere Überlegungen führen überhaupt nicht zu der Meinung, das Problem der Kriegsverhütung sei von der Waffentechnik her zu lösen." (S.17).

216 Max Himmelhebers "abschreckende Verteidigung" war wohl der erste in den 70er Jahren veröffentlichte Versuch zu einem neuen militärischen Konzept. Er regte damit sehr zu grundlegenden Arbeiten an. Doch war dieser erste Ansatz noch nicht umfassend genug neu angelegt und konnte deshalb nur einige der zu erfüllenden Forderungen berücksichtigen. Insbesondere bot sein Konzept zu viele militärisch wichtige Ziele für Massenvernichtungswaffen und konnte daher nicht hinreichend das Kriterium der Schadensbegrenzung erfüllen. Veröffentlicht in: Eine andere Verteidigung? München, Hanser Verlag 1973, S.63-68.

217 Nicht vorausgesehen habe ich aber auch die forschungspolitischen Folgen. Näheres dazu in meinem Aufsatz "Der Beitrag der Wissenschaft zum Fiasko der Sicherheitspolitik" in: Meyer-Abich, Klaus M. (Hrsg.), Physik, Philosophie und Politik. Festschrift für C.F. v. Weizsäcker zum 70. Geburtstag. München, Hanser Verlag 1982.

218 Hier ist vor allem Ludwig Bölkow zu nennen, der seit Anfang der 70er Jahre versucht hat, das Verteidigungsministerium für die Entwicklung von Waffensystemen zu gewinnen, die die Defensive begünstigen.

geschlossenen Gebäude zusammenfügte. Die meisten dieser Bausteine kamen von aktiven oder pensionierten Offizieren der Bundeswehr.[219] Andere Bausteine entwickelten sich in jahrelangen, meist kritischen Diskussionen im kleineren oder größeren Kreis mit Jugendoffizieren[220], den Offizieren eines Standortes, einer Division oder eines Korps der NATO, ohne daß sich die einzelnen Beiträge der betreffenden Offiziere heute noch festmachen lassen. Wichtige Beiträge entstanden auch durch Arbeiten, die mit anderen Prämissen und Zielen grundlegende Fragen kritisch analysierten.[221] Sie alle haben einen nicht wegzudenkenden Anteil an dem Gemeinschaftswerk[222] der Entwicklung eines neuen Konzepts für Sicherheitspolitik, das das Dilemma der Sicherheitspolitik von heute überwinden könnte.

Gleichzeitig fanden sich grundlegend neue Ansätze in Frankreich und Österreich[223], wo der damalige Armeekommandant Emil Spannocchi vor der schwierigen Frage stand, wie er Österreich mit seinen schwachen Kräften gegen den überlegenen Warschauer Pakt überhaupt verteidigen solle. Eine Aufgabe, die im Rahmen der klassischen Konzepte offensichtlich nicht zu lösen war. Anregungen kamen auch aus der schweizerischen Landesverteidigung.

Gerade die Unabhängigkeit voneinander, mit der die einzelnen Studien entstanden, bestätigte uns in der Annahme, auf dem richtigen Weg zu sein. Die kritische Fachjournalistik half dabei entscheidend mit. Ohne Christian Potykas Berichte in der

---

219 Genannt seien vor allem: Brigadegeneral E. Afheldt (damals Kommandeur der Kampftruppenschule Hammelburg), Oberst J. Goblirsch (damals ebenfalls an der Kampftruppenschule Hammelburg), J. Löser (Generalleutnant a.D.). Später traten hinzu: Der belgische General R. Close, der die belgischen Streitkräfte in der Bundesrepublik kommandierte, N. Hannig (Oberstleutnant a.D.), J. Gerber (Generalmajor a.D.), A. Mechtersheimer (damals Oberstleutnant).

220 Hier möchte ich besonders meinen späteren Mitarbeiter P. Barth nennen.

221 Hier ist besonders die grundlegende Arbeit des damaligen Oberst Uhle-Wettler, Franz: Gefechtsfeld Mitteleuropa - Gefahr der Übertechnisierung von Streitkräften. Koblenz, Bernard & Graefe 1980, zu nennen. Dr. Uhle-Wettler war später Kommandeur des NATO Defense College in Rom.

222 Sollte das neue Konzept sich als nützlich für den Frieden in Europa erweisen, könnte die Bundeswehr es deshalb mit einigem Recht als illegitimes Kind reklamieren. Illegitim, weil von der Institution Bundeswehr selbst oder vom Verteidigungsministerium nur Widerstand zu vermelden war. Ebenso war der Beitrag der Institutionen der Rüstungssteuerungsforschung gleich Null. Das gilt für das International Institute for Strategic Studies (IISS) in London ebenso wie für die Deutsche Gesellschaft für Auswärtige Politik (DGAP), Bonn. Auch aus der Stiftung Wissenschaft und Politik, Ebenhausen, kam nach dem Versuch mit dem Konzept reflektorischer Verteidigung (oben in diesem Kapitel bei "2. Die zweite Ursache") kein Neuansatz zur Verteidigungspolitik mehr. Auch von den Universitäten kam kaum Hilfe. Nur Theodor Ebert leistete Beiträge zur Integration von gewaltlosem Widerstand in das Gesamtkonzept.

223 Wir haben damals eine deutsche Ausgabe dieser Arbeiten angeregt: Spannocchi, Emil und Guy Brossollet, Verteidigung ohne Schlacht. München, Hanser Verlag 1976; der Titel der Originalausgabe Brossollets hieß: Essai sur la non-bataille. Paris 1975.

Süddeutschen Zeitung über das neue Konzept und seine Gründe[224] wären die Bemühungen leicht unbemerkt in der Versenkung verschwunden, hätten sich die verstreut lebenden und voneinander nichts wissenden "Pioniere" möglicherweise nie kennengelernt. Nach Potykas tragischem Tod entstand hier eine nie mehr gefüllte Lücke.

IV.2.4 Kriterien für Sicherheitspolitik.

Aus den vorgefundenen Problemen der NATO-Sicherheitspolitik in Europa folgten unmittelbar die Kriterien, die neue Sicherheitspolitik erfüllen muß, wenn sie diese Probleme überwinden will:

Problem	Kriterium[225]
1. Die Instabilität im Frieden gegen Versagen der Abschreckung und Wettrüsten.	1. Stabilität im Frieden gegen: a. unprovozierte Angriffe b. Wettrüsten.
2. Die Instabilität in Krisen gegen Eskalationen in den Krieg.	2. Stabilität in der Krise gegen: a. militärische Präventionsanreize b. Krieg aus militärischer Eskalation.
3. Die Eskalation im Kriege zum totalen Krieg - mit oder ohne Atomwaffen.	3. Stabilität im Kriege gegen: Eskalation in einen Krieg, der das zerstört, was verteidigt werden soll.

---

224 Potyka, Christian: Gesucht: Eine Drohung ohne Bluff. Süddeutsche Zeitung, 17.11.1976, S.9; vgl. auch ders.: Drohmiliz im Atomzeitalter, a.a.O.

225 Diese Kriterien wurden aus den "Normativen Thesen für Friedenspolitik" meines Buches "Verteidigung und Frieden" abgeleitet und finden sich ähnlich in meinen Beiträgen: "Friedenspolitik mit militärischen Mitteln in den neunziger Jahren". Schwarz, Klaus-Dieter, (Hrsg.): Sicherheitspolitik. Bad Honnef, Osang Verlag 1978, S.639-657, und "Eine neue Sicherheitspolitik für Europa", in: Radius, Heft 1/1979, S.19-24.

Aber auch aus den Ursachen des Verteidigungsdilemmas folgten Kriterien:

Erste Ursache: *Kriterium:*

Die Annahme, daß der   4. Verteidigungsfähigkeit
Warschauer Pakt große Teile   mit konventionellen Mitteln
Westeuropas erobern könnte,   gegenüber jedem konven-
wenn er mit konventionell be-   tionellen Angriff des
waffneten Truppen angreift und   Warschauer Paktes, auch
die NATO sich nur mit konven-   bei dessen zahlenmäßiger
tionellen Waffen verteidigt.   Überlegenheit.

Zweite Ursache: *Kriterium:*

Die Verletzlichkeit der Industrie-   5. Verteidigungsmittel und
gesellschaften Westeuropas, die   -strategien müssen sich
jeder Kriegsführung Schranken   einsetzen lassen, ohne
setzt; es soll nicht das zerstört   unsere soziale und
werden, was verteidigt werden   wirtschaftliche Struktur zu
soll.   zerstören.

Aus dem Kriterium 5 leitete sich unmittelbar ein weiteres Kriterium ab

6. Kernwaffen der NATO
dürfen keine militärischen
Aufgaben übertragen
werden.
Dem Gegner dürfen für
seine Kernwaffen keine
Ziele geboten werden, deren
Zerstörung militärisch
sinnvoll oder gar
entscheidend ist.

Wer diese Bedingungen aufstellt oder akzeptiert, entscheidet sich für Verteidigungsmaßnahmen, die durchgeführt werden können, falls das Schlimmste geschieht, d.h. wenn die Kriegsverhütung versagt. Er trifft diese Entscheidung auch,
weil er der Ansicht ist, daß Waffeneinsätze, die unser Land zerstören würden,
niemals stattfinden sollten und deutsche Regierungen alles tun würden, um sie zu
verhindern.[226] Daraus folgert er, daß die Androhung solcher Waffeneinsätze auch
keine oder jedenfalls nur eine sehr geringe kriegsverhütende Abschreckungswirkung hat. Im schlimmsten Falle durchführbare Verteidigungsmaßnahmen

---

226 Er denkt damit wie der frühere Bundeskanzler Helmut Schmidt. Vgl. dazu oben Kap. III.2.4.

vorzubereiten, dient *deshalb besserer Kriegsverhütung*. Eine Kriegsführungsstrategie dagegen, *Kriegsführungsfähigkeit ohne vorangegangenen Angriff des Warschauer Paktes*, wird ausdrücklich nicht akzeptiert.[227] Dies klarzustellen dient:

Kriterium 7:

Militärische Mittel der NATO in Mitteleuropa dürfen eindeutig nur anwendbar sein, wenn ein Angriff des Warschauer Paktes auf unser Territorium erfolgt ist. Gefordert sind deshalb ausschließlich solche militärischen Optionen, die *objektiv*, auf Grund der bereitgestellten militärischen *Kapazitäten*, nur reaktiv-defensiv einsetzbar sind.[228]

---

227 Die Begründung hierfür liegt einmal im Politischen. Die zweite Deutschlandpolitik fordert Abbau von Spannungen, nicht Aufbau von Bedrohungspotentialen. Zudem verbietet Art.26 des Grundgesetzes, die Führung eines Angriffskrieges vorzubereiten. Die Bereitstellung eines militärischen Potentials, das objektiv zu einem solchen Angriffskrieg geeignet ist, dürfte deshalb grundgesetzwidrig sein. Zum anderen lassen sich aber auch die anderen für eine neue Sicherheitsdoktrin aufgestellten Bedingungen wie Stabilität gegen Wettrüsten und Stabilität in der Krise mit (wechselseitig) angriffsfähigen Streitkräften nicht erfüllen. (Näher ausgeführt in meinem Buch "Verteidigung und Frieden", bes. Kap. 8 und 9.)

228 So fast wörtlich übernommen aus meinem Aufsatz, Friedenspolitik mit militärischen Mitteln in den neunziger Jahren, in: Schwarz, Sicherheitspolitik. a.a.O., S.644.

IV.3 Das Konzert der Kriterien.

Wer viele Kriterien aufstellt, erfährt meist, daß sie sich zumindest teilweise widersprechen. Geldwertstabilität und Wirtschaftswachstum z.B. stehen zueinander in einem gewissen Widerspruch. Internationale Konkurrenzfähigkeit und Aufwand für Umwelt und Soziales können ebenfalls zu widersprüchlichen Forderungen führen. Wer über viele Kriterien optimiert, wird deshalb meist Lösungen finden, die für keine der einzelnen Forderungen optimal sind, Kompromisse also. Es hat sich herausgestellt, daß dies bei den hier aufgestellten Kriterien nicht der Fall sein muß, wenn auch einzelne Kriterien die Menge der möglichen Lösungen begrenzen.[229] Warum?

Die Schlüsselrolle für dieses erstaunlich anmutende Ergebnis liegt bei Kriterium 4: Verteidigungsfähigkeit auch bei zahlenmäßiger Überlegenheit des Angreifers. Denn eine *solche* Verteidigungsfähigkeit setzt voraus:

Starke Überlegenheit der Verteidigung gegenüber dem Angriff.

Starke Verteidigerüberlegenheit ist aber mit den meisten anderen Kriterien nicht nur voll kompatibel, viele Kriterien verbindet sie sogar zwangsläufig miteinander. Beispiel: Bei starker *konventioneller* Verteidigerüberlegenheit braucht die NATO Kernwaffen nicht mehr zur Direktverteidigung (Kriterium 6 erfüllt). Erst damit entsteht aber die *Möglichkeit*[230], unser Land zu verteidigen, ohne es in der Verteidigung mit Kernwaffen selbst zu zerstören, oder durch eine nukleare Reaktion des Gegners auf den NATO-Kernwaffeneinsatz zerstören zu lassen. Die Kriterien 3 und 5 werden so durch konventionelle Verteidigerüberlegenheit automatisch *erfüllbar*. In Krisen nimmt starke Verteidigerüberlegenheit im allgemeinen jeden Anreiz, den Krieg zu beginnen, statt abzuwarten. Denn dem Angreifer winkt nichts als die Niederlage (Kriterium 2 erfüllt).

Allerdings ist zu beachten, daß das Kriterium Krisenstabilität die Wahlmöglichkeiten für die Verteidigung einschränken. Selbst äußerst effektive Verteidigungsvorbereitungen, die aber so viel Zeit brauchen, daß der Gegner sie durch Überraschungsangriffe unterlaufen kann, genügen dem Kriterium Krisenstabilität nicht. Beispiel: Zeitaufwendige Erdarbeiten für Panzergräben oder zur Vorbereitung von Verteidigungsstellungen.

Auch die Bedingung, keine Verteidigung aufzubauen, die das eigene Land zerstören würde (Kriterium 5) und die daraus abgeleitete Forderung, keine militärisch

---

229 Die Kriterien 5, 6 und 7 haben diese Eigenschaft.
230 Nicht aber die Gewißheit. Denn auch konventionelle Verteidigung kann so angelegt werden, daß sie unsere gesellschaftliche Struktur zerstört.

wichtigen oder entscheidenden Ziele aufzubauen, die der Gegner mit Kernwaffen zerstören kann (Kriterium 6), schränken den Kreis der denkbaren Strategien für Verteidigerüberlegenheit ein. Militärisch möglicherweise attraktive Ziele für taktische Kernwaffen hätte z.B. die vom Oberst von Bonin vorgeschlagene (defensive) Verteidigung in vorbereiteten Stellungen entlang der deutsch-deutschen Grenze geboten. Denn ein Gegner konnte sich vorstellen, durch konzentrierten Einsatz von Kernwaffen einige "Schneisen" in den Verteidigungsgürtel zu brennen und so die Verteidigung zu durchstoßen. Ausgeschlossen wird durch das Verbot der Selbstzerstörung aber auch der von amerikanischer Seite heute immer öfter zu hörende Vorschlag, Ballungszentren und größere Ortschaften als konventionell verteidigte "Festungen" gegen den Angriff der Panzermassen des Warschauer Paktes zu nutzen.[231] Ausgeschlossen werden durch dieses Kriterium selbstverständlich erst recht rein defensive Gürtel nuklearer Minen an der Demarkationslinie oder andere defensive Nuklearkonzepte.

Herauszufinden, ob und wie Strategien entwickelt werden können, die den Kriterien Krisenstabilität und Anwendbarkeit ohne Selbstzerstörung genügen, war und ist deshalb die wichtigste Aufgabe, die sich nach der Formulierung des Konzeptes stellte.

Meinungsverschiedenheiten können darüber bestehen, inwieweit das Konzept konventioneller Verteidigerüberlegenheit Krieg verläßlich verhütet (Kriterium 1a: Kriegsverhütung). Denn hier streift das neue Konzept den Glaubensstreit über Abschreckung, und die These, Krieg sei mit durchführbaren Verteidigungsoptionen sicherer verhütet als mit der Androhung selbstmörderischer und damit unglaubhafter nuklearer Optionen, ist abstrakt letztlich weder so noch so zu beweisen.[232]

Verhinderung von Wettrüsten (Kriterium 1b) und von Verteidigerüberlegenheit unterstützen sich dagegen zweifellos gegenseitig. Der Grund für diesen Zusammenhang ist eine der wichtigsten Eigenschaften des Defensivprinzips. Allerdings wird dieser Zusammenhang erst auf den zweiten Blick deutlich:[233]

Wenn die eigene defensive Rüstung so effektiv ist, daß der Gegner seine Angriffsoption verliert, werden seine Angriffsmittel, zum Beispiel seine Panzer,

---

231 Die Verteidigung "geschlossener Siedlungsgebiete nach Art eines Großstadtdschungels" war auch der schwache Punkt in Max Himmelhebers "Abschreckender Verteidigung". Vgl.: Eine andere Verteidigung? München, Hanser Verlag 1973, S.65-66.

232 Meine Auffassung ist, daß es sich herausgestellt hat, daß diese Frage unter den konkreten Bedingungen in Mitteleuropa (politisch richtig) entschieden ist: Nukleare Optionen in Mitteleuropa werden nicht mehr akzeptiert und schrecken deshalb kaum noch ab. Vgl. oben Kap. III.2.4. Durchführbare Verteidigung dient dann der Kriegsverhütung besser.

233 Formulierung nach meinem Buch: Defensive Verteidigung. Reinbek, Rowohlt Verlag 1983, S.43 (Kursivdruck nicht im Original).

militärisch wertlos. *Kann er seine Angriffsfähigkeit nur dadurch wiederherstellen, daß er ungleich höhere finanzielle Aufwendungen in neue Angriffsmittel investiert, als der Verteidiger dann investieren müßte, um weiter defensiv-überlegen zu bleiben, ist die Fortführung einer Offensivrüstung für den Gegner nicht einmal mehr ein Trumpf für Verhandlungen.* Denn eine Drohung, so zu rüsten, daß die Angriffsinstrumente wieder wirksam eingesetzt werden können, ist dann Drohung mit ökonomischer Selbstschädigung - und somit unglaubhaft.

Damit aber wird die Fortsetzung der Angriffsrüstung auch als politisches Instrument untauglich. Auf eine derartige obsolete Angriffsrüstung kann der Gegner in Abrüstungsverhandlungen schadlos vertraglich verzichten, ja, die "Demonstration des Friedenswillens" durch einen solchen Verzicht ist überhaupt der letzte politische Nutzen, den der Gegner aus seiner obsolet gewordenen Angriffsrüstung noch ziehen kann.

Ob aber dieses Ziel erreicht wird, hängt von der im obigen Zitat kursiv gedruckten Bedingung ab, daß der Ausbau der Angriffsmittel bis zur Wiederherstellung der *Angriffsfähigkeit teurer* ist als die Sicherung der *Verteidigerüberlegenheit.* Läßt sich Angriffsfähigkeit aber *billiger* sichern als Verteidigerüberlegenheit, kann man überhaupt nicht damit rechnen, jemals Verteidigerüberlegenheit *herstellen* zu können. Verteidigerüberlegenheit führt also fast zwangsläufig zu Rüstungsbegrenzung,[234] *falls sie überhaupt hergestellt werden kann.*

Daß diese Bedingung spätestens in den 90er Jahren erfüllt sein würde,[235] das sahen seit Mitte der 70er Jahre diejenigen voraus, die eben deshalb eine "alternative Verteidigung" für möglich hielten und vorschlugen.[236] "Verteidigung gewinnt", schloß J. Goblirsch seinen Aufsatz, mit dem er 1977 darlegte, daß die moderne Technologie in den 90er Jahren ermöglichen wird, jedes sich bewegende Großgerät aufzuklären und zu vernichten.[237] Mit der in den 70er Jahren erstmals erkennbaren Entwicklung dieser für Verteidigung besonders geeigneten Waffentechnik konnte die neue Verteidigungsdoktrin Anspruch auf "Realismus" erheben.

---

234 Die gleiche Begründung gab US-Verteidigungsminister C. Weinberger für das SDI-Programm Reagans: "Wenn wir in der Lage sind, eine Verteidigung aufzubauen, die verspricht, ballistischen Raketen ihre militärische Nützlichkeit wegzunehmen, könnten wir erreichen, was mehr als eine Dekade von Verhandlungen nicht erreicht hat: die Reduktion und schließlich den Abbau dieser (Raketen-) Systeme. Auf diese Weise würden wir eine sicherere und stabilere Welt schaffen, in der wir leben könnten." Wireless Bulletin from Washington, 12.4.1983, S.7.

235 So heute auch die Verfasser des Memorandums "Discriminate Deterrence", S.8f. und 27f. Vgl. dazu oben Kap. III.1.1 und III.1.3.

236 Beispiel: Goblirsch, Josef: Technotaktik 90. Europäische Wehrkunde, Heft 6/1977, S.283-288 (286).

237 Goblirsch, a.a.O., S.288.

"Verteidigung gewinnt", Verteidigerüberlegenheit, ist also der zentrale Pfeiler der neuen Sicherheitsdoktrin. Verteidigerüberlegenheit ist aber eine spezielle Form von *Überlegenheit*, könnte also das Gefühl von Sicherheit geben, das anscheinend eigene Überlegenheit voraussetzt.[238]

Dabei hat Verteidigerüberlegenheit zwei besondere Eigenschaften, die sie für Friedenspolitik aus den meisten anderen Positionen herausheben:

1. Überlegenheit der Verteidigung gegenüber dem Angriff ist eine Position, die beide Seiten gleichzeitig einnehmen können, ohne daß auch nur eine Seite sich beunruhigt fühlen müßte, weil die Sicherheit keiner Seite bedroht ist.

2. Es ist damit eine Position, die dem kategorischen Imperativ genügt: Rüste so, daß die Maxime deiner Rüstung zum Prinzip einer allgemeinen, auch von deinen Gegnern nachvollziehbaren Rüstungspolitik werden kann.[239]

Verteidigerüberlegenheit ist deshalb eine Überlegenheit, der die oben[240] geschilderten negativen Eigenschaften von allgemeinem Überlegenheitsstreben wie Zwang zum Wettrüsten und Tendenz zum Kriege nicht anhaften. Wechselseitige Verteidigerüberlegenheit wird daher auch im bipolaren System ohne Friedensgefährdung möglich. Und in einem multipolaren Mächtesystem erst recht.

Damit stellten und stellen sich zwei Fragen:

1. *Ob und wie* läßt sich eine solche Verteidigerüberlegenheit in der Realität heute überhaupt einstellen?

2. *Welcher Politik* dient eine solche Verteidigerüberlegenheit, wenn sie aufgebaut werden kann, und welcher Politik nicht?

Die folgenden Abschnitte dieses IV. Kapitels stellen die Frage nach *Machbarkeit* und Tragweite von Verteidigerüberlegenheit auf verschiedenen militärischen Ebenen. Die abschließenden Kapitel V, VI und VII untersuchen politische Grenzen und Nutzungsmöglichkeiten solcher Strategien.

---

238 oben Kap. IV.2.1.
239 ähnlich in meinem Aufsatz "Eine neue Sicherheitspolitik für Europa", S.20, vgl. Anm.27.
240 oben Kap. IV.2.2.

IV.4 Verteidigung gewinnt - aber wie?

Bei der derzeitigen Struktur der Streitkräfte von Warschauer Pakt und NATO gewinnt Verteidigung *nicht*. Nach aller geschichtlichen Erfahrung gehen NATO und Warschauer Pakt zu Recht davon aus, daß der Angreifer, der die Initiative ergreift, Vorteile über den Verteidiger erlangt, die selbst zahlenmäßige Unterlegenheit des Angreifers überspielen können. Die Frage stellt sich damit:

Wie muß denn heute Verteidigung vorbereitet werden, damit diese Verteidigung dem Angreifer überlegen ist?

Gesucht ist damit eine auf *Verteidigung optimierte* Armee, spezialisiert aber nicht nur auf Verteidigung schlechthin, sondern auf *Verteidigung in Mitteleuropa*. Daraus folgt, daß als *Randbedingung die Kriterien 1 bis 7* des Kapitels IV.2.4 erfüllt sein müssen. Wobei besondere Beachtung das Kriterium 5 verdient, das fordert, daß Verteidigungsmittel und -strategien eingesetzt werden können, ohne unsere soziale und wirtschaftliche Struktur zu zerstören. Voraussetzung hierfür wieder ist die Begrenzung des politischen Zwecks der militärischen Mittel auf die Abwehr sowjetischer Bedrohung, denn ohne eine solche Begrenzung des Zwecks besteht keine Aussicht auf Begrenzung der militärischen Gewalt.[241] Die vom Memorandum "Discriminate Deterrence" vorgeschlagenen speziellen Pläne, "um die potentielle Abneigung der osteuropäischen Völker gegen die Sowjetunion zu nutzen,"[242] würden eine solche Begrenzung des Einsatzes militärischer Mittel in Europa gefährden oder gar unmöglich machen.

Daß *Spezialisierung* der Streitkräfte ihre Effizienz steigert, war zunächst nur eine plausible Annahme. Sie stützte sich auf die allgemeine Erfahrung des täglichen und des wirtschaftlichen Lebens, daß erst durch Spezialisierung ein Maximum an Ertrag je Aufwand, Effizienz also, erzielt werden kann.[243] Spezialisierung wurde geradezu eine der tragenden Säulen des früher unvorstellbaren wirtschaftlichen Aufschwungs dieses Jahrhunderts. Gerät wurde spezialisiert: Aus dem ersten Kraftwagen wurden Rennwagen, Lastwagen, Reisewagen. Lastwagen spezialisierten sich zu Kleintransportern, Schwerverkehrslastwagen, Flüssigkeitstransportern u.s.w. Aus dem Feldscher und Bader von einst wurde der Arzt, dann der Facharzt und schließlich der Spezialist für Gesichtschirurgie oder Augenoperationen.

---

241 Diese Beschränkung ist von elementarer Wichtigkeit. Henry Kissinger hat in seinem Werk "Nuclear Weapons and Foreign Policy", New York 1957, eindringlich auf diese in den totalen Kriegen dieses Jahrhunderts verlernte Regel hingewiesen (S.141). Vgl. auch mein Buch "Verteidigung und Frieden", Kap. 8, S.209ff.
242 S.29 des Berichts.
243 Defensive Verteidigung, S.47f.

Sportler wurden Leichtathleten, spezialisierten sich weiter auf Laufen und noch einmal auf "ihre Strecke" - z.B. 100 m.

Nur die Soldaten der NATO in Europa, die keinen anderen Auftrag haben, als Westeuropa zu *verteidigen*, wenn der Warschauer Pakt *angreift*, deren Ausbildung soll optimal sein, wenn man sie für eine Struktur ausbildet und mit Waffensystemen versieht, mit denen ihre Väter Europa von den Pyrenäen bis Leningrad eroberten - oder Frankreich von der Normandie bis fast an den Rhein in wenigen Wochen befreiten? Nein: So wie die Kombination aus mechanisierten Divisionen und Luftwaffe zu ihrer Unterstützung zu einem ganz speziellen Zweck entwickelt wurde, dem Zweck der Offensive und des Eroberungskrieges, so braucht die NATO, die den ganz speziellen Auftrag hat, nie als erste zu schießen (no first shoot army), ebenfalls eine ganz spezielle Struktur, die es ihr erlaubt, abzuwarten und dennoch den Angreifer mit seinem Angriff scheitern zu lassen.

Die Frage war nur, welche? Daß diese Frage eine außerordentlich schwierig zu lösende Aufgabe stellt, ist evident. Daß Korrekturen auf einem engen Sektor - z.B. allein die Entwicklung "defensiver Waffensysteme" - die Aufgabe nicht lösen können, war, weil oft vergebens versucht, bekannt. Natürlich konnte man die sich abzeichnende Entwicklung von Waffensystemen nutzen, die ganz besonders für die Verteidigung geeignet waren, wie die Panzerabwehrraketen und Luftabwehrraketen für Infanteristen. Doch Taktik, operative Führung und die Militärstrategie bis hin zur großen Strategie mußten ebenfalls auf diese fast einmalig neue Aufgabe hin spezialisiert werden.

IV.4.1   Waffen - speziell für den Verteidiger?

Ist die Kombination aus Panzer, mechanisierter Infanterie und Luftunterstützung das Rückgrat der modernen Offensive, so sind Waffen, die eine dieser drei Komponenten gefährden können, grundsätzlich für die Defensive geeignete Waffen. Nun zeichnete sich schon im Yom-Kippur-Krieg ab, daß der Panzer durch vom Infanteristen ins Gefecht geführte und bediente moderne Panzerabwehrraketen tatsächlich auf 1 - 2 km Entfernung vernichtet werden kann. Auch die Entwicklung leistungsfähiger, vom Infanteristen bedienter Luftabwehrraketen konnte man voraussehen. Zu Recht, wie die in Afghanistan äußerst wirksame amerikanische Luftabwehrrakete Stinger 10 Jahre später bewies. Die Minentechnik, stets ein wichtiges Mittel der Defensive, entwickelte sich in den 70er Jahren ebenfalls sprunghaft weiter. Präzisionsmunition für Mörser, Geschütze und Raketen wurde von Waffenfabrikanten als "beinahe produktionsreif" angeboten.[244] Und wenn die Leistungsangaben damals auch weit übertrieben waren, heute, 10 Jahre später, kann wirklich angenommen werden, daß solche Waffensysteme sehr bald verfügbar werden,[245] wenn man sie nur mit Priorität anfordert.[246]

Entwickelt wurden diese Waffensysteme für die Armeen von heute. Damit aber sind sie Anforderungen unterworfen, die sich aus Taktik und operativer Führung von heute ergeben. Von Minen wird gefordert, daß sie sich nach bestimmter Zeit selbst inaktivieren, um eigenen Kräften den Weg zum Gegenstoß freizugeben. Panzerabwehr-Lenkraketen müssen tragbar sein, damit der ins Gefecht gefahrene Infanterist sie mit sich tragen kann. Flugabwehrraketen müssen eine Freund-Feind-Kennung haben. Raketenwerfer müssen motorisiert sein, um der Truppe folgen zu können. Vereinfacht, kosteneffizienter, werden diese Systeme dadurch nicht. Bei der Panzerabwehr-Lenkrakete gefährdet die Gewichtsbeschränkung sogar die Wirksamkeit gegen moderne Panzerung. Spezialisierung auf die Defensive könnte viele solcher die Effizienz begrenzender Systemanforderungen beseitigen. Welche das aber sind, das ergibt in erster Linie die Taktik der neuen defensiven Verteidigung. Hier werden die neuen Anforderungen entwickelt. Ausgehend von einer Kombination hierfür geeigneter Komponenten der heute zur Verfügung stehenden Waffen (wie Hohlraumladung, Fernlenkung) wird das Wechselspiel zwischen Entwicklung verteidigungsoptimierter Taktik und Waffenentwicklung schließlich zu Waffensystemen führen, die der Verteidigerüberlegenheit optimal dienen. Doch um sich die hier möglichen Entwicklungen vorzustellen, muß man sich erst einmal Gedanken über eine Taktik machen, die dem Verteidiger die gewünschte Überlegenheit erlaubt.

---

244 Goblirsch, J., Technotaktik 90, a.a.O.

245 Da ist einmal die seit Jahren bekannte anti-tank missile "Sadarm". Nach jahrelangen Ankündigungen ohne ernsthafte Konsequenzen scheint sich nun diese Entwicklung zu konkretisieren. Vgl. New Scientist, 7.1.1989, S.34, über Sadarm-Missile-System und die "wide area mine". Eine andere Entwicklung ist der von der Firma MBB entwickelte "Kugelblitz", eine im Zielfeld herumspringende Zerstörungsladung, die erst beim Auftreffen auf einen Panzer explodiert.

246 vgl. dazu auch oben Kap. III.1.3 über die entsprechenden Feststellungen des Memorandums "Discriminate Deterrence", S.27.

IV.4.2   Taktik - optimal für Verteidigung?

"...Seit 4 Jahrhunderten durchbohren, zerreißen und zerschmettern Kugeln, Schrapnells, explodierende Granaten die Soldaten, ohne daß sie sich im offenen Felde dagegen schützen könnten. Schreckliche Probe, die dem Selbsterhaltungstrieb keine andere Möglichkeit läßt, als die Unbeweglichkeit unter einer Kasematte oder in einem Deckungsloch, und die den Mut zersetzt, indem sie die Aktiven und Kühnen zum Tode verurteilt."

Charles de Gaulle[247]

a. Taktik der Infanterie im Kampf gegen mechanisierte Angreifer

Wo geschossen wird, *ist* das Deckungsloch, in dem man den Kopf einzieht und verharrt, ohne seinen Platz durch Schießen zu verraten, der sicherste Platz. Das Loch zu verlassen, aus dem Loch heraus zu schießen, eine Panzerabwehrrakete zu richten und ins Ziel zu steuern ist eine Heldentat. Im Panzer oder Schützenpanzer vorzugehen oder das Feuer zu eröffnen, und damit seine Position zu verraten, kann ebenso gefährlich sein.

Helden sind selten und sie werden durch solche Heldentaten immer seltener, weil das Schicksal "die Aktiven und Kühnen zum Tode verurteilt". Ein Verteidigungskonzept sollte deshalb nicht auf der Fiktion einer großen Anzahl von Helden aufbauen. Dies gilt aus taktisch-militärischen, aber vor allem aus humanen Gründen. Das Ideal der Verteidigungstaktik erfüllt deshalb der Soldat, der aus voller Deckung heraus den Feind bekämpft, *ohne* sich durch Abschüsse von Raketen oder anderen Waffen zu verraten. Und wenn möglich, ohne seinen Kopf länger aus seinem Deckungsloch herausstrecken zu müssen.

---

247 De Gaulle, Charles: Vers l'Armée de Métier. Paris 1934, S.64.

Voll erreichbar ist dieses Ideal nicht. Aber man muß sich ihm annähern, soweit es möglich ist, wenn man seine Verteidigungschancen möglichst hoch gestalten will. Das aber *ist* möglich. Mit einengenden Bedingungen für die Form der Verteidigung, für die Taktik und die operative Führung - aber auch mit neuen Möglichkeiten.

Die erste einengende Bedingung ist, daß feste Stellungen, Linien oder befestigte Plätze so nicht "gehalten" werden können. Denn solche festen Stellungen müssen sich zwangsläufig durch Feuer verraten und können wegen ihrer geringen Flächenausdehnung durch feindliche Artillerie mit modernen Präzisionswaffen wirkungsvoll bekämpft werden. Festungsbauwerke, befestigte, verteidigte Städte oder Festungsgürtel wie die Maginot-Linie wären überdies immer Ziele, die sich leichter, vielleicht sogar nur durch *Kernwaffen* ausschalten lassen. Solche Verteidigungsmittel erhöhen daher die Gefahr, daß der Gegner zu Kernwaffen greifen könnte und verstoßen schon deshalb gegen die Kriterien (Kriterium 6). Das Verteidigen von Festungen hat daher allem ersten Anschein zuwider in einem auf Verteidigerüberlegenheit ausgerichteten Konzept heute keinen Platz mehr. Und das ist gut so:

> "Von allen Prüfungen des Krieges ist die härteste den Belagerten vorbehalten. Der Eindruck, sich im Zentrum der Schläge zu fühlen, die schreckliche Isolierung, die Notwendigkeit, mit den Verwundeten zu leben, die dauernde Verringerung der Streitkräfte, die sich nicht erneuern, lösen schnell den moralischen Wert der Truppe auf."

Charles de Gaulle[248]

Aufgelockerte Verteidigung, die keine Ziele bilden soll, verzichtet also darauf, den Angreifer an bestimmten Stellungen oder Linien "bis zur letzten Patrone" aufzuhalten. Ihr primäres Ziel ist es, den Angreifer mit seinem Angriff scheitern zu lassen. Der *genaue Ort* des Zusammenbruchs seines Angriffs ist für sie *zweitrangig*. Eine solche Verteidigung wird oft als "Raumverteidigung" bezeichnet. Ein extremes Beispiel eines solchen Idealbildes von Raumverteidigung ist der Vorschlag des französischen Majors Brossollet, der 1975 eine undurchdringlich tiefe Verteidigung von der Demarkationslinie bis in das Elsaß und die Benelux-Staaten vorschlug.[249] Andererseits fordert natürlich schon die Bedingung, in der Verteidigung nicht das zu zerstören, was verteidigt werden soll, daß der Angriff *möglichst* schnell, *möglichst* weit vorne also, zum Stehen gebracht wird.

---

248 a.a.O., S.44.

249 Baden-Württemberg und das Elsaß sollten dabei von französischen "Verteidigungsmodulen" verteidigt werden, Norddeutschland von britischen und die Benelux-Staaten von Modulen aus den Armeen dieser Staaten. Vgl. dazu Guy Brossollet, Essai sur la non-bataille. Paris 1975, S.80. (Deutsche Ausgabe: Spannocchi/Brossollet, Verteidigung ohne Schlacht. München 1976, S.174-181).

Durch die Befreiung vom Zwang, feste Orte oder Linien halten zu müssen, wird eine "verborgene Kampfesweise" (1974[250] "autonome Techno-Kommandos" genannt) möglich. Eine solche Kampftaktik eröffnet dem Verteidiger ganz neue Verteidigungsoptionen. So kann man mit einer solchen verborgenen Verteidigung nicht nur die erste Staffel des Angreifers bekämpfen, sondern auch nachfolgende Feindkräfte. Dadurch ist der Verteidiger nicht gezwungen, unter Beschuß und Nebel, Staub und Rauch die vorbereiteten Waffen mit geringen Erfolgschancen ins Ziel lenken zu *müssen*, ehe der Feind die eigene Stellung erreicht hat. Er kann vielmehr warten, bis die Angriffsspitzen des Feindes passiert haben und die Sicht wieder Treffer erlaubt, Treffer gegen die erste Staffel von hinten gerichtet, oder gegen die nachfolgenden Wellen des Feindes.

Weiträumig aufgelockerte, nicht erkannte eingegrabene Infanterie mit Artillerie zu bekämpfen, ist fast unmöglich. Das beste historische Beispiel ist der Erste Weltkrieg, wo nach wochenlangem Trommelfeuer auf relativ begrenzten Stellungszonen immer noch Verteidiger lebten und die Angriffe abschlugen. NATO-Standards geben z.B. an, daß, um etwa 25% Verluste bei eingegrabener Infanterie zu erreichen, 12 000 Schuß je Quadratkilometer abgefeuert werden müssen. Nimmt man an, daß bei einer solchen verdeckten Kampfweise 4 bis 10 Soldaten auf einem Quadratkilometer anzutreffen sind, sieht man das Mißverhältnis, die Ineffizienz des Einsatzes von Artillerie. Artillerie kann deshalb eine weitgestreute, verdeckte Verteidigung nicht bekämpfen.

Überhaupt nicht in Zahlenwerten zu erfassen ist die ungleiche Verteilung der psychologischen Lasten zwischen Verteidiger und Angreifer bei einer solchen Taktik. Kämpft der Verteidiger in der aus Selbsterhaltung gebotenen Position *in* seiner Deckung, muß sich der Angreifer dauernd überraschender Feindeinwirkung aussetzen, ohne zu wissen, wann und von wo er beschossen und vielleicht getötet werden wird, und ohne sich dagegen wehren zu können. So erfährt er "das lähmende Gefühl, gegen einen unsichtbaren Gegner angehen zu müssen."[251]

Damit aber entzieht sich diese Kampfesweise den üblichen computergestützten Schlachtfeldsimulationsmodellen, mit denen die Effizienz verschiedener Verteidigungsformen verglichen werden soll[252], und bei denen Zahlenverhältnisse von Streitkräften verschiedenster Qualität gegeneinander gerechnet werden. Denn hier ist die Grundannahme, daß die beiderseitigen Streitkräfte sich wechselseitig

---

250 mein Buch "Verteidigung und Frieden", Kap. 9.12.

251 J.F.C. Fuller beschreibt so die Angst der englischen Truppen vor den Buren im Burenkrieg. Fuller, J.F.C.: Die entartete Kunst Krieg zu führen. 1789-1961. Köln, Verlag Wissenschaft und Politik 1964, S.152.

252 Diese Modelle sind meist Lanchester-Modelle.

bekämpfen *können*, weil sie sich zumindest nach Eröffnung des Feuers sehen.[253] Gerade das aber kann der Angreifer gegen Verteidiger in der verdeckten Verteidigung, die sich nicht bemerkbar machen, nur *sehr* eingeschränkt. Die unterschiedlichen psychischen Bedingungen bleiben ebenfalls fast immer völlig unberücksichtigt, obgleich sie in einem wirklichen Gefecht von entscheidender Bedeutung sind.

Neue computergestützte Gefechtsfeldsimulationsmodelle wären deshalb zu entwickeln, um diese Kampfform verdeckter Verteidigung wirklich mit den bisherigen Verteidigungsmethoden vergleichen zu können. Ein vielversprechendes Modell dieser Art hat Anders Boserup vorgestellt.[254] Ein anderes Modell entsteht durch das Einfüttern der Besonderheiten von verdeckter Kampfweise in ein "normales" Computersimulationsmodell bei der Bundeswehrhochschule München durch Thomas Rochel, der Daten von General a.D. Eckart Afheldt verwendet. Inwieweit die für den Verteidigungswillen so wesentliche psychische Situation der Soldaten in den unterschiedlichen Kampfformen durch ein Modell abgebildet werden kann, scheint noch offen.

Natürlich stellt sich die Frage, wie ein Soldat überhaupt einen Kampfauftrag erfüllen soll, wenn er möglichst wenig den Kopf aus dem Loch herausstecken darf - und auf keinen Fall durch Schüsse ein Signal seiner Position geben soll.

Eine Form solchen Kampfes bietet sich sofort an: das Auslösen vorbereiteter Minensperren. Die zweite Form ist ebenso altbekannt - sie verlangt aber schon etwas längeres Herausschauen aus dem Loch. Das ist die Beobachtung des Feindes zur Meldung seiner genauen Position an die Artillerie, der klassische Artilleriebeobachter. Neu ist nur, daß heute Artillerie zur Verfügung steht, die über Distanzen von 40 km und mehr eingesetzt werden kann (mittlerer Artillerieraketenwerfer) und deren Geschosse mit intelligenter Munition auch gegen Panzerverbände außerordentlich wirksam werden. Die mit diesen Raketen verschießbare Springmine AT2[255] ist bei den heutigen Verbänden bereits im

---

253 Solche Modelle berechnen deshalb zwangsläufig Modelle defensiver Verteidigung mit auf Verteidigung optimierter Taktik zu schlecht. Dennoch sind die Resultate positiv. Einen ersten Eindruck über die bisherigen Resultate und die Arbeitsweise liefert der Aufsatz von Huber, Reiner K.: "Über strukturelle Voraussetzungen für Krisenstabilität in Europa ohne Kernwaffen: eine systemanalytische Betrachtung", in: OR Spektrum 1987, S.1-12. In Zusammenarbeit zwischen meiner Arbeitsgruppe in der Max-Planck-Gesellschaft in Starnberg und dem Institut für angewandte Systemforschung und Operations Research an der Universität der Bundeswehr, München, werden weitere Untersuchungen vorgenommen.

254 Boserup, Anders: Military Stability and Defence Dominance. Das Manuskript wurde erstellt anläßlich des 7. Workshops der Pugwash Study Group on Conventional Forces in Europe, 11.-13.11.1988, Amsterdam.

255 Das ist eine Mine, die sich selbst auf vorbeifahrende Panzer abschießt und sie so vernichtet.

Einsatz. Bessere, intelligentere Munition wird produktionsreif.[256] Das Memorandum "Discriminate Deterrence" beschreibt sie wie folgt:

"Genaue, weitreichende Munition

Nach den Standards der vergangenen zehn Jahre sind die Genauigkeiten außerordentlich. Heutige Technologie macht es möglich, feste Ziele in jeder Entfernung mit Genauigkeit innerhalb von 1-3 m anzugreifen. Diese Genauigkeit moderner Munition gibt uns eine hohe Wahrscheinlichkeit, einen weiten Bereich von Punkt- und Flächenzielen mit einem oder wenigen Schüssen zu zerstören, ohne nukleare Sprengköpfe zu verwenden. ...

Es ist bereits klar, daß wir Zehntausende solcher Waffen brauchen ...".[257]

Schon seit Ende der 70er Jahre erhältlich war der "Milan-Turm"[258]. Eine Milan-Rakete wird, 100 m oder mehr abgesetzt vom Schützen, auf einem Stativ befestigt und dort durch Fernbedienung geschwenkt. Das Stativ trägt eine Fernsehkamera, die mit der Rakete gerichtet wird. Auf dem Monitor der Fernsehkamera im Deckungsloch beobachtet der Schütze das Schußfeld der sich ferngesteuert drehenden Milan-Rakete. Sichtet er auf seinem Schirm ein Ziel, für das er eine gute Schußposition hat, kann er die Rakete mit seinem Monitor ins Ziel lenken. Selbstverständlich kann er auch mehrere, an verschiedenen Orten plazierte Raketen dieser Art bedienen. Es gehört nicht viel Phantasie dazu, diese Grundgedanken auf (ferngesteuerte) Mörser auszudehnen, die, durch Artilleriebeobachter im Kampfraum informiert, angreifende Feindverbände aus 10 oder 15 km Entfernung mit Präzisionsmunition bekämpfen.[259]

Sollte der Übergang zu Defensivstrukturen von drastischen Abrüstungsmaßnahmen begleitet werden, wie heute von NATO und Warschauer Pakt vorgeschlagen wird, müßten beide Seiten Tausende von Panzern verschrotten. Damit bietet sich an, die Defensivstruktur auf dem in Österreich beschrittenen Weg zu verstärken. Dort hat man in Verteidigungs-"Schlüsselzonen" die Türme abgewrackter Centurion-Panzer auf Betonsockel gesetzt. Durch die kleine Silhouette sind diese "Panzerknacker" sehr schwer zu bekämpfen. Andererseits dürfte in einem längeren Gefecht die Ausfallquote dieser Türme dennoch hoch sein, weil ihre Position bekannt ist oder spätestens beim Feuern erkannt wird. Da die Kanonen der Panzer automatisch geladen, der Turm motorisch geschwenkt und über Optik gerichtet wird, ist es aber kein Problem, die gefährdete Bedienungsmannschaft aus dem Turm herauszunehmen. Sie kann in einer gesonderten, abgesetzten Deckung untergebracht werden und von dort aus in relativer Sicherheit einen oder mehrere Panzertürme bedienen.

---

256 vgl. New Scientist, 7.1.1989, S.34, über Sadarm-Missile-System und die "wide area mine".
257 S.50f. des Berichts "Discriminate Deterrence".
258 Entwickelt und vorgestellt von der Firma MBB, Ottobrunn.
259 Unter dem Namen Bussard entwickelte die Firma Diehl ein solches System.

Für manche Verteidigungsaufgaben kann der Beobachter auch durch Sensoren ersetzt werden. Dies ist besonders wichtig, um auf diese Weise Stellungen der "verborgenen Verteidiger" weiträumig gegen Überraschungen zu sichern. An solche Sensoren gekoppelte Verteidigungsmittel können z.B. ferngesteuerte Maschinengewehre sein, die so vorgerichtet werden, daß sie bestimmte Räume beherrschen. Einfachste Minen verschießende Raketen oder Mörser können demselben Zweck dienen.[260]

Insgesamt ergibt sich so ein Bild, das dem "automatisierten Schlachtfeld" ähnelt, das die USA in den 60er Jahren in Vietnam zum Schutze der Demarkationslinie zwischen Nord- und Südvietnam errichteten. Daß diese Versuche damals keinen durchschlagenden Erfolg hatten, spricht nicht gegen die Verwendung dieses Prinzips hier und heute. Denn damals sollte das "Automated Battle-Field" schwer zu erfassende Guerilla-Kämpfer von den mechanisierten Einheiten der USA fernhalten. Hier aber ist die umgekehrte Aufgabe gestellt: Guerilla-ähnliche Verteidiger sollen vor allem vor leicht erfaßbaren motorisierten Angreifern geschützt werden. Zudem hat sich die für diesen Zweck speziell geeignete Technik in den letzten 20 Jahren außerordentlich schnell entwickelt.[261]

b. Welche Taktik für die Luftwaffe?

Jedermann, der in den Jahren 1944-45 an der "Westfront" war oder die Berichte über die alliierte Landung in der Normandie kennt, weiß: Die Bewegung von motorisierten Verbänden auch nur über kürzere Entfernung ist praktisch unmöglich, wenn der Gegner die Luftherrschaft hat und gute Sichtverhältnisse bestehen.

Die Verteidigung der NATO aber beruht darauf, in *jedem* Fall dem Gegner durch weiträumig bewegte motorisierte Verbände den Vormarsch zu verwehren. Dies gilt schon für den Aufmarsch, aber insbesondere auch für Gegenstöße. Die NATO muß deshalb sicherstellen, daß sie die Luftherrschaft nicht verliert, daß eine "akzeptable Luftlage" besteht. Denn dafür sorgen, daß am Tage des gegnerischen Angriffs schlechtes Wetter herrscht (wie z.B. in den erfolgreichen Anfangstagen der letzten Offensive der deutschen Wehrmacht im Dezember 1944 in den Ardennen), das kann sie nicht.

---

260 Ob und inwieweit solche Sensoren in bestimmten Zonen die Rolle der für die Artillerie beobachtenden Soldaten übernehmen können, um die Präzisionsmunition ins Ziel zu lenken, wie z.B. v. Müller vorschlägt, ist offen. Vgl. Müller, Albrecht v.: Conventional Stability in Europe, in: Tromp, Hylke (Hrsg.): War in Europe. Aldershot, Gower Publ. Co. 1989, S.237-257 (S.253).

261 vgl.:"Defensive Verteidigung", S.55, Anm.63.

Um diese "akzeptable Luftlage" sicherzustellen, werden jedoch immer schwierigere und aufwendigere Maßnahmen erforderlich:

Schon heute ist es so, daß diejenige Luftwaffe, die zuerst aufsteigt, und der es gelingt, viele gegnerische Verbände am Boden zu zerstören und die Flugplätze des Gegners unbrauchbar zu machen, dadurch ein wesentliches Übergewicht bekommt. Radarsysteme, die solche Angriffe melden, ebenso wie Flugverfahren, um diese Radarsysteme wieder zu unterfliegen (Tiefflug), sind Versuche beider Seiten, in diesem Dilemma zu bestehen. Diese sehr unbefriedigende, instabile Situation aber ist dabei, sich dramatisch zu verschärfen.

Für die NATO wurde mit einem Aufwand von etwa 100 Millionen DM unter der Leitung von MBB und der US-Firma Martin Marietta ein konventioneller Gefechtskopf für eine neue konventionelle Präzisionsrakete mit etwas unter 500 km Reichweite entwickelt. "Bei Überschallgeschwindigkeit stößt er 44 konventionelle Geschosse aus, die Startbahnen und verbunkerte Flugzeugstände unbrauchbar machen können. Der Gefechtskopf hat auf eine Entfernung von 480 km eine Zielgenauigkeit von 5 m."[262] Unter der bisher stets bestätigten Annahme, daß die Waffentechnologie auf beiden Seiten letztlich etwa das gleiche Niveau erreicht, ist für die 90er Jahre davon auszugehen, daß der Warschauer Pakt in den 90er Jahren über eine ähnliche Waffe verfügt.

Das bedeutet aber: Nach Einführung solcher Systeme auf beiden Seiten sind im Falle einer zukünftigen Krise die beiderseitigen Luftwaffen auf ihren Flugplätzen extrem gefährdet. Derjenige, der zuerst einen solchen Raketenangriff eröffnet, kann die Luftwaffe des Gegners weitgehend am Boden zerstören. Er kann unmittelbar hinterher seine Flugzeuge aufsteigen lassen und zum Angriff gegen den Rest der Luftwaffe seines Gegners und auf dessen in Bereitstellung gehende Truppenverbände ansetzen. Diejenige beider Seiten, die durch einen solchen Präventivangriff die Luftwaffe des Gegners ausgeschaltet hat, kann damit erreichen, daß dessen bewegliche Verteidigung so hilflos wird, wie die deutschen Panzerverbände 1944 in der Normandie durch die Luftüberlegenheit der Alliierten.

Auf eine Warnung vor einem solchen Raketenangriff kann man dabei nicht hoffen. Auch die vereinbarten Manöverbeobachter nützen hier nicht. Denn der optimale Angriff unter solchen Umständen ist der überraschende Angriff auf die Luftwaffe ohne verräterische Bereitstellung von Bodentruppen. Der irakisch-iranische Krieg begann bereits mit einem solchen Luftangriff. Abwarten in der Krise kann somit gleichbedeutend sein mit Kriegs- bzw. Feldzugsverlust, und die Versuchung, als erster anzugreifen, winkt mit der "Siegespalme". Instabilität in der Krise, Hochrüstung mit neuem Jäger 90 und dem entsprechenden Gegenstück auf der anderen

---

262 Die Welt, 16.3.1989, S.6, "Neuer Plan für Kurzstreckenwaffe".

Seite, immer bessere neue Angriffsraketen und Tiefflugübungen sind mit solchen Konfigurationen notwendig verbunden.

Erster Ausweg:

Man verteidigt die Flugplätze mit Abwehr-Raketen.

Versuche in dieser Richtung sind unternommen worden. Sie scheitern aber einmal daran, daß die Luftverteidigungsraketenstellungen mit ihren empfindlichen Radarsystemen angegriffen und ausgeschaltet werden können, zum anderen an den ungeheuren Kosten eines solchen Projekts. Man hat seit längerer Zeit von diesem Ansatz nicht mehr viel gehört. Doch wird er bei Fortführung der heutigen Form der Verteidigung zwangsläufig wieder aufgegriffen werden.

Zweiter Ausweg:

Die NATO legt ihre Luftstreitkräfte weit zurück, z.B. nach Frankreich. Damit ist zumindest Warnzeit gewonnen, wenn auch keine Sicherheit.

Dritte Möglichkeit:

Man zieht die eigene Luftwaffe noch weiter zurück. Das Problem ist nur, daß sie dann genau in den ersten Tagen, in denen sie zum Stopfen von Lücken durch einen mehr oder weniger überraschenden Großangriff des Gegners gebraucht würde, weite Anflugstrecken hat, ihre Einsatzzeit auf dem Schlachtfeld sich daher reduziert, ihre Wirksamkeit dadurch vermindert ist.

Die vierte und beste Möglichkeit ist:

Als Verteidiger überhaupt nicht in großen Einheiten fahren zu müssen. Verbände, die nicht in größeren Einheiten über weitere Entfernungen aufmarschieren, sind beim Einnehmen ihrer Verteidigungspositionen durch die gegnerische Luftwaffe nicht gefährdet.

Auch im Kampf ist ein Luftfeind gegen verborgene Verteidiger fast machtlos. Ihre Stellung kann er nicht sehen. Im Tiefflug kann er nicht fliegen, ohne hohe Verluste zu erleiden. Bei einem Luftangriff auf feste Stellungen oder Panzeransammlungen weiß das angreifende Flugzeug, daß es sich mit dem Ausstoß von Hitzeblitzen und Ausweichmanövern in diesem Angriffsmoment gegen Luftabwehrraketen schützen muß. Ein Luftfeind, der über weites Gelände verdeckter Verteidigung fliegt, weiß dagegen nie, *wann* er wirklich gefährdet ist. Die hohe Verlustrate der sowjetischen Luftwaffe in Afghanistan war auf diesen Umstand zurückzuführen. Verdeckt kämpfende Verteidiger brauchen deshalb auch keinen *Schutz* durch eine eigene Luftwaffe. Insoweit verliert das Problem, wie die eigene Luftwaffe ihrerseits auf den Flugplätzen und im Fluge geschützt werden kann, erheblich an Bedeutung. Es verliert *jede* Bedeutung, wenn man auch zur Zerschlagung des gegnerischen Angriffs ganz auf Luftwaffe verzichten kann, die an Flugplätze gebunden ist.[263] Dazu muß man aber das Problem lösen, wie die Feuerkraft der Luftwaffe durch eine andere, ebenso schnell über große Entfernungen konzentriert einsetzbare Feuerkraft ersetzt werden kann. Mit dieser Frage landet man bei moderner Raketenartillerie.

c. Taktik der Raketenartillerie

Solange man an dem Grundgedanken der für und im Zweiten Weltkrieg entwickelten Strategie "schneller Truppen" festhält, der Kombination aus Panzer und Flugzeug, bleibt das Flugzeug notwendig, um den Panzer zu schützen und ihm den Weg zu bereiten. Damit braucht man die Luftabwehr, um das Flugzeug zu schützen. Bald würde man Abwehrmittel gegen Raketen benötigen, um die Luftabwehr zu schützen, damit letztlich dem Panzer Schutz und Hilfe durch die Luftwaffe gegeben werden kann, auf daß der Panzer den Feind vernichte. Moderne Technologie bietet aber eine einfachere Möglichkeit: den Angreifer direkt durch Präzisions-Munition ("intelligente Munition") zu vernichten, die durch Raketen aus verborgenen Stellungen abgeschossen wird. Damit sind wir bei Artillerieraketen von 40, 60 oder 80 km Reichweite, die, durch Beobachter gelenkt, aus verborgenen Stellungen auf den erkannten Feind gerichtet werden.

Batterien, die einmal Artilleriegeschosse abgefeuert haben, bleiben allerdings nicht verborgen. Sie werden eingemessen und kommen unter feindliches Feuer. Feindliches Feuer reduziert mit Sicherheit die Zahl der noch brauchbaren Rohre, kostet Verluste. Große Werfer, wie die heute als mittlere Artillerieraketenwerfer angeschafften Werfer, widersprechen deshalb der Logik des Systems der verborgenen Verteidigung. Kleine Pakete von 1, 2, 3 oder 4 *billigen Rohren*, die nur einmal mit den *teuren Raketen* geladen werden, entsprechen dem Prinzip besser. Auf die leeren Rohre möge der Feind einen Tag lang schießen. Damit er dies tut und seine Munition verschwendet, scheint es nützlich, gelegentlich auch einmal solche Rohre nachzuladen.

Die Möglichkeiten, mit weitreichenden Raketen ohne jeden Stellungswechsel - und damit ohne jede sichtbare Bewegung - in Minutenschnelle Feuer auf jeden beliebigen Punkt innerhalb eines extrem weiten Umfeldes zu konzentrieren, sind er-

---

263 Hubschrauber (z.B. Panzerabwehrhubschrauber) sind nicht an verwundbare Basen gebunden.

staunlich. Nimmt man als Beispiel einmal an, die verteidigende NATO habe in 80 km Tiefe parallel zur Demarkationslinie (900 km Länge) auf jedem Quadratkilometer 5 Raketen mit 40 km Reichweite installiert,[264] so können auf einen Angreifer, der auf 50 km Breite konzentriert angreift, mehr als 40 000 Präzisionsraketen verschossen werden, ehe er auch nur 50 km tief eingedrungen ist![265]

IV.4.3   Operative Führung, spezialisiert auf Verteidigung.

Die Strategie der Flexiblen Reaktion

"Die gültige Bündnisstrategie der Flexiblen Reaktion kennt drei Reaktionsarten. Umfang, Ausrüstung und Ausbildung der Streitkräfte sowie die operativen Planungen sind auf diese Reaktionsarten abgestimmt.
   1. Die Direktverteidigung ...
   2. Die Vorbedachte Eskalation ...
   3. Die Allgemeine Nukleare Reaktion ..."[266]

Mit diesen Worten beschreibt das Weißbuch 1985 die derzeitige Verteidigungs-strategie. Doch schon die erste, noch am leichtesten steuerbare Stufe, die Direkt-verteidigung, hängt an einer Kette von Ereignissen, die alle gleichermaßen optimal günstig für die Bundesrepublik verlaufen müssen, soll Verteidigung unser Land erhalten:

Das Weißbuch 1985 schildert diese Kette so:

"1. Die Direktverteidigung *soll* dem Aggressor verwehren, sein Ziel zu erreichen, und zwar auf der *Stufe* des militärischen Konflikts, die der *Aggressor gewählt* hat. Das *kann* den Einsatz *nuklearer Waffen einschließen, wenn* der Gegner als erster Kernwaffen einsetzt. *Entweder scheitert* damit die Aggression, *oder* dem Aggressor wird die Verantwortung für die *Eskalation* aufgebürdet."[267]

Die hier eingefügten Hervorhebungen zeigen:

---

264 Das sind 72 000 Raketen. Nimmt man den Preis einer einzelnen solchen Präzisionsrakete mit 500 000 DM an, ergibt sich die enorme Summe von 36 Milliarden DM. Doch das ist immer noch nur rund ein Drittel der Aufwendungen, die allein der Jäger 90 kosten dürfte, der nichts tut, als die eigene Luftwaffe zu schützen, damit ... usw. Vgl. zum Jäger 90: Der Spiegel: "100 Milliarden in den Wind", Nr.37/1988, S.46f.

265 Dieses Beispiel und andere finden sich in "Defensive Verteidigung", im Kapitel "Das Netz der Rake-tenartillerie", S.89f. Andere Beispiele findet man bei Hannig, Norbert: Abschreckung durch konventionelle Waffen. Das David-Goliath-Prinzip. Berlin, Arno Spitz Verlag 1984.

266 Weißbuch 1985, S.29.

267 Weißbuch 1985, S.29.

Dann und nur dann, wenn:

1. es der Direktverteidigung gelingt, dem Gegner die Erreichung seines Ziels zu verwehren;

2. der Gegner eine Stufe des Konfliktes gewählt hat, auf der die NATO noch in der Lage ist, ihm die Erreichung seiner Ziele militärisch zu verwehren, ohne Mitteleuropa zu zerstören;

3. er insbesondere keine Kernwaffen einsetzt;

4. der Gegner sich dann mit seiner Niederlage zufriedengibt, statt sich "die Verantwortung für die Eskalation aufzubürden", deren Folgen vor allem *unser* Land träfen.

Nur dann, wenn alle diese für uns optimalen Alternativen eintreten, ist diese Direktverteidigung überhaupt Verteidigung, Erhaltung. Sicherlich *könnte* solch ein Erfolg eintreten. Doch:

Alles, was schiefgehen *kann*,
wird schiefgehen.

Murphy's Law.

Die Frage ist nur, wann. Kaum ein anderes Gesetz des sozialen Lebens wird so oft bestätigt wie dieses. Kaum eine Großkatastrophe ist bekannt, bei der nicht eine Häufung verschiedenster Mißgeschicke, verschiedenster "Opfer von Murphy's Law" zu dem desaströsen Resultat führte:

> Im Kernkraftwerk Browns Ferry in Alabama ging ein Techniker mit einer Kerze durch die Kabelschächte, um nach einem kleinen Gasleck zu suchen. Die Kabelisolierung fing Feuer. Massenkurzschlüsse legten mehrere Sicherungssysteme lahm. Ein Notstromdiesel setzte sich von selbst in Bewegung. Erst nach einer siebenstündigen Gratwanderung konnte die Situation gemeistert werden.[268]

> Im Jahre 1980 verschwand in Louisiana ein Bohrgerüst samt einem See vor den erstaunten Augen der Beobachter anscheinend spurlos. Gleichzeitig füllte sich ein Salzbergwerk mit Wasser. Ein Ölbohrturm der Texaco hatte einen Stollen des unter dem See befindlichen Salzbergwerks angebohrt. "Jeder ge-

---

[268] Wolf, Heinz Georg: Der Schrott von morgen. München, dtv 1985, S.101.

zielte Versuch der Texaco, anhand der verfügbaren Karten mit dem Bohrgerät einen Stollen des Bergwerks zu treffen ... wäre wahrscheinlich gescheitert."[269]

Im Januar 1989 bemerkte der Flugkapitän einer zweimotorigen Boeing beim Start vom Flugplatz Heathrow Unregelmäßigkeiten eines Motors. Er beabsichtigte, mit dem anderen Motor zum Flughafen zurückzufliegen und schaltete - den falschen, den noch arbeitenden Motor aus. Das Flugzeug stürzte ab. Spätere Überprüfungen ergaben, daß bei einer Großzahl der Maschinen des gleichen Typs die Warnlampen des rechten und linken Motors vertauscht waren, so daß das Abschalten des falschen Motors vorprogrammiert ist. Doch überraschenderweise war dieser Fehler bei der abgestürzten Maschine nicht festzustellen.

Oft sind es gerade Sicherheitsmaßnahmen, die zu der Katastrophe führen:

So hat die Einführung des Radars die Sicherheit der Seefahrt statistisch nicht erhöht. Im Gegenteil, bekannt sind Radarunfälle, Unfälle, die ohne Radar gar nicht möglich gewesen wären, weil die Schiffe eigentlich Kurse liefen, die sie um Hunderte von Metern frei aneinander vorbeigeführt hätten. Doch nach Auftauchen des "Radargegners" auf dem Bildschirm wurden auf beiden Schiffen Versuche eingeleitet, den Sicherheitsabstand zu vergrößern. Das aber führte in einer Unzahl von Fällen dazu, daß die Schiffe schließlich mitten im Atlantik oder Pazifik kollidierten. Ein Ereignis, das ohne Radar absichtlich herbeizuführen gar nicht so einfach gewesen wäre.[270]

Beim Fermi-Reaktor in der Nähe von Detroit verschmolzen mehrere Brennstäbe miteinander. Ein Unfall, der nach Expertenmeinungen gänzlich ausgeschlossen war. Als Ursache erwies sich schließlich eine kegelförmige Auffangvorrichtung, die von Sicherheitsexperten gefordert worden war, um eine Kernschmelze zu verhüten. Ein Blech dieser Auffangvorrichtung war vom Kühlmittel losgerissen worden und hatte den Kühlmittelkreislauf blockiert.[271]

Wird Murphys "Gesetz" schon im zivilen Leben immer wieder bestätigt, so gilt es erst recht im Kriege, dem Gebiet des Ungewissen (Clausewitz). Typisch für die Realität des Krieges ist z.B. die Versenkung des britischen Zerstörers Sheffield im Falkland-Krieg durch die argentinische Luftwaffe:

Zwei Exocet-Raketen wurden auf den britischen Flottenverband abgefeuert. Eine Rakete verfehlte das Ziel, die andere traf die Sheffield. Doch der Sprengkopf der Rakete explodierte nicht. Jedes Schiff hat empfindlichere, für das

---

269 Perrow, Charles: Normale Katastrophen. Frankfurt, Campus Verlag 1987, S.298f.
270 Perrow, Charles, a.a.O., S.257f.
271 Perrow, Charles, a.a.O., S.78f.

Überleben des Schiffes wichtige Sektoren und weniger wichtige. Die Exocet-Rakete traf die Kombüse der Sheffield. Die Kombüse ist bestimmt nicht die für den Kampfwert wichtigste Einrichtung - jedenfalls nicht auf kurze Zeit gesehen. Unglücklicherweise - oder glücklicherweise, je nach dem, von welcher Seite man diese Kriegshandlung betrachtet, unglücklicherweise jedenfalls für die armen Marinesoldaten der Sheffield - war aber der Smutje gerade damit beschäftigt, das Abendessen für die Besatzung vorzubereiten, das an jenem Abend aus Pommes frites bestand. Pommes frites werden bekanntlich in Öl gesotten. Pommes frites in Öl für Hunderte von Leuten brauchen viel siedendes Öl. Nun hatte sich der Antriebsmotor der Exocet-Rakete, der sich eigentlich abschalten soll, wenn das Ziel erreicht ist, nicht abgeschaltet. So stieß die in die Kombüse eingedrungene Rakete weiter ihren Jet-Flammenstrom aus. Die Flammen des Jet-Antriebs setzten das Friteusenöl in Brand. Der Brand erfaßte das Aluminiumdeck der Sheffield und das Schiff war verloren.

Mit einem anderen Menü, Nudeln z.B., die in viel Wasser gekocht werden, hätte die Sheffield überlebt: kein Öl, kein Feuer, kein Schiffsverlust. Es ist sehr wahrscheinlich, daß es heute in allen Marinen der Welt verboten ist, unter Kampfbedingungen Pommes frites zu servieren. Und es ist ebenfalls sehr wahrscheinlich, daß niemals wieder das Schicksal eines einzigen Kriegsschiffes davon abhängen wird, ob die Soldaten Nudeln oder Pommes frites serviert bekommen.

Aber auch bei der argentinischen Luftwaffe wirkte Murphy's Law und half so der englischen Flotte auf ihrem Weg zu den Falkland-Inseln:

Die Mehrzahl der englischen Schiffe wurde von argentinischen Bomben getroffen. Doch diese Bomben waren falsch eingestellt und explodierten zu spät, durchschlugen die aus Gewichtsgründen oft leicht gebauten Decks und explodierten erst *unter* den Schiffen, ohne viel Schaden anzurichten. Wären alle diese Bomben *in* den britischen Schiffen explodiert, Mrs. Thatcher hätte ihren Feldzug verloren. Die Brüsseler EG-Kommission hätte es heute vielleicht leichter.

In der Enge von Hormus zur Zeit des irakisch-iranischen Krieges entschied der Kommandant der amerikanischen Fregatte Stark, *nicht* auf eine anfliegende Super-Etendard offensichtlich irakischer Herkunft zu schießen, weil er einen Angriff durch ein irakisches Flugzeug für ausgeschlossen hielt. Irrigerweise, wie sich herausstellte. Denn der Kreuzer wurde angegriffen. 37 amerikanische Soldaten fanden den Tod. Der Kommandant wurde seines Postens enthoben. Zwei Monate später, fast am gleichen Ort, schloß der Kommandant des amerikanischen Kreuzers Vincennes aus den ihm übermittelten Radardaten, daß ein gegnerisches Flugzeug im Angriff auf sein Schiff auf ihn zuflog. Er schoß und traf dieses Flugzeug. Es war ein ziviler iranischer Jumbo. 300 Zivilisten fanden den Tod.

Clausewitz:

"Ein großer Teil der Nachrichten, die man im Kriege bekommt, ist widersprechend, ein noch größerer ist falsch und bei weitem der größte einer ziemlichen Ungewißheit unterworfen. .... Das Gesetz des Wahrscheinlichen muß ihn (den Offizier) leiten. Diese Schwierigkeit ist nicht unbedeutend bei den ersten Entwürfen, die auf dem Zimmer und noch außer der eigentlichen Kriegssphäre gemacht werden, aber unendlich größer ist sie da, wo im Getümmel des Krieges selbst eine Nachricht die andere drängt; ein Glück noch, wenn sie, einander widersprechend, ein gewisses Gleichgewicht erzeugen und die Kritik selbst herausfordern. Viel schlimmer für den Nichtgeprüften, wenn ihm der Zufall diesen Dienst nicht erweist, sondern eine Nachricht die andere unterstützt, bestätigt, vergrößert, das Bild mit immer neuen Farben ausmalt, bis die Notwendigkeit uns in fliegender Eile den Entschluß abgedrängt hat, der - bald als Torheit erkannt wird, so wie alle jene Nachrichten als Lügen, Übertreibungen, Irrtümer usw."[272]

Manchmal erreicht ein Heerführer das angestrebte Ziel, manchmal nicht. Manchmal führt ein Sieg in einer Schlacht zu einem gewonnenen Krieg. Manchmal bewirkt er das Gegenteil. Oder eine Kampfhandlung erreicht ihr Ziel durch völlig unvorhergesehene Wirkungszusammenhänge:

Byzanz wurde erobert, weil die Verteidiger übersehen hatten, eine kleine Tür im inneren Wallsystem, die Kerkaporta, zu schließen.[273] Napoleon verlor die Schlacht von Waterloo, weil sein General Grouchy mit einem Teil der französischen Truppen gegen Rat und Bitte seiner Offiziere nicht "zu den Kanonen" der Schlacht von Waterloo eilte, sondern auf der Suche nach den Preußen weiter in die Irre zog.[274]

Daß auch mehr als 100 Jahre nach Clausewitz der Krieg nicht berechenbarer geworden ist, dafür liefert der Zweite Weltkrieg unzählige Beispiele:

Ursprünglich sollte der Angriff im Westen am 12. November 1939 beginnen. Doch bis Anfang Januar 1940 zwang 29 mal schlechtes Wetter, den Angriffstermin zu verschieben. Am 10. Januar 1940 entschied Hitler, "endgültig" am 17. Januar anzugreifen. Doch am selben 10. Januar 1940 wollte ein Verbindungsoffizier der Zweiten Luftflotte von Münster nach Köln fahren, um einige unwichtige Details des deutschen Angriffsplans mit der Luftwaffe zu besprechen. Weil ihm die Eisenbahnfahrt zu lästig war, ließ er sich gegen alle Befehle mit dem Operationsplan für den Angriff im Westen in der Tasche, flie-

---

272 Clausewitz, Carl v.: Vom Kriege. Bonn, Dümmler Verlag 1980, S.156/157.
273 Stefan Zweig schildert in "Sternstunden der Menschheit" die letzten Stunden von Byzanz. Frankfurt, Fischer Verlag 1958, S.58.
274 Zweig, a.a.O., S.117.

gen. Der Flug ging schief. Schlechtes Wetter und starke Winde trieben das Flugzeug nach Belgien ab, wo es notlanden mußte. Der Versuch des Offiziers und des Piloten, den Plan zu verbrennen scheiterte, weil beide Offiziere zufällig Nichtraucher waren. So mußten sie sich zum Anzünden erst von einem belgischen Bauern ein Feuerzeug leihen. Inzwischen aber war die belgische Gendarmerie erschienen und nahm die Offiziere fest.[275] Wesentliche Teile des Aufmarschplans fielen so unversehrt in belgische Hände. Offensichtlich eine Katastrophe für die deutsche Angriffsplanung.

Doch die Alliierten hielten diesen unverhofft frei Haus gelieferten Plan fälschlich für ein Täuschungsmittel. Hitler, der das nicht wissen konnte und ohnehin von dem bisherigen "Plan Gelb" nicht sehr überzeugt war, entschied aber, diesen Kriegsplan aufzugeben und ihn durch einen neuen zu ersetzen. Liddell Hart: "Das zeigte sich als sehr unglücklich für die Alliierten".

Warum? General Erich von Manstein hatte den ursprünglichen Plan, der dem Schlieffen-Plan von 1914 ähnlich sah, schon immer für unsinnig gehalten, u.a. weil er - nicht zu Unrecht - annahm, daß die Alliierten mit einer solchen Wiederholung von 1914 rechnen würden. Manstein hatte immer wieder vorgeschlagen, stattdessen durch die Ardennen vorzustoßen. Das Oberkommando des Heeres lehnte Mansteins Plan ab und so wäre er auch nach der Aufgabe des ursprünglichen Angriffsplanes nicht für den deutschen Angriff verwendet worden, hätte nicht ein zweites Mal Murphy's Law gegen die Alliierten - und diesmal auch gegen von Mansteins Vorgesetzte - gespielt:

"Ende Januar 1940 hatte das OKH entschieden, die Angelegenheit des Manstein-Plans ein für allemal aus der Welt zu schaffen. Manstein erhielt das Kommando über ein Infanteriekorps am entgegengesetzten Ende Deutschlands. (Und das, obwohl ein Panzerkorps ebenfalls einen neuen Befehlshaber benötigte, das im Westen lag. ...).[276]

Woran das OKH nicht gedacht hatte war, daß mit dieser Versetzung eine Vorstellung des neuen Korpskommandeurs bei Hitler verbunden war. So hatte Manstein Gelegenheit, Hitler seinen Plan vorzutragen. Mansteins Begründungen bestätigte die Vorstellungen von einem Angriff durch die Ardennen, die Hitler schon länger hegte. Hitler akzeptierte den Plan.

Liddell Hart: "Wenn wir den Verlauf der Ereignisse studieren ..., wird es klar, daß der alte Plan geradezu sicher nicht das Ziel erreicht hätte, zur Eroberung Frankreichs zu führen."[277]

---

275 Deighton, Len, Blitzkrieg. Bayreuth, Hestia 1980. S.233f.
276 Deighton, Len, a.a.O. S.234f.
277 Angaben nach Liddell Hart: History of the Second World War. London, Cassell 1970, S.37ff.

Im Herbst 1943 landeten die Alliierten in Sizilien. Liddell Hart[278] schreibt dazu:

"Von heute aus betrachtet sieht die Eroberung Siziliens durch die Alliierten wie eine leichte Sache aus. Aber in Wirklichkeit war dieser erste Wiedereintritt nach Europa ein gefährlicher Sprung, beladen mit Ungewißheiten. Seinen erfolgreichen Ausgang verdankt er zu einem großen Grade einer Serie lange verborgen gebliebener Faktoren. ...

Eine der größten Ironien im ganzen Krieg war, daß Hitler und der deutsche Generalstab - die immer fürchteten, sich auf überseeische Expeditionen in der Reichweite der britischen Seemacht einzulassen - Rommel nicht genügend Truppen sandten, um seine Siege auszunutzen, aber eben im letzten Augenblick so viele Truppen nach Afrika schickten, daß sie ihre Möglichkeiten, Europa zu verteidigen, verspielten. Ironischerweise wurden sie außerdem in diese tödliche Torheit durch ihren eigenen unerwarteten Erfolg hineingezogen, den sie hatten, als sie Eisenhowers ersten Angriff auf Tunis zum Stehen gebracht hatten."

Ähnlich schoben Fehler und Zufälle bei der alliierten Landung in der Normandie am 6. Juni 1944 das Kriegsglück zwischen beiden Seiten im Kreise herum.[279]

"Vor ihrem Beginn sah die Invasion der Normandie wie ein außerordentlich gefährliches Abenteuer aus. Zur Verteidigung hatten die Deutschen 58 Divisionen im Westen und zehn von diesen waren Panzerdivisionen, die schnell einen gepanzerten Gegenschlag führen konnten. ... Aber in Wirklichkeit wurden die ersten Landungen sehr schnell in große Brückenköpfe 80 Meilen weit ausgeweitet. Dem Feind gelang es niemals, irgendeinen gefährlichen Gegenangriff zu starten, bevor die Alliierten aus dem Brückenkopf ausbrachen. Die ganze deutsche Position in Frankreich brach dann schnell zusammen.

Rückblickend erscheint der Verlauf der Invasion daher wundervoll leicht und sicher. Aber Erscheinungen können verführen. Der Bereich zwischen Erfolg und Fehlschlag war eng. ...

Es stellte sich heraus, daß die Verlängerung der Schlacht um den Brückenkopf (in der die Deutschen die Alliierten vier Wochen länger hielten, als die Alliierten vorhergesehen hatten) ein Vorteil für die Alliierten war. Es war das sprichwörtliche Glück im Unglück. Denn so wurde die Hauptstreitkraft der Deutschen im Westen zu dem Brückenkopf gezogen. Dabei traten sie stückweise auf, was sowohl auf unterschiedliche Meinungen im deutschen Oberkommando wie auf die dauernde Hinderung durch die großen alliierten Luftstreitkräfte zurückzuführen war. Die Panzerdivisionen, die zuerst ankamen und Lücken füllten, wurden zuerst vernichtet, wodurch der Feind seinen beweglichen Arm verlor, den er brauchte, als es zum Kampf im offenen Lande kam. ... "

"Letztlich, als der Ausbruch bei Avranches am 31. Juli kam, lagen nur ein paar verstreute schwache deutsche Bataillone in dem 90 Meilen weiten Korridor zwischen diesem Punkt und der Loire. So hätten die amerikanischen Panzerspitzen ohne Widerstand ostwärts vorstoßen können. Aber das alliierte Oberkommando warf die beste Chance, diese große Gelegenheit auszunutzen, weg, indem es sich für das überholte Vorinvasionsprogramm entschied, durch

278 Liddell Hart, a.a.O., S.433f. (Übersetzg. von mir).
279 Liddell Hart, a.a.O., S.543f. (Übersetzg. von mir).

einen Vorstoß westwärts die Häfen der Bretagne zu nehmen. ... Zwei Wochen vergingen, bevor die amerikanischen Streitkräfte wieder nach Osten vorstoßen konnten.

... Es ist evident, daß die deutschen Streitkräfte dadurch genügend Zeit gehabt hätten, sich zur Seine zurückzuziehen und eine starke Verteidigungslinie zu bilden. Dem standen Hitlers dickköpfig stupide Befehle entgegen, daß es keinen Rückzug geben dürfe. Es war diese Torheit, die für die Alliierten die verlorenen Gelegenheiten wiederherstellte und sie befähigte, Frankreich im selben Herbst zu befreien.

Der Krieg konnte leicht im September 1944 beendet werden. ... Als die Alliierten die deutsche Grenze zu Beginn des Septembers erreichten, ... war kein organisierter Widerstand vorhanden, der sie davon abhalten konnte, weiter vorzustoßen - bis in das Herz von Deutschland. ... Aber gerade, als der vollständige Sieg in naher Reichweite lag, starb der alliierte Vorwärtssturm aus. ... Den Preis, den die alliierten Armeen für diese Anfang September 1944 versäumte Gelegenheit zahlten, war sehr hoch. Von 3/4 Millionen Verlusten, die sie bei der Befreiung Westeuropas erlitten, erlitten sie eine halbe Million nach dem September-Stillstand. Der Preis für die Welt war schlimmer, Millionen von Männern und Frauen starben durch militärische Aktionen und in den Konzentrationslagern der Deutschen mit der Ausdehnung des Krieges. Darüber hinaus längerfristig gesehen: Im September hatte die russische Flut Zentraleuropa noch nicht erreicht.

Was waren die Ursachen der verpaßten Gelegenheit mit so katastrophalen Konsequenzen? Die Engländer haben die Amerikaner beschuldigt, und die Amerikaner beschuldigten die Briten. ..."[280]

Tausende ähnlicher Beispiele ließen sich aus der Kriegsgeschichte anführen. Sie alle zeigen, wie ungewiß es ist, daß im richtigen Moment die richtige Entscheidung getroffen wird, ja daß selbst eine für einen bestimmten militärischen Erfolg tatsächlich richtige Entscheidung sich für den Gesamtverlauf des Krieges als Katastrophe erweisen kann. Trotzdem verläßt sich die NATO heute darauf, daß ihre Kernwaffen Angriffe tatsächlich abschrecken, abwehren und den Gegner zur Beendigung des Krieges zwingen[281]:

2. Die *vorbedachte Eskalation soll* einen Angriff *dadurch abwehren,* daß sie den *Angreifer zu der politischen Entscheidung bewegt,* seine Kriegshandlungen *einzustellen,* weil *Erfolgschancen und Risiken in keinem für ihn tragbaren Verhältnis stehen.* Als mögliches Mittel, ihn hiervon zu *überzeugen,* hält das Bündnis Optionen des politisch *kontrollierten, selektiven Einsatzes nuklearer Waffen* offen.[282]

3. *Die allgemeine nukleare* Reaktion richtet sich vor allem gegen das strategische Potential des Angreifers und bedeutet den Einsatz der nuklear-strategischen Waffen der Allianz. Ihre

---

280 a.a.O., S.557-567 (Übersetzg. von mir).

281 Theo Sommer nennt diese Strategie eine Lebenslüge und vergleicht sie mit Pillen, die 1755 in Lissabon gegen Erdbeben verkauft wurden. Die Zeit, 2.6.1989, S.1.

282 Weißbuch 1985, S.29.

Androhung ist das stärkste Abschreckungsmittel, ihre Anwendung wäre die stärkste der möglichen NATO-Reaktionen.[283]

Vielleicht, ja wahrscheinlich, macht ein Gegner einen Fehler, wenn er sich durch solche Kernwaffeneinsätze nicht zum Rückzug oder gar zur Kapitulation bewegen läßt. Fehler dürfen aber bei diesem "Kampf der Willen" (Clausewitz) mit *Kernwaffen* auf keinen Fall und auf keiner Seite passieren. Schon ein einziger Fehler kann im wahrsten Sinne des Wortes für Europa tödlich sein. Sollen Kernwaffen die tragende Säule der Sicherheitspolitik sein, muß die NATO deshalb zwangsläufig auf Fehlerfreiheit setzen. Damit aber hofft sie auf das große Los in der Lotterie von Krieg und Kriegsverhütung. Doch das hat in der Geschichte bis heute noch niemand gezogen. Kein Feldherr dürfte je einen Feldzug oder gar Krieg gewonnen haben, ohne Fehler zu machen. Feldzüge oder kurze Kriege wird meist der gewinnen, auf dessen Seiten sich am wenigsten oder am wenigsten gravierende Fehler addieren. Entscheidend ist dann also die Summe der Fehler.

Liddell Hart:[284]

> "Manchmal gelang es dem überlegenen Geist eines Feldherrn, selbst in beengter Lage Schlacht und Sieg zu retten, noch öfter half dem Sieger die Dummheit des Besiegten."

Liddell Harts Beispiele aus dem Zweiten Weltkrieg und seine Kritik an den getroffenen Entscheidungen zeigten Fehler über Fehler auf beiden Seiten. Und ein Endresultat: Die deutsche Niederlage nach 5 1/2 Jahren. Je länger der Krieg dauert, um so mehr haben die Summen der Fehler beider Seiten Zeit, anzuwachsen und sich aneinander anzugleichen. Statistischer Durchschnitt stellt sich ein. Das ist die Stunde der materiellen Überlegenheit. Sie zählt jetzt in erster Linie und: der Zufall!

Clausewitz:

> "Je langsamer aber der kriegerische Akt abläuft, je häufiger und länger er zum Stehen kommt, um so eher wird es möglich, einen Irrtum gutzumachen, um so dreister wird also der Handelnde in seinen Voraussetzungen, um so eher wird er damit hinter der Linie des Äußersten zurückbleiben und alles auf Wahrscheinlichkeiten und Vermutungen bauen. Was also die Natur des konkreten Falles an sich schon erfordert, ein *Wahrscheinlichkeitskalkül* nach den gegebenen Verhältnissen, dazu läßt der mehr oder weniger langsame Verlauf des kriegerischen Aktes mehr oder weniger Zeit. ..."

> Wir sehen hieraus, wie sehr die objektive Natur des Krieges ihn zu einem Wahrscheinlichkeitskalkül macht; nun bedarf es nur noch eines einzigen Elementes, um ihn zum *Spiel* zu machen, und dieses Elementes entbehrt er gewiß nicht: es ist der *Zufall*. Es gibt keine menschliche Tätigkeit, welche mit dem Zufall so beständig und so allgemein in Berührung

---

283 Weißbuch 1985, S.29.
284 Liddell Hart, Infanterie von Morgen. Potsdam, Foggenreiter Verlag 1934, S.29.

stände, als der Krieg. Mit dem Zufall aber nimmt das Ungefähre und mit ihm das Glück einen großen Platz in ihm ein.[285]

Die Sowjetunion könnte sich deshalb ausrechnen, daß ein langandauernder Krieg letztlich über alle Zufälle mittelt und den stärkeren Ressourcen den Sieg schenkt - so wie in beiden Weltkriegen den Alliierten. Doch einen langen Abnutzungskrieg zur Abschreckung anzudrohen hieße für die NATO, die Zerstörung des Schlachtfeldes Europa zur Grundlage der Strategie zu machen. Sind die Gewinnchancen gleich verteilt oder gar für den Angreifer besser als für den Verteidiger, mag die Sowjetunion überdies hoffen, den Krieg doch schnell zu gewinnen.

Auch die NATO könnte *in einem Kriege* auf den Zufall der besseren eigenen Strategie, besserer operativer Führung und besserer Taktik, besserer Waffen und besseren Nachschubs setzen - und vielleicht wirklich "gewinnen". *Ob* die besseren Entscheidungen auf seiten der NATO getroffen werden, ob der Zufall auf seiten der NATO oder auf seiten des Warschauer Paktes steht, das zeigt aber erst die Geschichte. Doch in der Geschichte waren viele, wenn nicht die meisten Entscheidungen im Kriege falsch, falsch wie die Nachrichten.

Auf Fehlervermeidung, auf richtig verstandene "nukleare Signale" oder gar auf Glück und Genie hoffen, ist deshalb zur *Kriegsverhütung* absolut ungeeignet. Denn der Gegner mag sich ähnlichen Hoffnungen hingeben und sich so ebenfalls Chancen errechnen.

Wie aber kann erreicht werden, daß sich ein Angreifer in Europa *vor* jedem Angriff ausrechnen kann, daß er mit sehr hoher *Wahrscheinlichkeit* seine Ziele nicht erreichen kann? Nicht erreichen kann, weil das Spiel des Krieges gegen den Angreifer läuft, weil der Angreifer von Anfang an mit den schlechteren Chancen spielen muß als der Verteidiger? Gibt es also eine Strategie, die die Wahrscheinlichkeit des Sieges von vornherein und auch für den Gegner ersichtlich entscheidend zugunsten des Verteidigers beeinflußt?

Die hier vertretene These ist, daß es eine solche Strategie gibt. Um sie zu entwickeln, mußte wieder einmal eine Anleihe bei jener erfolgreichen Angriffsstrategie gemacht werden, die von Liddell Hart, Guderian, de Gaulle und anderen vor dem Zweiten Weltkrieg entwickelt wurde und die die raumgreifenden Schlachten des Zweiten Weltkrieges überhaupt erst ermöglichte. Denn die Strategie der Verteidigerüberlegenheit beruht letztlich auf denselben militärischen Grundüberlegungen, wie die der Angreiferüberlegenheit des Zweiten Weltkrieges.

Um diese Grundüberlegungen nachvollziehen zu können, muß man sich einmal fragen:

---

285 Clausewitz, Vom Kriege. S.105.

Warum hat denn die deutsche Wehrmacht mit unterlegenen Streitkräften in Frankreich gesiegt, ist sie mit weit unterlegenen Streitkräften bis vor die Tore von Moskau und Leningrad gekommen? Die übliche Antwort lautet: Weil sie eine Armee war, die in rudimentärer Form das hatte, was NATO- und Warschauer-Pakt-Armeen von heute bis zum Exzeß auszeichnet: Eine Armee, entwickelt für schnelle Bewegung durch die Kombination von Panzer, Luftwaffe und mechanisierter Infanterie. Weil in einer solchen Armee der Grundsatz gilt: Wer die Initiative hat, kann mit einer kleinen Armee eine sehr viel größere schlagen.

Dieser Grundsatz, wieder und wieder bestätigt in den Kriegen der letzten Jahrzehnte, vom Zweiten Weltkrieg in Europa und Afrika, über die Kriege in Nahost (1967 und 1973), erscheint für Armeen der derzeitigen Struktur fast als ehernes Gesetz. Leicht vergißt man deshalb zu hinterfragen, *warum* denn Initiative bei Armeen der Struktur von heute derartige Vorteile bringt. Fragt man so, bekommt man Antworten aus vielen Ebenen: aus der Waffentechnik, der Taktik, der operativen Planung und der Strategie. Dabei zeigt sich, daß auf allen diesen Gebieten, vor allem aber auf dem der Strategie und der operativen Führung, in genialer Weise bewußt die Siegeschancen für einen Angreifer erhöht, die eines Verteidigers aber tief gesenkt wurden.

Charles de Gaulle:

> "Der Gegner, der gleichzeitig in Flandern, in den Ardennen, in Lothringen, im Elsaß, an der burgundischen Pforte angreift, führt konzentrische Schläge. Wenn er an *einem* Punkt siegt, zerschmettert er das ganze System der französischen Verteidigung."[286]

Liddell Hart über das britische Heer zu Ende des Ersten Weltkriegs:

> "Es lernte die neue Kampfart der Deutschen: die Taktik des Einsickerns, des Einbohrens der Stoßtrupps in die erkannten *schwachen Stellen* der feindlichen Front."[287]

Und:

> " ... empfiehlt es sich, so *viele Finger* wie möglich vortasten zu lassen und sie weit zu spreizen. Weite Gliederung vergrößert in diesem Falle die Möglichkeit, *eine* Flanke oder *Lücke* zu finden."[288]

Was bedeutet das für die statistische Wahrscheinlichkeit des Erfolgs im Spiel des Krieges?

Es bedeutet zunächst einmal, daß der Angreifer mit vielen Karten spielt und an fast beliebig vielen Stellen Fehler machen kann. Sein Angriff bleibt dann dort eben lie-

---

286 de Gaulle, Charles: Vers l'Armée de Métier. Paris 1934, S.10f.(Hervorhebg. von mir).
287 Liddell Hart, Infanterie von Morgen. Potsdam, Foggenreiter Verlag 1934, S.25f. (Hervorhebg. von mir).
288 Liddell Hart, a.a.O., S.50. (Hervorhebg. v. mir).

gen. Findet er aber mit seinen "ausgespreizten Fingern" *eine* schwache Stelle, wendet sich schon das Kriegsglück zu seinen Gunsten. Erfolgschancen für den Angreifer trotz *vieler* Fehler selbst gegen einen Verteidiger, der nur *einen einzigen* Fehler macht - das ist bewußtes Nutzen höherer *Erfolgs-Wahrscheinlichkeit für den Angriff* durch diese Strategie.

Dann aber setzte der zweite Zug jener Strategie an:

Liddell Hart:

> "Es lag ihm der Gedanke zugrunde, daß diese Kampfgruppen die Front des Gegners ab-pochen sollten, *um schwache Stellen zu erkunden* und daß sie sich dann zwischen die feindlichen Schützen und MG-Nester einbohren sollten. ... Durch dieses Kampfverfahren wurde *eine schwache Stelle ausgehöhlt und ausgeweitet*, bis eine breite Bresche entstand. Reserven waren nicht mehr dazu da, Mißerfolge auszubügeln. Es war fortan ihre Aufgabe, errungene Erfolge kräftig auszuweiten. Die Ergebnisse waren vorzüglich."[289]

Diese Beschreibung der Stoßtrupptechnik der Deutschen im Ersten Weltkrieg und ihre Übernahme für die neue Strategie[290] zeigen den bewußten Versuch, die *Wahrscheinlichkeit* des entscheidenden *Durchbruchs* zu erhöhen, statt durch den Einsatz der Reserven an schwachen Stellen den statistischen Durchschnitt der aussichtslosen Materialschlacht wiederherzustellen. Doch die Truppen des Ersten Weltkrieges waren nicht in der Lage, solche Durchbrüche auszunutzen, nachdem die Reiterei, die bis dahin schlachtentscheidende Truppe, durch die Waffenentwicklung ausgefallen war. Eine neue Durchbruchswaffe mußte deshalb an ihre Stelle gesetzt werden: Die mechanisierten und gepanzerten Divisionen.

Die Chancen des Angreifers erhöhen sich noch einmal drastisch, wenn es ihm gelingt, dafür zu sorgen, daß beim Verteidiger *alles* schiefgehen *muß*. Chaos *auszunutzen* war schon immer Ziel und Methode der "schnellen Truppen". Chaos zu *säen* war in geradezu idealtypischer Weise eine der Ausgangsüberlegungen der Angriffsstrategien des Zweiten Weltkrieges. Dazu wollte man ursprünglich die Vernichtung der feindlichen Divisionen in den fürchterlichen Materialschlachten des Ersten Weltkrieges dadurch ersetzen, daß man die Führungsstäbe des Verteidigers durch die neuen gepanzerten Stoßtruppen aushob und so den Verteidiger in ein führungsloses Chaos stürzte:

> "Zu diesem Zweck wurde ein plötzlicher Durchbruch schneller Panzerverbände vorgeschlagen. Diese sollten rücksichtslos zu den verschiedenen feindlichen Stäben vorstoßen und sie entweder einkreisen oder zersprengen. Inzwischen sollten alle verfügbaren Bomber die Versorgungsstützpunkte sowie die Straßenknotenpunkte angreifen. ... Erst dann sollte die

---

289 Liddell Hart, a.a.O., S.27. (Hervorhebg. von mir).
290 vgl. dazu auch: Deighton, Len, Blitzkrieg. Bayreuth, Hestia 1980. S.131f.

feindliche Front in der bisher üblichen Weise angegriffen und die Verfolgung nach dem gelungenen Durchbruch aufgenommen werden."[291]

Dabei sollte die Luftwaffe als Vorhut der Panzer operieren, die Panzer zu ihren Operationszielen führen und die Kommandeure der Panzerbrigaden über ihre jeweiligen Abschnitte fliegen, damit sie die Operationen verfolgen und leiten konnten.

Doch sehr schnell fand man heraus, daß es nicht einfach war, gegnerische Stäbe schnell zu finden und auszuheben. Es zeigte sich zudem, daß eine so puristische Durchführung des Prinzips, statt Feuer Chaos an den Verteidiger heranzutragen, auch nicht notwendig war. Denn das Auftauchen der durchgebrochenen Panzerverbände hinter dem Rücken des Gegners und in seinen Bereitstellungsräumen produzierte dieses Chaos ohnehin. Aber auch die Art und Weise, wie diese Panzerverbände operieren sollten, war vollkommen auf optimale Chancen für den Angreifer ausgerichtet:

> "Mit Panzern, selbstfahrender Artillerie und Luftunterstützung sollte jetzt eine 'masse mouvante' entstehen, deren Teile *selbsttätig die günstigste Stellung aufsuchen, um der Lage entsprechend zu handeln.*"

schrieb Guderian[292] unter Berufung auf de Gaulle.

Mit dieser sich bewegenden Masse sollte

> "... einheitlich auf breiter Front und in tiefer Gliederung mit großer Wucht der überraschende Einbruch in den Feind erfolgen. Jede Einheit der Panzerbrigade strebt ihrem Angriffsziel zu, so schnell es der Widerstand des Gegners gestattet."[293]

Unterstützt werden sollte dieser Durchbruch durch die Luftwaffe.[294]

In diesen Sätzen klingt gleichzeitig ein weiteres Grundprinzip der damals neuen Angriffsstrategie mechanisierter Truppen an:

Liddell Hart:

> "... der Führer jeder Einheit in Kompanie, Bataillon oder Brigade (soll) *selbsttätig* seine Reserven dort zur Unterstützung einsetzen, wo eine der vorderen, ihm unterstellten Einheiten *besser* vorankommt."[295]

---

291 Fuller, J.F.C.: Die entartete Kunst Krieg zu führen. Köln, Verlag Wissenschaft und Politik 1964, S.268.

292 Guderian, Heinz: Die Panzertruppen. Berlin, Mittler & Sohn 1943, S.42, (Hervorhebg. v. mir).

293 Guderian, a.a.O., S.28.

294 Charles de Gaulle spricht von einer "groupe d'aviation d'observation", die jeder der sechs Liniendivisionen, die er fordert, folgen soll, die vollmotorisiert sind und jede allein autark operiert. Charles de Gaulle, Vers l'Armée de Métier, S.101f.

295 Liddell Hart, Infanterie von Morgen, S.29. (Hervorhebg. v. mir).

Charles de Gaulle:

"Die persönliche schnelle Entscheidung auf jeder militärischen Ebene ist das Prinzip. ... In einer Armee, in der die autonome Kampfführung das oberste Gesetz ist, kann man sich nicht auf die Ausführung von Befehlen von oben beschränken, kann man nicht mehr die vorgesetzten Stellen befragen. ... Die Initiative wird souverän".[296]

Autonome Kampfführung aber heißt: Fortfall von Befehlsketten und damit weniger Fehlermöglichkeiten. Weniger Fehlermöglichkeiten bedeutet, seine Chancen im Glücksspiel des Krieges zu erhöhen.

Wie wesentlich dieses Argument wiegt, das wird besonders deutlich, wenn man sich die Verteidigung gegen einen so gezeichneten Angriff ansieht. Wer, wie die NATO heute, mit beweglicher Verteidigung gegen einen solchen Angriff erfolgreich eine Linie verteidigen will, wer also das gewinnen will, was man heute "Vorneverteidigung" nennt, muß folgendes leisten:

1. Rechtzeitig und richtig erkennen, an welcher Stelle der Gegner dabei ist, die eigene Verteidigung zu durchbrechen.

2. Richtig einschätzen, ob diesem Durchbruch Einbrüche auch an anderen Stellen folgen können, um nicht zu früh alle Reserven einzusetzen.

3. Die Stoßrichtung des Gegners richtig erkennen oder vorhersagen.

4. Ein Konzept für den Gegenstoß der eigenen Streitkräfte ausarbeiten und in Befehle fassen.

5. Diese Befehle wiederum müssen - wie schon die Informationen vorher - zumindest über den Weg: Brigade - Division - Brigade, wenn nicht gar: Brigade - Division - Korps - Division - Brigade, laufen. Sie müssen auf jeder Ebene bearbeitet werden, und zwar richtig.

6. Die Einheiten, die dann zum Gegenstoß ansetzen, müssen am rechten Ort und zur rechten Zeit verfügbar sein.

7. Sie müssen die Befehle richtig verstehen.

8. Sie dürfen auch nicht durch Feindeinwirkung (z.B. Luftangriffe auf dem Marsch) daran gehindert werden, diese Befehle zeitgenau auszuführen.

9. Die Gegenstoßkräfte müssen zur vorgesehenen (hoffentlich richtigen) Zeit

10. am vorgegebenen (hoffentlich richtigen) Ort eintreffen.

---

296 De Gaulle, Vers l'Armée de Métier, S.166.

Dies alles *kann* gutgehen. Aber nehmen wir nur zehn Informationen, Entscheidungen, Handlungen oder sonstige Ereignisse an, die mit für den Ausgang entscheidenden Folgen "schiefgehen" *können* (Beispiel: Ausfall eines Stabes für zwei Stunden wegen Verlegung infolge Feuers oder Feindannäherung). Setzen wir außerdem ganz optimistisch für jede dieser entscheidenden Aktionen eine Wahrscheinlichkeit von 90% dafür an, daß alles wie vorgesehen funktioniert, *daß kein* Fehler passiert. Eine im Kriege sicher utopische Annahme, denn der Krieg ist das Gebiet des Ungewissen. Doch seien wir so optimistisch. Was ist das Ergebnis?

Mit etwa 35% Wahrscheinlichkeit tritt der gewünschte Erfolg ein, sind also die vorgesehenen Gegenangriffskräfte zur hoffentlich richtigen Zeit am hoffentlich richtigen Ort. *Mit 65% Wahrscheinlichkeit aber sind sie es nicht.*

Und wenn sie es einmal tatsächlich sein sollten: ob sie dann den angegriffenen Gegner werfen werden oder jedenfalls aufhalten, das ist wiederum ungewiß.

Dieser doch statistisch so sehr unwahrscheinliche Erfolg aber muß bei *allen* drohenden Durchbrüchen des Gegners eintreten. Mögen es eine, zwei oder zehn kritische Situationen sein, *ein* Versagen genügt, und die dünne, bewegliche Verteidigung bewegt sich nur noch ins Chaos.

Weißbuch 1983:

> "Bricht der Abwehrriegel zwischen Ostsee und Alpen, ist eine Verteidigung der Bundesrepublik und damit Mitteleuropas nicht mehr möglich."[297]

Natürlich wird auch beim Angreifer fast alles schiefgehen, was schiefgehen kann. Aber hier sind es sehr viel weniger Handlungen und Ereignisse, von denen der Erfolg des Angriffs abhängt. Betrachtet man seine Entscheidungsketten, so sind sie kürzer. Ihm hilft so die aus der Technik her allgemein bekannte Erfahrung, daß eine Maschine um so weniger störanfällig ist, je weniger Teile sie hat, die kaputtgehen können.[298] Er kann zudem - wie schon 1940 in Frankreich erprobt - an einer Reihe von *ihm* festgesetzter Schwerpunkte angreifen und sehen, wie weit er kommt. Dort, wo es erfolgversprechend aussieht, wird er weiterstoßen. Für jede von ihm selbst ausgewählte Stelle eines Durchbruchsversuchs kann er Reserven bereitstellen, die er sofort mit vorgefertigten Befehlen in die Schlacht führen kann, wenn der Durchbruchsversuch erfolgreich verläuft. Erst für die zweite Welle oder gar dritte muß er umformieren, doch dafür hat er Zeit.

---

297 Weißbuch 1983, Ziff. 430.
298 Redundanz, d.h. Ersatz-Komponenten werden dabei nicht mitgezählt, sie können die Störanfälligkeit vermindern.

Jede Angriffsspitze mehr ist ein weiterer neuer Spielchip mit Gewinnchancen nur für den Angreifer, ist gleichzeitig eine neue tödliche Gefahr für den Verteidiger. Denn *ein* Durchbruch genügt, die Front zum Zusammenbruch zu bringen.

Ganz abgesehen also von dem rein militärtechnischen Vorteil, den der Angreifer durch überraschendes Zerschlagen der Luftwaffe des Angegriffenen auf den Flugplätzen erringen kann, sagt deshalb schon die Wahrscheinlichkeitsrechnung dem Angreifer den Sieg sehr verläßlich voraus. Das Ungewisse des Krieges so in Wahrscheinlichkeiten gebändigt und in den Dienst des Angriffs gestellt zu haben, das war die geniale Leistung jener militärischen Denker zwischen beiden Kriegen. So wurden diese Militärstrategie und die langsam nach ihren Anforderungen umgeformten Armeen das ideale Instrument für eine ganz bestimmte Politik:

J.F.C. Fuller:

"... des Verfassers *Theorien sind offensiv* und erfordern eine offensive Strategie. Diese zwingt ihrerseits zu einer *aggressiven politischen Zielsetzung.* Deshalb hängt die Frage ihrer Anerkennung, Ablehnung oder Modifizierung von der Friedenspolitik der späteren Kriegführenden ab ..."[299]

Kein Wunder, daß Adolf Hitler der einzige Staatsmann war, der vor dem Zweiten Weltkrieg seine Armee für diese Strategie zu formen begann.

Simulationsmodelle nach den heute üblichen Spielregeln (Lanchester-Modelle) oder NATO-Manöver geben auch diese Probleme der beweglichen Verteidigung gegen moderne Angriffsarmeen meist nicht wieder. In der Simulation wird angenommen, daß der Gegenstoß zur richtigen Zeit am richtigen Ort ankommt,[300] im NATO-Manöver wird nötigenfalls so lange gewartet, bis der Verteidiger angetreten ist, da das Manöver sich ja in einem vorgesehenen Raum entwickeln muß.[301] Modelle und Manöver, die die Wahrscheinlichkeiten und Unwahrscheinlichkeiten richtiger operativer Entscheidungen *nicht* berücksichtigen, übertreiben aber die geringe Effizienz der beweglichen Verteidigung um einen unbekannten Faktor, der leicht größer als 3 (wie in unserem Rechenbeispiel) werden kann.

Die geschichtliche Erfahrung der Überlegenheit derjenigen modernen mechanisierten Armee, die die Initiative ergreift, hat also eine *statistische Grundlage.* Anders ausgedrückt: Der Angreifer stellt Murphy's Law in seinen Dienst. Der Verteidiger kämpft verzweifelt gegen das Ungewisse des Krieges, den Zufall, kämpft gegen Murphy's Law.

---

299 Fuller, Die entartete Kunst Krieg zu führen, S.268.
300 Modelle, die die Ungewißheiten der operativen Entscheidungen berücksichtigen, waren Anfang der 80er Jahre in Arbeit. Die Ergebnisse sind mir nicht bekannt.
301 Was den belgischen General Close in seinen Zweifeln an der NATO-Strategie sehr bestärkte (persönliche Mitteilung).

Noch einmal anders formuliert: Durch geniale Ausnützung von Murphy's Law im Kriege konnte die Angriffsstrategie der Guderian, de Gaulle, Liddell Hart den alten Erfahrungssatz, "daß die Verteidigung bei vorausgesetzten gleichen Mitteln leichter sei als der Angriff", überwinden.[302]

So wird verständlich, warum kleine Kräfte im *Angriff* große schlagen können. So wird aber auch verständlich, daß in solcher Verteidigung kein Weg für den zahlenmäßig Schwächeren gefunden werden kann, der ihm verläßlich und erkennbar die Position "Verteidigung gewinnt", die Verteidigerüberlegenheit, garantiert. Das aber ist die Voraussetzung für eine konventionelle Abhaltungsstrategie.

IV.4.4   Die Strategie der Verteidigung mit dem zweiten Schuß.

Betrachtet vom hier behandelten Gesichtspunkt der Chancen im Wechselspiel des Krieges sind die Konzepte defensiver Verteidigerüberlegenheit, Konzepte, die bewußt das *Gegenteil* von dem anstreben, was die Guderianschen Konzepte für die Angriffsarmeen des Zweiten Weltkrieges auszeichnete: Machte man in der Angriffsstrategie damals bewußt die Kette der Handlungen, Zufälle und Entscheidungen, von denen der *Angriffserfolg* abhing, für den *Angreifer* kurz, machen die Konzepte der Verteidigerüberlegenheit gezielt Handlungs- und Entscheidungsketten beim *Verteidiger* wieder kürzer als beim Angreifer. So erhöhen die Ende der 70er Jahre entwickelten Konzepte defensiver Verteidigung gezielt die statistische Wahrscheinlichkeit des "Verteidigungserfolgs". Grundlage dafür ist:

Ein Netz von Verteidigern, die in vorbereitetem Gelände, das sie kennen, mit Sperrmitteln, Panzerabwehrraketen, Präzisionsmörsern und mit Luftabwehrgerät ausgerüstet sind und die durch ein Netz weitreichender Artillerie unterstützt werden, die bereit steht, auf Abruf durch die Verteidiger Feuer auf jeden gewünschten Ort zu konzentrieren, kennt nur kurze Ereignissequenzen. Jede Einheit, jedes "Modul" dieses Netzes hat denselben Befehl: Dem Angriff des Gegners so viel wie möglich zu schaden. Das Versagen eines "Moduls" führt nicht zum Zusammenbruch des Systems.

Charles de Gaulle:

"Es wird keine Befehle von oben geben. Die Entscheidungen fallen am Platze!"[303]

---

302 Clausewitz, Vom Kriege, S.511.
303 De Gaulle, Charles: neue Ausgabe 1944, S.206.

Derart gezeichnete defensive Verteidigung nützt so optimal dasjenige Prinzip, das der Überlegenheit der Auftragstaktik über die Befehlstaktik zugrunde liegt. Dasselbe Grundprinzip, das bis zum äußersten getrieben die *Angriffs*strategie für die mechanisierten Verbände des Zweiten Weltkrieges trug.

Hier multiplizieren sich die Wahrscheinlichkeiten *nicht* wie bei der beweglichen Verteidigung von heute. Denn nicht eine Kette voneinander abhängiger Handlungen muß nacheinander wie vorgesehen funktionieren, sondern viele, voneinander unabhängige Verteidigergruppen wirken voneinander unabhängig auf den Angreifer ein, ohne daß ein Mißerfolg hier einen zweiten Mißerfolg dort nach sich ziehen müßte. Strategische Entscheidungen mit weitreichenden Folgen muß der Verteidiger nicht mehr treffen. Fehler mit katastrophalen Folgen *kann* er deshalb gar nicht mehr machen. Nimmt man in einem solchen Verteidigungsnetz aus unabhängigen Modulen die Wahrscheinlichkeit, daß der Auftrag erfüllt wird, für jede Einheit wieder mit 90% an, so hat in diesem Netz auch die Gesamtverteidigung 90% ihrer maximal möglichen Wirksamkeit - und nicht eine Abwehrchance von 36% oder weniger, wie heute.

Dem Gegner dagegen werden laufend äußerst schwierige und folgenreiche Entscheidungen abgenötigt. Er kann und wird entscheidende Fehler über Fehler machen. Er hat die Nachschubprobleme, wenn er sich verschossen hat. Er muß den Nachschub wieder durch das besetzte Gebiet bringen, wo er vom Verteidiger weiter bekämpft wird. Er läuft immer wieder auf Sperren auf, wird von 40 km weit entfernt aufgestellter Artillerie plötzlich mit Minen oder Präzisionswaffen überschüttet und erfährt schwere Verluste, weiß aber nicht, wohin er sich wenden soll. Er weiß nur, daß links und rechts neben der Einheit, auf die er gestoßen ist, ähnliches droht und das Stehenbleiben seine Überlebenschancen ebenfalls verringert. Seine Soldaten stehen so in der dauernden Furcht vor unsichtbarem Feind.

Der Verteidiger dagegen kann im Frieden und im Spannungsfalle seine Kampfmittel bereitstellen, kann mit weitreichender Raketenartillerie Konzentrationen bekämpfen, ohne zu fahren. Er ist der Swinegel, der Angreifer wird zum Hasen. Der Angreifer kämpft gegen Murphy's Law, der Verteidiger dieses Mal mit.

Durchbruch ist nicht möglich, wenn das Verteidigungsnetz genügend Tiefe hat. Der starke Anreiz, mit Einsatz der letzten Kräfte und Mittel doch noch die Entscheidung zu erzwingen, wird dem Gegner so von Anfang an genommen. Ein Faktor, der zum "äußersten" wirkt (Clausewitz), ist so eliminiert, die Begrenzung auf eine Kriegsführung, die noch nicht das zerstört, was verteidigt werden soll, erleichtert.

So entwickelte sich eine Militärstrategie, die bei den Waffensystemen beginnt, die moderne Technik zur Verfügung stellen kann, die auf einer Taktik beruht, die selbständigem Handeln und dem natürlichen Selbsterhaltungstrieb des Soldaten mehr Raum einräumt als jede andere Taktik, und deren Prinzipien der operativen Führung die Wahrscheinlichkeit des Abwehrsieges statistisch optimieren. Damit kann Verteidigung wieder zur weitaus stärksten Kampfform werden.

Unverändert bleibt das politisch-strategische Ziel der NATO: die *Defensive* gegen eventuelle sowjetische Übergriffe und Pressionen. Ihr leistet die neue Doktrin das, was die alte, die "Flexible Reaktion", in ihrer bisherigen Form leisten sollte, aber nicht leisten kann.

Oder, wenn man die gewohnte NATO-Terminologie nicht aufgeben möchte:

Defensive Verteidigung, strukturelle Verteidigerüberlegenheit in Europa, *ist die angemessene Antwort*, die flexible Reaktion auf sowjetische Bedrohung.

IV.5 Wechselseitige Überlegenheit in der konventionellen Verteidigung - Eine NATO-Strategie für Europa, die amerikanische und europäische Interessen befriedigt?

Armeen, die sehr stark in der Abwehr sind, aber nicht angreifen können, kann man natürlich nicht als Droh- und Zwangsmittel in politischen Krisen gebrauchen. Vor allem dann, wenn auch bei Kernwaffen eine stabile nukleare Situation geschaffen werden sollte, in der das Druckmittel *ungewollter* nuklearer Eskalationen entfällt[304], wird so das militärische Mittel für keinen anderen Zweck mehr tauglich als zur Verteidigung des eigenen Landes. Für die Sicherung geographisch weit entfernter Interessen, z.B. die Ölinteressen am Persischen Golf oder die Falkland-Inseln, taugt es nicht. Das ist eine wesentliche Einschränkung der Tragweite des Prinzips. Wenn das Memorandum "Discriminate Deterrence" feststellt, daß für die USA die Notwendigkeit bestehen bleibe, Aggressoren an Orten abzuschrecken oder zu besiegen, die den Gegnern sehr viel näher gelegen sind als den USA[305], wird deshalb klar, warum es Streitkräfte fordert, die konventionell und nuklear, gleichzeitig für Verteidigung *und* Angriff geeignet sind.[306]

Die Notwendigkeit, "Interessen" auch weit entfernt vom eigenen Lande und in der geographischen Zone von Gegnern sichern zu müssen, ist typisch für Weltreiche,

---

304 vgl. zu dem Gebrauch nuklearer Instabilität in Krisen oben Kap. II.2, (Kernwaffenglaube Nr.4).
305 S.10 des Memorandums "Discriminate Deterrence".
306 Hauptpunkt, S.2 des Memorandums, S.65f. Vgl. auch S.64 und 68, wo auf die Unmöglichkeit hingewiesen wird, die amerikanischen Interessen in einem Zustand wechselseitiger Abschreckung zu verteidigen, der Kernwaffen unanwendbar macht. Vgl. auch oben Kap. III.1.

für Imperien. Defensive Strategien taugen also zur Sicherung von Imperien nicht. Also können sie auch keine allgemein anerkannte Strategie werden?

Die Antwort hängt von der Entwicklung von zwei miteinander verwobenen Faktoren ab:

Da ist einmal der politische Faktor. Inwieweit lassen sich Imperien in der Zukunft überhaupt noch halten? Geht denn der Trend zu einer Zweiteilung der Welt - oder gar zu einer Weltherrschaft einer der Supermächte? Geht er nicht doch allen Anzeichen nach in Richtung auf eine multipolare Welt mit mehreren Machtzentren, die dann aber ihre Interessen logischerweise eben sehr viel weniger weit geographisch gestreut in *ihrem* Raum, in Ostasien, in Europa, auf dem indischen Subkontinent oder wo auch immer, sehen und schützen müssen? Sind nicht auch Möglichkeiten und Nutzen der Supermachtinterventionen außerhalb ihrer Sphären, ja selbst in ihrer Nähe, seit Beginn des Jahrhunderts stetig zurückgegangen? Konnte noch um die Jahrhundertwende das Deutsche Kaiserreich mit Kanonenboot-Diplomatie in China eine Kolonie gründen (Tsingtau), wäre der Versuch einer Supermacht heute, ähnliches zu versuchen, absurd. Die amerikanische Intervention in Vietnam kosteten die USA 50 000 Tote - und scheiterte kläglich. Die sowjetische Intervention in Afghanistan, unmittelbar an den Grenzen der Sowjetunion, ebenfalls.[307] Die amerikanische Intervention im Libanon 1957 war noch ein gewisser Erfolg. 1983 aber mußten sich die USA ohne jeden Erfolg aus dem Libanon zurückziehen. Die amerikanische Intervention in der Enge von Hormus führte zu mehr Angriffen auf Tanker als vorher - und zum Abschuß des iranischen Airbus. Ob sie daneben überhaupt irgendeinen positiven Effekt erreichen konnte, ist offen.

Abnehmende Nützlichkeit von Interventionen und politischer Trend zu Mehrpolarität hängen eng miteinander zusammen, werden aber auch noch durch den zweiten Faktor mitbestimmt: die Entwicklung der Militärtechnologie. Offensichtlich zu Recht sieht das zitierte Memorandum "Discriminate Deterrence" als besonderes Problem, daß die neue, verbesserte Waffentechnologie, die die Verteidigung begünstigt, in der Hand kleinerer Mächte[308] die Fähigkeit der Vereinigten Staaten beeinträchtigen wird, ihre Interessen weltweit mit militärischen Mitteln zu schützen. Was wiederum den Trend zur Multipolarität verstärken und die politische Nützlichkeit defensiver Strukturen erhöhen wird.

Die Tragweite globaler wechselseitiger Verteidigerüberlegenheit der Supermächte endet also *vor* dem Schutz weltweiter Supermachtinteressen. Heute kann die Welt

---

307 Sehr aufschlußreich dazu Rühle, Hans: "Warum große Mächte kleine Kriege verlieren", Süddeutsche Zeitung, 24.2.1989, S.11.
308 S.10 des Memorandums "Discriminate Deterrence". Vgl. oben Kap. III.1

aber noch - wenn auch in abnehmendem Grade - in Interessensphären der beiden Supermächte geteilt gesehen werden. Wollen sie diese Sphären erhalten und schützen, müssen die Supermächte entweder weltweit einsetzbare überlegene Streitkräfte bereitstellen, oder aber Interesse für Interesse, Einflußzone für Einflußzone, spezifische politische und militärische Sicherheitsstrukturen aufbauen.

Beschränken wir uns deshalb jetzt auf die Frage: wieweit taugt Verteidigerüberlegenheit als ein solches Instrument zur regionalen Sicherung der amerikanischen und europäischen Interessen gegen die Sowjetunion in *Europa*? Der Einwand, mit Strategien der Verteidigerüberlegenheit ließen sich die amerikanischen und europäischen Interessen nicht schützen, ist hier dann schlüssig, wenn das politische Ziel des westlichen Bündnisses wäre oder würde, die Sowjetunion zurückzudrängen. Schlüssig war er also für die alte Deutschland-Politik, die letztlich "roll-back-Ansprüche" darstellte. Doch wer die Überwindung der Spaltung Europas durch militärische Entspannung und Kooperation will, für den ist die Sicherung Westeuropas vor sowjetischer militärischer Bedrohung und Erpressung notwendig und hinreichend. Sicherung Westeuropas vor der Sowjetunion ist aber unstreitig auch das Hauptinteresse der USA in Europa. Streitig ist allenfalls, ob und wieweit die USA darüber hinausgehende Interessen in Europa verfolgen. Sollten sie etwa Interessen an der Gängelung Westeuropas zeigen, decken sich die europäischen Interessen natürlich *nicht* mit denen der USA. Militärpolitik ist dann aber nicht die Ursache der Interessendivergenz, sondern allenfalls ein Mittel zur Gängelung oder zu deren Abwehr.

Wird in Europa effektive defensive Verteidigung, also Verteidigerüberlegenheit aufgebaut, sei es durch einseitige Änderungen der Verteidigungsvorbereitungen, sei es durch gleichzeitigen Abbau der Offensivkapazitäten des Warschauer Paktes, verliert der Warschauer Pakt die Option eines chancenreichen konventionellen Angriffs in Europa. Damit werden sowohl die Vereinigten Staaten als auch die Europäer von der Selbstmorddrohung des nuklearen Ersteinsatzes befreit. Nukleare Abschreckung kann dann auf die Abschreckung atomarer Angriffe beschränkt werden. Sie ist damit eher akzeptabel und glaubhafter - gleichgültig welchen Glauben an Kernwaffen man auch vertritt.[309] Unüberwindbare Interessengegensätze zwischen den USA und Westeuropa, wie sie einer gemeinsamen Verteidigungsstrategie entgegenstehen, die auf dem *Ersteinsatz* von Kernwaffen beruht, finden sich hier nicht.

Eine Kombination aus defensiver Verteidigung und derart reduzierter atomarer Abschreckung ist deshalb eine Verteidigungsstrategie für das Bündnis, die sowohl europäischen als auch amerikanischen Interessen entspricht, wenn und solange

---

309 oben Kap. II.3.2.

auch die USA in Europa nur die Abwehr sowjetischer Machtansprüche anstreben. Sollten aber die USA das Ende des Reformkurses in der Sowjetunion und die neue Festigung der Konfrontation anstreben[310], dann kann das Paradigma der Verteidigerüberlegenheit allerdings nicht amerikanischen und europäischen Interessen gleichzeitig dienen. Dann gibt es diese Interessengemeinsamkeit aber auch nicht mehr.

IV.6 Verteidigung gewinnt - auch im Weltraum?

Wer "Verteidigung gewinnt" als Kriterium für Sicherheitspolitik einführen will, kann nicht über das Problem der Abwehr strategischer Nuklearraketen (SDI) hinweggehen.

Wer aber über SDI redet, steht sofort vor der Frage, worüber er eigentlich spricht. Denn der Begriff "SDI" schillert von einer *Ablösung* der nuklearen Abschreckung durch Verteidigung der gesamten Bevölkerung der westlichen Welt bis zu einer *Verstärkung* der Abschreckung durch Verteidigung nur der Stellungen von Interkontinentalraketen über fast alle dazwischen liegenden Möglichkeiten.[311] Wer SDI verkaufen will - aus welchen Gründen auch immer - verkauft es unter dem Etikett, unter dem es ihm am besten verkäuflich erscheint. Wer SDI in den Boden verdammen will, sucht sich die Alternativen heraus, die am gefährlichsten erscheinen, oder am leichtesten zu widerlegen sind.

Verteidigung der Bevölkerung der USA, Halbierung, Dezimierung oder gar vollständiger Abbau der Angriffsraketen und *Ende der Abschreckung* ist das weitreichendste Programm, das unter dem Namen SDI segelt. Dieses Programm wurde vom amerikanischen Präsidenten Reagan immer wieder in den Vordergrund gerückt[312] und stellt den Idealtyp von "strategischer Raketenabwehr" dar. Dieser

---

310 George F. Kennan warnte in Die Zeit, 21.4.1989, ("Niemand will Neutralität") die USA vor den Konsequenzen, die es in Europa haben müßte, wenn sich der Eindruck festsetze, daß eine historische Chance verpaßt werde.

311 McNamara teilt die verschiedenen Vorstellungen in Kategorien und gibt eine Übersicht. McNamara, Robert: Blindlings ins Verderben. Der Bankrott der Atomstrategie. Reinbek, Rowohlt 1987.

312 Unter Präsident Bush scheint sich der Akzent wieder auf nukleare Vergeltung zu verlagern. Jedenfalls sollen die MX-Raketen mobil gemacht und durch eine zweite strategische Rakete ergänzt werden. SDI wird zurückgefahren, nicht aber aufgegeben. 10-100 000 kleine Raketen sollen ins All geschossen werden, die mit eigenen Sensoren versehen selbständig angreifende Raketen vernichten können sollen. Vgl. z.B. Frankfurter Rundschau, 27.4.1989: "Zurück zur Vergeltung". Ohne auf Details eingehen oder gar die Machbarkeit beurteilen zu können, soll hier nur festgestellt werden: Dieses neue SDI-Prinzip, das auf komplizierte Steuerung von Zentralen verzichtet, das "Entscheidungen nur am Ort der Rakete" fordert und bei dem eine Vielzahl von unabhängig agierenden Abwehrraketen eingesetzt

Idealtyp von SDI ist der Versuch, ein defensives System, Verteidigerüberlegenheit auf der strategischen Ebene, zu schaffen.

So weit so gut, aber jetzt erst beginnt das Problem. Jahrelang haben die sowjetischen Vertreter auf allen internationalen Konferenzen der 60er Jahre stereotyp wiederholt: "Wieso soll eine russische Abwehrrakete, die russische Menschen schützt, böse sein, eine amerikanische Angriffsrakete aber, die Millionen russischer Menschen tötet, gut?" Jahrelang haben amerikanische Vertreter in den 60er Jahren versucht, den sowjetischen Diplomaten, Soldaten oder Wissenschaftlern klarzumachen, daß das so einfach nicht ist. Warum?

Clausewitz sagt zu den Gesetzen des Krieges:

> "Es ist also der Akt des Angriffs im Kriege, vorzugsweise in der Strategie, ein beständiges Wechseln und *Verbinden von Angriff und Verteidigung* ... "[313]

Daraus folgt:

Krieg als frei verwendbares Mittel der Politik setzt Zwänge zur Vorbereitung von Angriff *und* Verteidigung. *Kriegsführungsfähigkeit* setzt Verteidigung gegen die Kriegsmittel des Gegners voraus. Das gilt auch im atomaren Zeitalter - jedenfalls so lange, wie die vollständige Vernichtung aller gegnerischen Kriegsmittel mit einem einzigen Erstschlag nicht zuverlässig möglich ist.

Damit aber steht SDI plötzlich in einem ganz anderen Licht: Denn jetzt erscheint SDI als notwendige Ergänzung der Angriffskomponente der strategischen Raketen durch die zur *Kriegsführung* ebenso notwendigen Verteidigungsmittel.

Oder:

Wer mit Kernwaffen Krieg führen können will, sei es zur Veränderung des Status quo, sei es, um mit der Drohung mit einem *Sieg* im Atomkrieg "nur" den Gegner abzuschrecken, muß seine strategischen Waffen durch SDI ergänzen.[314]

Daraus folgt: Fragt man nach der Eignung militärischer Mittel für die Aufgabe, Krieg in Zukunft unmöglich zu machen, ist das einfache Urteil, offensive Systeme sind schlecht, defensive Systeme sind gut, falsch.

Entscheidend für Kriegsverhütung ist, daß entweder die defensiven Systeme allen denkbaren Angriffssystemen so überlegen sind, daß jeder Angriff chancenlos ist (Kriegsverhütung durch Verteidigerüberlegenheit), oder aber ein Angreifer gerade

---

werden kann, entspricht dem Prinzip der kurzen Entscheidungsketten, das oben in Kap. IV.4.4 als Grundlage für erfolgversprechende militärische Strategien gezeigt und auch für defensive Verteidigung in Europa empfohlen wurde.

313 Clausewitz, Vom Kriege, S.769.
314 Näheres dazu in meinem Aufsatz: Der Morgen nach SDI, in Kursbuch 83, 1986, S.125-148.

wegen totaler Verteidigungsunfähigkeit mit vernichtenden Vergeltungsschlägen rechnen muß und deshalb den Angriff unterläßt (Kriegsverhütung durch Abschreckung). Zwischen beiden Extremen droht ein Krieg mit dem von Clausewitz geschilderten Zwang zum Äußersten.

Ob und wie dieser instabile Raum zwischen den stabilen Extremen umgangen werden kann, weiß man heute noch nicht. Schon die technische Möglichkeit verläßlicher Verteidigung gegen Raketen ist zweifelhaft und umstritten. Zunächst waren hochkomplizierte Systeme von boden- und weltraumgestützten Radarstationen, Abwehrraketen, die vom Weltraum, vom Boden oder von Flugzeugen aus gestartet werden sollten, und komplizierten Kommandozentralen vorgesehen. Doch ein "Schirm" aus so komplexen Elementen hat so viele Fehlermöglichkeiten, daß die Gesamtwahrscheinlichkeit seines Funktionierens (die das Produkt der Einzelwahrscheinlichkeiten ist) absolut unzureichend sein mußte.[315] Diejenigen, die sich ernsthafte Gedanken über die stabilitätsgefährdende Eigenschaft von Verteidigung gegen Interkontinentalraketen machten, konnten daher mit gutem Grund auf die Undurchführbarkeit der geplanten Verteidigung hinweisen. Es sieht so aus, als ob dies heute keine zureichende Reaktion auf das SDI-Programm mehr ist. Denn mit dem Konzept der "brilliant pebbles" (glitzernden Kiesel)[316] steht jetzt ein Verfahren zur Debatte, bei dem eine große Zahl *unabhängiger* Raketen im Weltraum *selbständig* gegen Angriffsraketen agieren sollen. Empfindliche, mit vielen Fehlerquellen behaftete Handlungsketten fehlen. Im statistischen Prinzip ist diese Raketenabwehr der oben vorgeschlagenen defensiven Verteidigung am Boden durch unabhängige Module vergleichbar. Die technische Machbarkeit der Verteidigerüberlegenheit im Weltraum erscheint deshalb heute zwar nach wie vor ungewiß - aber nicht mehr ausgeschlossen.

Doch mit der wechselseitigen Einführung von Verteidigungssystemen würden auf der strategischen Ebene zunächst einmal Kriegsführungsmöglichkeiten eröffnet. In einer Reihe von Konstellationen würde in der Abschreckungslogik sogar *nur* noch ein Erstschlag als rational erscheinen, weil Abwarten zu noch größeren Zerstörungen zu führen droht.[317] Will man diese katastrophenträchtige Konsequenz vermeiden, müßte der Aufbau einer beiderseitigen Verteidigung gegen Interkonti-

---

315 Wir fanden hier Handlungs- und Entscheidungsketten, die die bei der schon prekären NATO-Verteidigung von heute vorhandenen Komplikationen noch bei weitem übersteigt.

316 vgl. dazu z.B. The Times, 24.5.1988, "Smart Rocks to Hurl at the Invader"; International Herald Tribune, 26.4.1989, "New Emphasis for SDI - 10 000 Smart Pebbles"; Süddeutsche Zeitung (Aktuelles Lexikon), 8.5.1989, "Brilliant Pebbles".

317 Instabilitäten, Erstschlagszwänge ergaben sich auch in den meisten Fällen aus Modellen, die G. Mayer-Kress in jüngster Zeit in Los Alamos entwarf. Vgl. Süddeutsche Zeitung, 1.6.1989, S.12. Vgl. auch meinen Aufsatz: Der Morgen nach SDI, und Afheldt, H. und Philipp Sonntag: Stabilität und Abschreckung durch strategische Kernwaffen - eine Systemanalyse, in: Weizsäcker, C.F. von: Kriegsfolgen und Kriegsverhütung, a.a.O., S.303-416.

nentalraketen durch gemeinsame Anstrengungen beider Seiten geschickt um alle solchen instabilen Situationen herum zu wechselseitiger Verteidigerüberlegenheit geführt werden. Ob das möglich ist, ist völlig offen.

Notwendige Bedingung[318] dürfte jedenfalls sein, eine Verteidigung der Städte (Area Defense) z.B. durch die besagten "brilliant pebbles" erst dann einzurichten, wenn:

1. die Zahl der Angriffsraketen auf beiden Seiten drastisch auf ein Minimum unter 100 bis 200 Raketen reduziert worden ist.

2. Diese verbleibenden Angriffsraketen nicht durch einen Erstschlag getroffen werden können, also unverwundbar sind.

Schon daß weitgehende *gemeinsame* strategische Abrüstung eine notwendige Voraussetzung für einen solchen Übergang ist, macht deutlich:

SDI kann *nur dann* ohne extreme Gefahren für den Frieden Verteidigerüberlegenheit und damit eine stabilere Form militärischer Friedenssicherung schaffen, wenn der politische Grundkonflikt zwischen den beiden Supermächten so weit gelöst ist, daß die für einen solchen Übergang notwendige *extreme Kooperation* sicher gewährleistet ist.

Das aber ist nur möglich, wenn sich zwischen beiden Seiten ein Vertrauen in die längerfristigen militärischen Intentionen der Gegenseite bildet. Einübung in das neue Prinzip der Überlegenheit der Defensive auf der konventionellen Ebene in Europa wäre deshalb ein nützlicher, wenn nicht gar notwendiger Lernschritt.

Doch ob die Supermächte die für die Stabilisierung der strategischen Kernwaffen durch wechselseitige Verteidigerüberlegenheit notwendige enge Zusammenarbeit erreichen und durchhalten werden, das kann niemand voraussagen. Denn auch die andere Möglichkeit öffnet sich durch SDI: Die Verlagerung des Wettrüstens in den Weltraum. Der, der den Weltraum beherrscht, wird die Welt beherrschen, liest man in einschlägigen Zeitungen. Gnadenloser Kampf um die Vorherrschaft im Weltraum, und damit die Vorherrschaft auf der Welt zwischen den beiden Supermächten, ist deshalb eine ebenfalls mögliche Entwicklung. Das aber ist eine sehr viel schlechtere Alternative, als die des nuklearen Gleichgewichts von heute, das (noch) keiner Seite Siegeschancen eröffnet.[319]

---

318 Studien über solche nichtdestabilisierende Übergänge liegen noch in den Anfängen. Die hier gegebene Argumentation beruht auf dem Papier, das Alwin M. Weinberg auf der 37. Pugwash-Konferenz 1987 vorlegte (XXXVII-P 103). Das Papier ist ein Auszug aus Barkenbus/Weinberg, Strategic Defenses and Arms Control. New York, Paragon House 1988.

319 Eben das fürchtet auch die Sowjetunion, die sich zudem kaum Chancen ausrechnen wird, diesen Wettstreit zu gewinnen. Vgl. dazu Der Spiegel, Nr.47/1987, S.202ff.(208f.).

IV.7 Ethik, nukleare Abschreckung und Verteidigerüberlegenheit.

Max Weber unterschied zwischen Gesinnungsethik und Verantwortungsethik. Doch: Wenn Überleben, Sicherheit, Wohlstand und andere Werte eines Volkes es rechtfertigen, ja fordern, die persönlichen ethischen Standards ihrer Führer zu brechen, wo sind die Grenzen? Dieses alte Dilemma der Politik hat im nuklearen Zeitalter um Dimensionen zugenommen. Ist es ethisch oder unethisch, damit zu drohen, Millionen von unschuldigen Menschen im Land des Feindes zu töten, und in neutralen Ländern dazu, um Aggression und Krieg zu verhüten? Ist es ethisch, damit zu drohen, Kernwaffen nach einer konventionellen Niederlage einzusetzen? Was ist ethisch, wenn Abwarten in einer Krise bedeutet, mit hoher Wahrscheinlichkeit der konventionellen Niederlage entgegenzusehen? Wenn diese konventionelle Niederlage aber zwangsläufig vor die ebenfalls unlösbare Alternative stellen würde: Ersteinsatz von Kernwaffen und damit Zerstörung des europäischen Kontinents oder Kapitulation. Ist es unter solchen Umständen erlaubt, einen präemptiven konventionellen Angriff zu führen?

Politische und militärische Entscheidungsträger, die solche Entscheidungen treffen müssen, sind in derselben Entscheidungssituation wie die bedauernswerten Kommandanten der amerikanischen Schiffe im Golf von Hormus. Nur die Folgen sind um Dimensionen schwerwiegender. Welche Entscheidung sie auch immer treffen, das Ergebnis kann katastrophal sein.

Der frühere Bundeskanzler Helmut Schmidt wies in seiner Rede bei der Verleihung des Theodor-Heuss-Preises für Carl Friedrich von Weizsäcker darauf hin, daß Max Webers Unterscheidung von Verantwortungs- und Handlungsethik nicht mehr weiterhelfe, wenn Entscheidungen getroffen werden müssen, deren Folgen gar nicht abzusehen, also auch nicht gegeneinander abzuwägen sind.

Man kann es dabei belassen und hoffen, daß diese Entscheidungen nie getroffen werden müssen. Doch der Kommandant des amerikanischen Kreuzers mußte seine Entscheidung treffen. Und daß der durch seine Fehlentscheidung ausgelöste Abschuß des iranischen Jumbos nicht weitere Kettenreaktionen auslöste, die letztlich in einen großen Krieg führten, das konnte er weder sehen, noch ahnen, noch abwägen. Das verdankte er vor allem seinem Glück, nicht als führender Staatsmann in die gleiche Entscheidungsmisere gezwungen worden zu sein.

Soll der Begriff Verantwortungsethik nicht bar jeden Inhalts sein, dann muß meiner Ansicht nach das Aufbauen von Militärapparaten, die die Entscheidungsträger in der Zukunft zwangsläufig in solche unbewertbaren Entscheidungen führen, selbst gegen Verantwortungsethik verstoßen. Denn wenn es ethisch verantwortbar wäre, voraussehbar Entscheidungszwänge entstehen zu lassen, bei denen für die dann getroffene Entscheidung niemand zur Verantwortung gezogen werden kann, weil alle noch möglichen Entscheidungen gleich "unverantwortlich" sind, dann würde Verantwortung sich selber aufheben.

Es ist deshalb meine feste Überzeugung, daß Politik als die Kunst des Möglichen so gezeichnet werden muß, daß sie so weit wie irgend denkbar Situationen vermeidet und umsteuert, in denen Politiker oder Soldaten nur noch zwischen Akten wählen können, die alle ethisch oder moralisch zweifelhaft sind.

Stabilitätsorientierte Sicherheitspolitik durch Verteidigerüberlegenheit vermeidet so weit wie möglich die Begrenzung der Wahlmöglichkeiten auf Entscheidungen, die alle aus jeder Verantwortung herausfallen. Die Frage nach der ethischen Verantwortbarkeit alter Sicherheitspolitik in Europa, die auf nukleare Drohungen gestützt werden muß und die keine Krisenstabilität bieten kann, stellt sich von hier aus neu.

V. Die Realität von heute fordert Abstriche vom Ideal der strukturellen Verteidigerüberlegenheit.

Doktrinen und "Modelle" für Sicherheit sind nur dann *neu*, wenn sie *anders* sind als die bestehenden Verhältnisse. Der Gegensatz zwischen Idealvorstellung und Realität ist deshalb geradezu das Kennzeichen neuen Denkens. Lassen sich Vorstellung und Realität aber *nicht* in einer Weise *verbinden*, die zu besserer Sicherheit führt als das alte Denken, bleibt das "neue Denken" ein vergebliches intellektuelles Spiel.

Guderian schrieb vor dem Zweiten Weltkrieg:

> "In grauer Vorzeit bereits bestanden die Heere aus langsamen Infanteristen und aus schnell beweglichen Einheiten wie Streitwagen, Kriegselefanten und Reitern. Das Zahlenverhältnis zwischen beiden Gattungen schwankte je nach Führerwillen, Leistungsfähigkeit, Waffentechnik und Kriegszweck. ... Immer aber strebten große Feldherren nach entscheidender, also beweglicher Kampfführung, und suchten zu diesem Zweck die Zahl ihrer schnellen Truppen in ein günstiges Verhältnis zu den langsamen Einheiten zu setzen."[320]

Die Bundeswehr von heute ist deshalb Guderians Idealarmee, denn die Bundeswehr kennt praktisch nur *schnelle* Truppen, keine langsamen. Abgesehen von ein paar Heimatschutzverbänden besteht das Heer aus Panzer- und Panzergrenadierdivisionen, ist also voll mobil. Doch Guderian "bekam" nur die Wehrmacht - mit allenfalls 20% "schnellen Truppen" - der Rest zu Fuß und mit Pferdefuhrwerken. Trotzdem gelangen dieser Armee mit der neuen Angriffsdoktrin die großen Siege von 1939-1941. Die Abstriche vom Ideal haben der Strategie also nicht Abbruch tun können.

Historisch betrachtet wurden diese Schlachten mit einem *Übergangsmodell* vom Weltkriegs-I-Heer zu den NATO-Verbänden von heute gewonnen. Doch heute, wo Guderians Idealmodell Realität geworden ist, haben sich die Ziele geändert. Aus dem politischen Ziel: Eroberung und Angriff, wurde das politische Ziel: Erhalten, Verteidigen, Kriegverhüten. Auch dieses politische Ziel hat seine ideale Armee: die "no-first-shoot-Armee", die Armee, die in der Krise ohne Schaden abwarten kann und die in der Verteidigung dem Angreifer überlegen ist.

Die Vorstellungen für die Bewaffnung, Taktik, operative Führung, Logistik usw. dieser Idealarmee für die Erhaltung Mitteleuropas, die oben ausgebreitet wurden, sind denen des Ideals der Angriffsarmee Guderians diametral entgegengesetzt. Und damit auch der Realität. So wenig Guderian seine Idealarmee bekommen

---

320 Guderian, a.a.O., S.54.

konnte, so wenig hat je irgendein Vertreter alternativer Verteidigungsmodelle geglaubt, in der politischen Realität von heute sein Ideal, die optimale "Erhaltungsarmee", aufbauen zu können. Die Ideale der Angriffsarmeen der Fuller, de Gaulle und Guderian und der Erhaltungsarmee hatten beide zu ihrer Zeit stets nur eine Aufgabe: als Richtschnur für die Entwicklung neuer, den jeweiligen politischen Forderungen entsprechender militärischer Mittel der Politik zu dienen. Es sind die so entstehenden "Übergangsmodelle", mit denen Politik und militärische Führung leben müssen.

Die Verwirklichung der neuen Konzepte steht somit unter den Zwängen der bestehenden politischen und militärischen Realität. Der erste dieser Zwänge ist das Geld.

V.1 Was ist zu bezahlen?

Die Beschaffung der für die Defensivkonzepte notwendigen neuen konventionellen Präzisionswaffen dürfte aller Voraussicht nach ohne Steigerung des Verteidigungshaushaltes möglich sein. Dies ist auch die Auffassung der amerikanischen Verfasser der Studie "Discriminate Deterrence":

> "Diese modernen Waffen würden zwar nicht billig sein, doch würden ihre *Kosten nur einen kleinen Bruchteil der derzeitigen NATO-Militäraufwendungen* erfordern. Diese Kosten wären niedrig genug, um sie notfalls durch Umplanungen der vorgesehenen Mittel aufbringen zu können."[321]

Eingespart werden können bei defensiver Verteidigung insbesondere die sehr aufwendigen Kampfmittel großer Reichweite für den Einsatz gegen Ziele weit im Hinterland des Gegners ("Deep strike" des Rogers-Planes). Auch die bei Fortführung der derzeitigen mobilen NATO-Verteidigung notwendige "Verteidigung der Luftwaffe" durch eine äußerst kostspielige Verteidigung der Luftabwehrstellungen und Flugplätze gegen Raketen[322] und das Multimilliarden-

---

321 S.29 des Berichts "Discriminate Deterrence" (Hervorhebg. von mir).
322 Diese Raketenverteidigungs-Notwendigkeit ergibt sich aus der Empfindlichkeit der für die Mehrzweckarmeen von heute notwendigen militärischen Einrichtungen. Das Memorandum "Discriminate Deterrence" beschreibt diese Empfindlichkeit so:
"Das Problem der Verteidigung gegen Raketen ist dringend geworden durch die Erwerbung von ballistischen Raketen, die präzise genug sind, viele kritische Ziele in Europa mit konventionellen Sprengköpfen oder chemischen Waffen zu bedrohen. Zu den bedrohten Zielen gehören: Die Operationsbasen für taktische Kampfflugzeuge, Führungszentren und Nachschubzentren. Wir brauchen *sowohl aktive* wie passive Verteidigung gegen diese Raketen. Passive Maßnahmen sollen

Projekt "Jäger 90" werden überflüssig. So spricht vieles dafür, daß es mit der Nutzung der neuen Technik für defensive Verteidigung sogar möglich sein könnte, unser Land mit demselben finanziellen Aufwand zu verteidigen, den die derzeitige Verteidigungsstruktur allein zur "Verteidigung der Luftwaffe" benötigt.

Doch neue Waffensystyeme sind nur ein Teil des Aufwandes, der für den Übergang von der alten Idealarmee zur neuen notwendig wird. Soll die Verteidigung schnell wirksam werden können, damit der Gegner nicht durch überraschende Angriffe Vorteile erlangt (Krisenstabilität!), müssen Truppe und Material nahe an ihrem Einsatzort stationiert sein. Dasselbe fordert auch das Prinzip, die Verteidiger nur in ihnen genau bekannten Räumen einzusetzen, in denen sie auch im Frieden üben, um ihnen so einen weiteren Vorteil gegenüber dem Angreifer zu verschaffen. Das alles muß zwar nicht teurer sein als die derzeitige Stationierungsform, doch es ist *anders* als heute. Große Teile des Heeres müßten dezentralisiert und in neue Stationierungsräume nahe ihrer potentiellen Einsatzräume *verlegt* werden. Verlegung aber bedeutet neue Kasernen, Kosten. So gibt es vom finanziellen Aufwand her sicher Schranken für einen Übergang. Doch bietet der bei den neuen Verteidigungsformen möglich werdende Verzicht auf viele besonders teure Waffensysteme und Übungsformen (Tiefflug) genügend Spielraum, um sich der angestrebten Verteidigerüberlegenheit anzunähern. Geld ist also heute *nicht* das Hauptproblem.

Die Hauptprobleme liegen vielmehr in den politischen Bedingungen, unter denen sich das Konzept durchsetzen soll, und die vielfach noch von alten Vorstellungen geprägt sind. So wie in den 30er Jahren das neue Denken der Fuller[323], Guderian, de Gaulle sich an alten militärischen und politischen Vorstellungen stieß.

---

verbunkern, zerstreuen (auflockern), Vervielfachung kritischer Einrichtungen und Bereithalten von schnellen Reparaturmitteln erfassen." S.51.

323 J.F.C. Fuller legte 1936 sein Buch "Memoirs of an unconventional soldier" vor. Desgl. in: Fuller, J.F.C.: Die entartete Kunst Krieg zu führen. Köln, Verlag Wissenschaft und Politik 1964, S.268.

V.2 Der Tribut an bestehende politische Vorstellungen.

V.2.1 Was kann und muß von einer Strategie konventioneller Abhaltung gefordert werden?

Das Idealbild defensiver Überlegenheit ist das Bild einer Strategie, die die Erhaltung Westeuropas zum Ziel hat. Ihr Ziel ist also Verteidigung im Sinne von Clausewitz. Mittel dazu ist Abhaltung des Gegners durch Präsentieren einer erkennbaren Verteidigerüberlegenheit. Die Anforderungen an Abhaltung formulierte der damalige Leiter des Planungsstabes des Bundesministeriums für Verteidigung, H. Rühle, so:

> "Die konventionelle Verteidigungsfähigkeit, das heißt die Option der Direktverteidigung mit konventionellen Mitteln, ist so auszubauen, daß sie zur Abschreckung die Hürde konventioneller Erfolgschancen für einen Aggressor so hoch wie möglich ansetzt, *in der Verteidigung ein Stehvermögen erwirbt, das die Erhaltung der territorialen Integrität gewährleistet* und aus der Defensive Chancen für eine Kriegsbeendigung auch ohne nukleare Eskalation eröffnet. Mit anderen Worten: Der Angreifer müßte durch einen sichtbaren Mißerfolg mit der Möglichkeit eines nicht mehr einzudämmenden politischen Schadens konfrontiert werden."[324]

Diese politische Forderung beschreibt in idealtypischer Weise das politische Dilemma, in dem jede neue Verteidigungsdoktrin landet. Einerseits sind die in Normalschrift belassenen Bedingungen überzeugend. Sie müssen tatsächlich von jeder geeigneten Doktrin konventioneller Verteidigung erfüllt werden, soll die Verteidigung der Erhaltung unseres Landes und seiner Struktur dienen. Entsprechend der hier vorgestellten Militärdoktrin auf Verteidigung spezialisiert, könnte die NATO diese Bedingungen auch erfüllen. Denn sie wäre dann in der Lage, einen konventionellen Großangriff des Warschauer Paktes zum Stehen zu bringen, und zwar dauerhaft. Dies vor allem dann, wenn die defensive Verteidigungsstruktur den gesamten westeuropäischen Raum deckt, so daß dem Gegner jede Vorstellung von einem "Durchbruch" mit welchen Mitteln auch immer verwehrt wird. Defensive Verteidigung *erlaubt* so der politischen Führung, die politische Kriegsbeendigung ohne militärischen Zeitdruck zu suchen. Die derzeitige Verteidigungsform aber erfüllt diese Bedingungen nicht, denn sie steuert auf einen Punkt zu, an dem es von einer Stunde zur anderen keine konventionelle Verteidigung mehr gibt, weil nach einem *Durchbruch* eine

---

324 Rühle, Hans, Welche Strategie braucht die NATO? Soldat und Technik, Nr.5/1988, S.231.

Verteidigung zwischen Alpen und See nicht mehr möglich ist.[325] Doch das wird meist nur da zugegeben, wo man die Rolle von Kernwaffen begründen will.

Neuen Doktrinen hält man jedoch die richtig formulierten Bedingungen mit penibler Schärfe entgegen. Meint man dann gezeigt zu haben, daß es zumindest nicht *erwiesen* ist, daß sie den bewußt extrem scharf formulierten Anforderungen genügen, erklärt man stolz, es gäbe eben keine Alternative zur bestehenden Verteidigungsstrategie der NATO.[326]

Man mag sich darüber beklagen, so "ungerecht" mit seinen neuen Konzepten gewogen zu werden. Doch das hieße die Realität des Lebens verkennen. Veränderungen können sich stets nur dann hinreichend schnell durchsetzen, wenn die Argumente, die für sie sprechen, so viel besser sind als die der Verteidiger des Bestehenden, daß selbst Denkgewohnheiten und persönliche Interessen am Bestehenden schließlich weichen müssen.

Ein besonderes Kapitel für die Durchsetzung neuer Vorstellungen bieten allerdings die "falschen Asse", die zur Verteidigung der bestehenden Struktur benutzt werden. Das erste dieser falschen Asse ist die oben in Italics wiedergegebene Forderung, daß die ... *Verteidigung ein Stehvermögen erwirbt, das die Erhaltung der territorialen Integrität gewährleistet.*

Territoriale Integrität bedeutet *Unverletztheit* des Territoriums. Doch Unverletztheit des Territoriums ist in einem Kriege im Zeitalter der Flugzeuge, Raketen und weitreichenden Artillerie ein kindlicher Traum. Keine irgendwie geartete Strategie kann diese Unverletztheit heute in Europa sichern, weder im Westen noch im Osten. Schon gar nicht die Strategie der flexiblen Reaktion, die auf der Drohung mit dem Einsatz von Kernwaffen, also der totalen Zerstörung der Integrität der Staatsgebiete in Europa, basiert.

V.2.2   Abhaltung statt Abschreckung?

Vierzig Jahre lang erschien Verteidigung mit konventionellen Mitteln in Europa unmöglich. Vierzig Jahre lang gewöhnte man sich an das Surrogat für Verteidigung: die nukleare Abschreckung mit ihren Vorteilen und all ihren Nachteilen. Kein Wunder, daß ein Abschied von diesem Glauben schwer fällt.

---

325 oben Kap. IV.4.3 und Weißbuch 1983, Ziff.430.

326 So z.B. A. Biehle in der Einführung zu dem von ihm herausgegebenen Band über das Hearing "Alternative Sicherheitspolitik" vor dem Verteidigungsausschuß des Deutschen Bundestages. Biehle, Alfred (Hrsg.): Alternative Strategien. Das Hearing im Verteidigungsausschuß des Deutschen Bundestages, Koblenz 1986.

Zwar hat die Bevölkerung diesen Abschied längst vollzogen.[327] Doch denjenigen, die ihr berufliches Leben lang mit oder gar von dieser Strategie gelebt haben, erscheint das eher als Unwissenheit der Masse denn als Beleg dafür, daß die von ihnen vertretene Strategie keinen realen Boden mehr unter den Füßen hat. Daß konventionelle Abhaltung nukleare Abschreckung ersetzen kann, wird daher nach wie vor von einigen bestritten. So vergleicht zum Beispiel Hans Rühle die beiden Methoden, nämlich die der klassischen Abschreckung durch Abhaltung und die nukleare Abschreckung mit den Worten:

> "Die klassische Methode der Abschreckung erfordert einen relativ hohen Kraftaufwand, kann vom Gegner pariert werden und ist stets mit einer verhältnismäßig hohen Unsicherheit behaftet; die nukleare Abschreckung ist äußerst wirksam, kommt angesichts der hohen und kaum abzuwehrenden Schadensandrohung mit verhältnismäßig geringem Aufwand und niedriger Wahrscheinlichkeit aus, enthält jedoch ein hohes eigenes Risiko."

Rühle folgert hieraus:

> "*Konventionelle und nukleare Abschreckung können sich nicht gegenseitig ersetzen*, jede hat ihren eigenen Wirkungskreis. Konventionelle Kräfte allein könnten niemals die Schadensandrohung eines immer untragbaren Risikos aufbauen, schon gar nicht gegenüber einer Großmacht: ... Nukleare Waffen hingegen eignen sich kaum für den operativen Einsatz und für die militärische Verteidigung im unteren Teil eines Konfliktspektrums. Sie bleiben ultima ratio, zu wenig flexibel, um vor Erpressung und begrenzten militärischen Aktionen zu schützen. ..."[328]

Die Gegenthese der Anhänger einer neuen Doktrin der Sicherheitspolitik lautet:

1. Eine Kombination aus Verteidigung und nuklearer Abschreckung kombiniert die Nachteile beider Formen. Für die Bundesrepublik ist in dieser Kombination schon die Zustimmung zu konventioneller Verteidigung mit dem hohen Risiko verbunden, daß sich daraus eine nukleare Eskalation entwickelt, die die Bundesregierung nicht mehr stoppen kann. Damit wird aber die Bundesrepublik abgeschreckt, sich überhaupt zu verteidigen.[329]

2. In Europa kann konventionelle Abhaltung nukleare Abschreckung *konventioneller* Angriffe ersetzen, wenn sie nur hinreichend verläßlich ist und auch dem Gegner unüberwindlich stark erscheint.

3. Konzepte der defensiven Verteidigung verhindern überdies Krieg aus Zufall, aus Kriseneskalation[330] oder aus technischem Versagen. Mischstrate-

---

327 vgl. Joffe, Josef, Felsen im Meinungsfluß. Umfrage-Ergebnisse zur Sicherheitspolitik: Einerseits Wandel, andererseits Kontinuität, in: Süddeutsche Zeitung, 28.2.1989, S.6.
328 H. Rühle, a.a.O., S.231f.
329 oben Kap. III.2.2.
330 vgl. dazu oben Kap. IV.6.3.

gien wie die flexible response, die durch nukleare Erstschlagsdrohungen gekennzeichnet sind, können das nicht.

Weder These noch Gegenthese kann durch abschreckungstheoretische Argumentationen bewiesen werden. Schon das Grundvertrauen in die kriegsverhütende Wirkung von Kernwaffen ist nicht mehr als eine plausible Annahme. Weder beweisen 44 Jahre ohne großen Krieg, daß die Kernwaffen den Frieden erhalten haben[331], noch gar, daß Kernwaffen und nur Kernwaffen dies auch in Zukunft tun werden. Umgekehrt beweist das Faktum, daß die einzige Krise, die nach 1945 die Welt tatsächlich leicht in den Abgrund stürzen konnte, die Kuba-Krise 1962, *wegen* der von den Sowjets nach Kuba geschafften *Kernwaffen* ausbrach ebensowenig, daß Kernwaffen stets den Frieden gefährden und letztlich in den Abgrund führen müssen. Gilt dies schon für die generelle Sicht von Kernwaffen, so gilt dies erst recht für spezifische Abschreckungsprobleme wie für die Abschreckung sowjetischer Angriffe in Europa. Hier gehen, wie sich zeigte, in jeden Versuch einer Beweisführung sofort die unterschiedlichen, meist politisch vorbestimmten Glauben an Abschreckung ein.[332]

Daß sich nicht beweisen läßt, daß nukleare Abschreckung den Frieden bewahrt hat - und erst recht nicht beweisen läßt, falls sie das getan haben sollte, *welche* Form, *welche* Vorbereitung, *welcher* Glaube an Kernwaffen, ändert an der Zähigkeit, mit der manche dieser Kernwaffenglauben am Leben gehalten werden, schon deshalb nichts, da zu jeder unbeweisbaren Position stets auch das Gegenteil unbeweisbar ist. Daß der auf der Glaubensebene unentscheidbare Streit über nukleare Abschreckung auf der politischen Ebene entschieden wurde, als zwei deutsche Bundeskanzler klarmachten, daß sie die für die nukleare Strategie vorgesehenen Kernwaffeneinsätze in Mitteleuropa nicht mittragen können und wollen[333], wird von den Anhängern der Kernwaffenstrategien verdrängt. Solange der Glaube an die Unverzichtbarkeit der Drohung mit wechselseitigem Selbstmord, Abschreckung genannt, durch diese Verdrängung noch die Kraft hat, politische und militärische Entscheidungen mitzubestimmen, werden neues Denken, neue Militärstrategien und neue Waffensystembeschaffungen[334] aber von den alten Vorstellungen behindert und eingegrenzt.

Diese Grenze gegen neues Denken und den Übergang in neue Armeestrukturen wird um so enger gezogen, je fordernder die Abschreckungsglauben sind, an denen sich das alte Abschreckungsdenken festklammert. Wer nur allgemein

---

331 Auch von 1871 bis 1914 gab es 43 Jahre lang keinen großen Krieg - ohne Kernwaffen.

332 vgl. dazu oben Kap. II.

333 vgl. dazu oben Kap. III.2.4

334 Neue Raketen mit 480 km Reichweite, wie sie die NATO fordert, sind ebensowenig gratis zu haben wie Mittel für defensive Verteidigung.

glaubt, daß doch irgendwie die nukleare Abschreckung in den letzten vierzig Jahren jedenfalls dazu beigetragen hat, Krieg in Europa zu verhüten, wird wenig Widerstand gegen die neue konventionelle Abhaltungsstrategie ausüben, solange die USA, Frankreich und England Kernwaffenarsenale haben. Wer dagegen meint, nur die NATO-Strategie mit ihren in *Europa stationierten amerikanischen* Kernwaffen habe den Krieg verhütet, wird dagegen instinktiv Hindernis über Hindernis gegen die neue Doktrin konventioneller Verteidigerüberlegenheit errichten. Und sei es nur, weil eine solche Verteidigung die in Mitteleuropa stationierten Kernwaffen so offensichtlich überflüssig machen würde, daß ihr Abbau politisch nicht länger verhindert werden könnte.

V.2.3 Vorneschlacht oder Vorneverteidigung?

Das Problem, gegen Truppen, die auf Angriff optimiert sind, mit Truppen, die ebenfalls auf Angriff und nicht auf Verteidigung optimiert sind, *verteidigen zu müssen*, verschärft sich noch durch die sogenannte Vorneverteidigung der NATO.

> "Die Vorneverteidigung ist für uns ein 'essential' der Zugehörigkeit zum westlichen Bündnis, das nicht in Frage gestellt werden darf."[335]

Vorneverteidigung ist ein Ausdruck, der offensichtlich eine besondere Art von Verteidigung beschreiben soll. Verteidigung aber ist nach Clausewitz: *Erhalten*.[336] Doch je näher an der Grenze sich der Verteidiger aufgestellt hat und je weniger tief er gegliedert ist, auf desto kürzerem Weg kann der Angreifer die Verteidigungslinie durchbrechen. Bei der heutigen Aufstellung zur Vorneschlacht der NATO ist dies ein sehr kurzer Weg. Farwick nennt deshalb die derzeitige Verteidigung eine "bewegliche Maginot-Linie"[337]. Der Nachteil des Verteidigers, daß er unter Zeitdruck eine Kette von Entscheidungen treffen muß, wird aber um so größer, je schneller die Ereignisse zu einer kritischen Lage führen. Je weiter vorne die Schlacht gesucht wird und je weiter vorne die eigenen Kräfte konzentriert werden, desto größer wird deshalb der *Vorteil des Angreifers*. Die Chance, daß aus der *Vorneschlacht* eine *Verteidigung* wird, die den Angriff auch nur an Weser und Lech zum Stehen bringt[338], sinkt dementsprechend.

---

335 Der ehemalige Verteidigungsminister R. Scholz, Süddeutsche Zeitung, SZ-Interview, 11./12.3.1989, S.12.

336 Clausewitz, Vom Kriege, S.512.

337 Farwick, Dieter, Zur Diskussion der NATO-Strategie, in: Österreichische Militärische Zeitschrift, Vol.21, Heft 2, S.117-120; ders.: Die strategische Antwort. Die NATO auf dem Weg in das nächste Jahrtausend. Herford, Busse-Seewald Verlag 1989.

338 Die NATO-Verteidigung kennt direkt an der Demarkationslinie eine ca. 20 km tiefe "Verzögerungszone", an die sich der "Verteidigungsraum" mit ca. 70 km Tiefe anschließt. Die "Weser-Lech-Linie" bildet etwa den hinteren Rand des Verteidigungsraumes.

Auch aus diesem Grunde wundert es nicht: Die Vorne-*Schlacht* kann ganz offensichtlich die Aufgabe der Vorne-*Verteidigung*, unser Territorium zu *erhalten*, nur sehr unzuverlässig erfüllen. Der geplante und über Jahrzehnte mit allen politischen Mitteln behauptete Rückgriff auf taktische Kernwaffen wäre ja sonst nicht notwendig. Doch so ist die Wahrscheinlichkeit, daß die Vorne-*Schlacht* nie zur Vorne-*Verteidigung*, sondern in die nukleare Katastrophe führt, groß. Aber kann man dann das, was vorbereitet wird und mit so wenig Wahrscheinlichkeit zu einem Verteidigungserfolg führt, überhaupt *Verteidigung* nennen? Mit oder ohne die Vorsilbe "vorne"?

Doch wenn *Vorne-Schlacht* umso weniger Erfolg verspricht, in *Vorne-Verteidigung* zu enden, je weiter vorne man den modernen mechanisierten Angriffsarmeen die *Schlacht* anbietet, folgt daraus, daß man für eine effektive Verteidigung die Vorne-Schlacht verweigern muß. Dies *nicht* getan zu haben, sich für die Vorne-Schlacht aufzustellen, führte im Zweiten Weltkrieg Polen 1939, Frankreich 1940 und die Sowjetunion 1941 in die Niederlage, obgleich die Beweglichkeit und Mechanisierung des deutschen Angreifers so ungleich geringer war als die der Armeen des Warschauer Paktes heute.

Durch eine bewegliche "Rückwärtsverteidigung" an Weser und Lech das Problem zu lösen[339], kann aus politischen Gründen nicht akzeptiert werden. Denn eine solche Verteidigungsvorbereitung umginge zwar eine Reihe von Nachteilen der Vorne-Schlacht, Rückwärtsstrategie dieser Art hätte daher höhere Verteidigungschancen. Doch wenn die Abschreckung versagen sollte, würde die Bundesrepublik Kampffeld schwerer Verbände auf beiden Seiten. Der Nachschub für beide Seiten würde auf unserem Territorium nach vorne gebracht und vom jeweiligen Gegner angegriffen. So würden die Zerstörungen noch größer sein als bei der Vorneverteidigung von heute.[340] Die offene Preisgabe großer Teile der Bundesrepublik könnte darüber hinaus als "Einladung zum begrenzten Vordringen"[341] verstanden werden.

---

339 Dies wurde in einer damals viel diskutierten Studie des damaligen Beraters des amerikanischen Präsidenten Brzezinski vorgeschlagen (Studie PRM10), besprochen z.B. in Frankfurter Allgemeine Zeitung, 5.8.1977, und in International Herald Tribune, 3.8.1977 und 10.8.1977.

340 vgl. dazu Weißbuch 1983, Ziff.308: "Eine Rückeroberung verlorengegangenen Territoriums fordert starke mechanisierte Kräfte und große Opfer." Vgl. auch meine damalige ablehnende Stellungnahme in: Friedenspolitik mit militärischen Mitteln in den neunziger Jahren. Beitrag zu: Sicherheitspolitik, Schwarz, Klaus Dieter (Hrsg.). Bad Honnef, Osang Verlag 1978, S.639-656.

341 Interessanterweise steht die Nationale Volksarmee der DDR nach der Änderung der Doktrin der Warschauer Paktstaaten in eine Verteidigungsdoktrin und der Demobilisierung von 600 Panzern und 10 000 Soldaten vor demselben Problem. Militärisch erscheint eine Verteidigung mit den Verbänden der derzeitigen Struktur an Oder und Neiße am sinnvollsten. Doch das ist die Westgrenze Polens, nicht aber die der DDR. Mediatus, Heft 5/1989, S.2.

Das Territorium der Bundesrepublik für den Gegner weitgehend sperren und gleichzeitig die Zerstörungen durch den Abwehrkampf begrenzen, das leistet nur ein tief gegliedertes defensives Verteidigungsnetz. Die "Vorneverteidigung" der NATO muß längs der Demarkationslinie eine Aufklärungs- und Verzögerungszone vorsehen, da ein Aufstellen der mechanisierten Verbände zur Verteidigung *direkt* an der Demarkationslinie aus den eben besprochenen Gründen die Niederlage der NATO geradezu herausfordern würde. Diese "Verzögerungszone" ist im Schnitt etwa 20 km tief. Bei rund 1 000 km Frontlinie werden deshalb 20 000 qkm des Bundesgebietes von vornherein dem Gegner überlassen. In dem an die Verzögerungszone anschließenden Verteidigungsraum dürfte dann im allerbesten Falle der Angreifer in einer Tiefe von vielleicht 80 km zum Stehen gebracht werden - wenn der Angriff überhaupt gestoppt werden kann. 20 000 qkm fast kampflos aufgegeben, 80 000 qkm Schlachtfeld und davon mindestens die Hälfte (40 000 qkm) in der Hand des Gegners, das wäre die *optimale* Bilanz einer wider alle Wahrscheinlichkeit "erfolgreichen Vorneverteidigung".

Eine tiefgestaffelte defensive Netzverteidigung dagegen kann direkt an der Demarkationslinie beginnen. Die einzige Angriffsform, die gegen ein solches Verteidigungsnetz überhaupt Chancen bieten könnte, ist der hochkonzentrierte Angriff in schmalen Korridoren. Nur so kann der Angreifer erreichen, mit möglichst wenigen Verteidigerwaffen und Sperren konfrontiert zu werden. Nimmt man einmal an, der Gegner treibe drei solcher Angriffskolonnen von je 50 km Breite vor und es gelänge ihm tatsächlich, mit den Spitzen sogar 150 km weit vorzudringen, ehe er dezimiert zum Stehen gebracht wird, dann hätte er 22 500 qkm unseres Territoriums in seiner Hand. Doch selbst bei dieser extrem pessimistischen Annahme über die Effizienz einer Netzverteidigung hätte er damit kaum mehr Raum erobert, als ihm bei der "Vorneverteidigung" mit der Verzögerungszone von vornherein fast kampflos überlassen würde. Seine Angriffskolonnen stünden zudem als leicht abschnürbare "Schläuche" militärisch auf miserablem Posten. Die Kampfhandlungen, die bei der beweglichen "Vorneverteidigung" von heute das gesamte Gebiet zwischen der Demarkationslinie und Weser und Lech sowie sämtliche Nachschubzentren und Nachschublinien dahinter verwüsten würden, würden durch eine solche Netzverteidigung auf einige schmale Korridore eingegrenzt. Zudem hätte der Verteidiger in diesen Korridoren die Kampfschäden dadurch weiter reduziert, daß er selber auswählt, wo er kämpft und wo er wegen zu großer ziviler Schäden nicht kämpfen will.[342] Eine Option, die er bei der mobilen "Vorneverteidigung" nicht hat.

---

342 Vgl. zu diesem "Zivilschutz" mein Buch Defensive Verteidigung. Kap. 6, S.134-143.

V.2.4 "To restore Territory" oder Kriegsbeendigung? - Muß und kann das bei einem Angriff verlorene Territorium im Gegenangriff wiedererobert werden?

Das Weißbuch 1985 der Bundesregierung zur Lage und Entwicklung der Bundeswehr erklärt apodiktisch:

> "Das Ziel der NATO-Strategie lautet, 'die *Integrität* und Sicherheit des nordatlantischen Gebietes zu *erhalten oder wiederherzustellen*'. Dies verlangt die Fähigkeit zur grenznahen und zusammenhängenden *Vorneverteidigung: die militärische Kraft zur schnellen Wiederherstellung des Friedenszustandes unter Wahrung des Schutzes der Bevölkerung und ohne Gebietsverlust.*"[343]

Daraus folgt nach Ansicht der Bundesregierung der Kampfauftrag:

> "Die Verbände der NATO müssen in der Lage sein, auch unter Beschuß ... rasche Bewegungen auszuführen, um neue Schwerpunkte zu bilden und verlorengegangenen Raum wiederzugewinnen. Deshalb können sie weder auf die gepanzerte Stoßkraft der Landstreitkräfte, noch auf hohe Beweglichkeit der Luftstreitkräfte verzichten."[344]

Entscheidend für die Antwort auf die Frage, ob die Fähigkeit zur Wiedereroberung verlorenen Territoriums eine unverzichtbare Forderung an die Verteidigungsstrategie ist, ist der politische Auftrag der Streitkräfte. Dieser Auftrag lautet: Kriegsverhütung durch Verteidigungsbereitschaft und, falls es trotzdem zum Kriege kommt, Verteidigung. Verteidigung aber heißt: Erhalten.[345] Dies gilt für den Auftrag der NATO heute nicht anders als für Konzepte der Verteidigerüberlegenheit. Unklar und streitig kann nur sein, inwieweit der Auftrag "Erhalten" Wiedereroberung verlorenen eigenen Territoriums oder gar Eroberung von Territorium des Warschauer Paktes fordert.

NATO und Verteidigungsministerium fördern in der Bundesrepublik[346] den Eindruck, es sei NATO-Strategie, das bei einem Angriff vom Warschauer Pakt eroberte Territorium wiederzuerobern, und zwar das *gesamte verlorene eigene Territorium und nur dieses*.[347] Was die NATO im Falle eines Krieges tatsächlich tun

---

343 Weißbuch 1985, S,30, Ziff.60.
344 Weißbuch 1983, S,164, Ziff.311.
345 Clausewitz, Vom Kriege, S.512.
346 In den USA ist diese Beschränkung keineswegs unstrittig, wie z.B. das zitierte Memorandum "Discriminate Deterrence" zeigt.
347 Weißbuch 1985, Ziff.61: "Der Grundsatz der begrenzten Ziele der NATO-Strategie schließt eine Vorwärtsverteidigung kompromißlos aus. Weder ist ein präemptiver Krieg noch sind offensive und präventive Operationen, die in das Gebiet des Gegners hineinführen, um Raum für die eigene Verteidigung zu gewinnen, politisch denkbare oder militärisch durchführbare Konzepte für die NATO."

würde, weiß niemand im voraus. Doch das so suggerierte Szenario ist das unwahrscheinlichste von allen. Warum?

1. Wie will denn die NATO das verlorene Territorium wiedererobern, wenn sie zugleich beteuert, konventionell so unterlegen zu sein, daß sie Kernwaffen zur Abschreckung und zur "Direktverteidigung" brauche, weil die konventionelle Verteidigung in einigen Tagen zusammenbrechen müßte? Mit Kernwaffen doch wohl kaum!

2. Städte kann die NATO weder verteidigen noch wiedererobern. Und zwar einmal aus militärischen Gründen nicht, weil der NATO die dazu nötigen Infanteriedivisionen fehlen. Zum anderen ist es kein Fehler der NATO-Strategie, sondern eine unverzichtbare Qualität, Städte nicht verteidigen und erst recht nicht wiedererobern zu können. Denn viele "Stalingrad 1942/43" im heutigen hochtechnisierten Zentraleuropa einzuplanen wäre ein Konzept, das die Zivilbevölkerung umbringt und das zerstört, was verteidigt werden soll. Mit *Erhalten*, dem Ziel von Verteidigung, hätte das nichts mehr zu tun.

3. Selbst wenn die NATO viel stärker wäre, als sie zu sein behauptet, könnte es sich bei Wiedereroberung ("to restore territory") deshalb nicht darum handeln, *das* verlorene Gebiet wiederzuerobern, sondern allenfalls *Teile* des Territoriums außerhalb der Städte. Nicht wiedererobert werden können deshalb Hamburg, Hannover, Braunschweig, Göttingen, Kassel, Würzburg, Nürnberg, wenn sie einmal in die Hand des Warschauer Paktes gefallen sein sollten. Wiedererobert werden dagegen im Idealfall die Lüneburger Heide, Teile der Rhön, des Frankenwaldes und des Bayerischen Waldes.

Natürlich ist es schön, die Lüneburger Heide wiedererobert zu haben. Doch unklar ist einmal, welchem politischen Zweck diese Wiedereroberung dient. Abzuwarten, daß der Gegner dann seinen Angriff aufgibt? Das *kann* zwar der Fall sein, das kann er aber auch tun, wenn sein Angriff zerschlagen wird, *ohne* daß man Menschen und Gut für die Wiedereroberung der Lüneburger Heide opfert.[348] Führt er aber den Kampf fort, dann muß man die Folgen davon tragen, daß man an der Demarkationslinie stehengeblieben ist. Denn mit dem Stehenbleiben gibt man ihm Zeit, in Ruhe einen neuen Angriff vorzubereiten. Wieso soll dann aber eine derart begrenzte Offensivfähigkeit eine "militärische Kraft zur schnellen Wiederherstellung des Friedenszustandes" sein, wie sie das Weißbuch 1985 fordert?

Will man den Krieg nicht politisch, sondern auf dem Schlachtfeld Mitteleuropa beenden, dann hat es doch allenfalls Sinn - wie das Memorandum "Discriminate

---

348 In ihrer Ablehnung von Raumverteidigungskonzepten benutzt die Bundesregierung sehr stark das Argument, daß die Wiedereroberung von Territorium starke mechanisierte Kräfte und große Opfer fordert. Weißbuch 1983, Ziff.308.

Deterrence" empfiehlt[349] - eine Armee aufzubauen, die bestimmt und in der Lage ist, den Gegner zu besiegen und zu entwaffnen, zumindest aber im Gegenangriff große Teile des Gebietes des Warschauer Paktes als Faustpfand für Friedensverhandlungen zu erobern.[350] Doch zu solch einer Vorwärtsverteidigung fehlen der NATO sowohl die militärischen Mittel als auch der politische Wille. Zum Glück, denn könnte die NATO selbst noch nach einem Großangriff des Gegners tief in das Gebiet des Warschauer Paktes vorstoßen, so können sie erst recht einen Angriffskrieg erfolgreich führen, vor allem einen in der Krise präventiv geführten. Wettrüstungszwänge, Verhärtung der Konfrontation, äußerst gestiegene Kriseninstabilität und damit eine gestiegene Wahrscheinlichkeit eines Krieges aus Krisenpoker (Typ 1914) wären die Folge.

Wie man es also auch dreht und wendet: Der Nutzen von Gegenangriffsfähigkeit im operativen Rahmen ist begrenzt, gering oder gleich Null, der Schaden dagegen kann groß sein. Der Verlust der operativen Gegenangriffsfähigkeit verletzt deshalb mehr das Vorstellungsvermögen uninformierter Soldaten als unsere Interessen.[351] Die Aufrechterhaltung der doppelten Fiktion von "Wiedereroberung des verlorenen Gebietes" und NUR dieses Gebietes hat deshalb nur eine *politische* Funktion: die Möglichkeit der *Erhaltung* unseres Landes vorzuspiegeln, die streng *defensiven Absichten* zu unterstreichen und gleichzeitig die Armee nicht ihrer Angriffsfähigkeit zu berauben. Alles dies soll der Erhaltung der Motivation der Soldaten dienen.

Die Fähigkeit dagegen, im taktischen Rahmen und, wenn sich die Gelegenheit bieten sollte, auch im operativen Rahmen *einiges* Gelände zurückzugewinnen, *kann* durchaus der Verteidigerüberlegenheit dienen. Dann nämlich, wenn der Aufwand hierzu kleiner ist als der, der nötig wäre, das Gelände erst gar nicht zu verlieren. Das ist sicher in der Anfangszeit einer eventuellen Umstellung auf defensive Verteidigung relativ häufig der Fall, weil zur Wiedereroberung heute *vorhandene*

---

349 So schon lange einer der Mitverfasser des Memorandums, Samuel P. Huntington. Vgl. z.B. Huntington: Conventional Deterrence and Conventional Retaliation in Europe, in: International Security, Vol.8, Nr.3, S.32-56. In der Bundesrepublik vertritt Oberst Farwick diese Position ebenfalls schon seit längerer Zeit, vgl. Anm.16.

350 Gerade die fortdauernde Angriffsfähigkeit könnte aber auch zu einer Kriegsverlängerung führen: "Wenn wir einen Erfolg darin wähnen, daß wir das Gefecht auf das Territorium des Angreifers tragen, wird er alle Anstrengungen unternehmen, so lange wie nur möglich weiterzukämpfen. Würde er aufhören, müßte er die Initiative aufgeben und fürchten, von uns vernichtet zu werden. Wenn wir ihn hingegen durch bloße Verteidigungsaktionen überzeugen, daß in einem Rückzug kein Risiko liegt, weil wir ihn nicht über die Grenze verfolgen können, hat er bald allen Grund, den Kampf einzustellen." Auch diese Überlegungen begründen, warum bloße Verteidigung in unserem eigenen Interesse liegt." D. Fischer, W. Nolte, J. Oberg: Frieden gewinnen. Dreisam Verlag 1987, Seite 217.

351 Wenn ich es recht sehe, sprechen einige Befürworter von Offensivkomponenten in defensiven Konzepten sehr bewußt dieses begrenzte Vorstellungsvermögen an, um ihre Konzepte besser verkaufen zu können.

mechanisierte Kräfte, zur besseren Verteidigung oder Vernichtung eines einge-
drungenen Feindes aber noch *anzuschaffende* neue Kampfmittel benötigt werden.
Müssen aber in den neunziger Jahren neue Waffen für mechanisierte Gegenan-
griffsverbände angeschafft werden, muß vor allem ein neuer Panzer oder Flug-
zeugtyp für die Aufrechterhaltung der Gegenangriffsoption angeschafft werden,
dann dürfte sich das Bild schnell ändern.

Defensivkonzepte leisten zwar mehr zur *Erhaltung*, zur "*Wiedereroberung* des
Territoriums" leisten sie aber auch nicht mehr als das heutige NATO-Konzept.
Auch Defensivkonzepte mit einer Gegenangriffskomponente können verlorene
Städte nicht wiedererobern. Und ob verlorengegangenes Gelände außerhalb der
Städte besser oder weniger gut verteidigt oder zurückgewonnen werden kann, das
hängt von einer Vielzahl von Faktoren ab, von denen Gegenangriffsfähigkeit nur
einer ist. Eine Verteidigungsfähigkeit, die Gelände erhält und es gar nicht erst
verlorengehen läßt, kann dabei eine viel größere Rolle spielen als Gegenangriffskräfte.[352]

So bleibt die Behauptung, man sei in der Lage, "*das* verlorengegangene Territorium wiederzuerobern", ein falsches As im Ärmel des Verteidigungsministeriums ebenso wie im Ärmel von Verfassern sich defensiv verstehender Konzepte, die ihrem Konzept diese Fähigkeit zusprechen.[353]

Wiedereroberung des verlorenen Territoriums ist aber auch nach der Auffassung
des Weißbuches kein Ziel an sich, sondern ein Mittel, um den Krieg zu für den
Verteidiger akzeptablen Bedingungen zu beenden. Steht das Mittel
"Wiedereroberung" nicht zur Verfügung, ist nach anderen Mitteln zu suchen. Fällt
im Atomzeitalter der vollständige Sieg über die Sowjetunion als Mittel zur Kriegsbeendigung aus, da eine solche unbegrenzte politische Zielsetzung auch keine
Begrenzung der militärischen Mittel und der mit ihrem Einsatz verbundenen Schäden zuläßt, läßt sich mit *militärischen* Mitteln der "Friedenszustand unter Wahrung
des Schutzes der Bevölkerung" eben nicht mehr herstellen. Militärische Mittel
können auf dem europäischen Schlachtfeld deshalb allenfalls durch Erkämpfen
einer militärisch stabilen Situation die für jede *politische* Beendigung eines
Krieges notwendige Zeit gewinnen. Konzepte defensiver Verteidigung haben hier

---

352 Gegenangriffskräfte könnten allenfalls dann durch eine neue Defensivstruktur an Erfolgschancen
   gewinnen, wenn ihr Gegenangriff Hilfe von einer weiter entwickelten "Technoguerilla" bekäme, die
   einerseits so widerstandsfähig wäre, daß auch eine längere Besetzung sie nicht ausheben könnte, und
   die andererseits am Ort so geschickt mit den Gegenangriffskräften, die "ihr Gebiet" befreien sollen,
   koordiniert würde, daß der Gegner von allen Seiten in die Zange genommen werden kann. Doch das
   ist zumindest Zukunftsmusik. Sein Gelingen hängt überdies von so vielen komplizierten Vorgängen
   ab, daß seine Wahrscheinlichkeit gegen Null geht. (Beispiel einer Planung *gegen* Murphy's Law.)
353 Beispiel: Müller, Albrecht von, Das Paradigma der Verteidigerdominanz. Entstehung, Durchsetzung
   und Zukunftsperspektiven. Merkur, Vol.42 Dez. 1988, S.1033-1047.

einen Vorsprung gegenüber Konzepten mit offensiven oder nuklearen Komponenten, weil Defensivkonzepten die Tendenz zur Eskalation fehlt. Hier gibt es deshalb nach dem Stoppen des Angriffs, wo auch immer das der Fall sein möge, Zeit für Verhandlungen, die nicht durch dramatische militärische Handlungszwänge ungenutzt bleiben *muß*.[354]

Krieg zu beenden bleibt somit für *alle* denkbaren Strategien ein Problem. Die unerfüllbare Forderung nach militärischer Wiedereroberung verbirgt nur den katastrophalen Mangel an realistischen Vorbereitungen zur Kriegsbeendigung und wirkt sich überdies sehr negativ auf die Optimierung der Armee auf Verteidigung aus. Das Problem der Kriegsbeendigung birgt deshalb noch viel Arbeit für Theoretiker und Praktiker, die nicht länger vor uns hergeschoben werden darf.

V.3 Verteidigerüberlegenheit bedroht den Gegner nicht - ein unakzeptabler Nachteil?

Daß wechselseitige Verteidigerüberlegenheit gerade deshalb eine Doktrin ist, die dem kategorischen Imperativ genügt, weil sie den Gegner *nicht* bedroht, ist eines der Hauptargumente ihrer Befürworter.[355] Daß so und nur so auch politische Stabilität im Frieden gefördert, Wettrüsten verhindert und Rüstungsbegrenzung und Rüstungsminderung möglich werden, sehen die Befürworter als weitere entscheidende Vorteile des Fehlens jeder militärischen Bedrohung durch die neuen Konzepte.

Doch das ist nicht unbestritten, wie ein Blick in das oft zitierte Memorandum "Discriminate Deterrence" zeigt:

> "Wir sollten uns nicht selber etwas vormachen. Die westlichen Demokratien können nicht viel tun, um den Prozeß (von Perestroika und Glasnost) einfach dadurch zu unterstützen, daß wir die Sowjets überzeugen, daß wir nicht bereitstehen, um sie anzugreifen, oder durch den Versuch, jede Kapazität für Angriffe - und daher auch für Gegenangriffe - zu beseitigen. Solche Versuche würden vor allem ein Mißverständnis der internen Rolle manifestieren, die eine äußere Bedrohung in der sowjetischen Herrschaft spielt und könnten Aggressionen ermutigen."

---

354 Dies allerdings ist ein zweischneidiges Ergebnis. Zeit für Verhandlungen ist keine hinreichende Bedingung für schnelle Kriegsbeendigung. Zeit für Verhandlungen kann auch dazu führen, daß der Krieg sich noch sehr lange ohne Resultate hinschleppt, weil es ja nicht drängt, ihn zu beenden. Doch das ändert nichts daran, daß Zeit für Verhandlungen immer eine notwendige Bedingung zur Kriegsbeendigung ohne Sieg ist. Und das ist ja auch das Ziel der NATO-Strategie von heute.

355 vgl. dazu oben Kap. IV.3.

Auf einen kurzen Nenner gebracht lautet die These des Memorandums: In Wirklichkeit fühlt sich die Sowjetunion überhaupt nicht bedroht, aber sie braucht aus Gründen der Machterhaltung eine Bedrohungsvorstellung. Etwa gleichzeitig mit dem Memorandum, an dem auch der frühere amerikanische Außenminister Kissinger mitschrieb, schrieb Generalsekretär Michail Gorbatschow:

> "Wir sehen, wie stark in den führenden kapitalistischen Ländern die Stellung des aggressiven und militaristischen Lagers der herrschenden Kreise ist. Seine Hauptstütze hat es im mächtigen militärisch-industriellen Komplex, dessen Interessen in der Natur des Kapitalismus verwurzelt sind und der auf Kosten des Steuerzahlers riesige Gewinne aus der Rüstungsproduktion zieht. Um die Menschen Glauben zu machen, daß ihr Geld nicht umsonst ausgegeben wird, müssen sie von der Existenz eines 'äußeren Feindes' überzeugt werden, der ihr Wohlbefinden stören und ganz allgemein die 'nationalen Interessen' verletzen will. ..."[356]

In den 60er Jahren fragte man amerikanische Studenten, warum in Amerika Bäume an den Straßen stehen. Die Antwort war: Weil Amerika schön ist, weil wir im Schatten spazierengehen wollen usw. Einige Zeit später fragte man dieselben Studenten, warum in Rußland Bäume an der Straße stehen. Die Antwort war: Damit die Rote Armee in Deckung vormarschieren kann. ...

Eines allerdings ist an den Feststellungen des Memorandums ebenso richtig wie an den Feststellungen Gorbatschows. Beide beschreiben eine empirische Erfahrung: Unter der Bedrohung, unter der die Sowjetunion seit ihrer Gründung 1917 steht, unter dem Eindruck des deutschen Vormarsches bis zum Kaukasus 1918, der Invasion alliierter Truppen - einschließlich amerikanischer - in Murmansk und im fernöstlichen Rußland zur selben Zeit, dem deutschen Angriff 1941 und dem kalten Krieg, hat die Sowjetunion mit dem Faktum der Bedrohung leben gelernt. Sie hat außerdem gelernt, diese Bedrohung politisch zu nützen - z.B. zur Festigung ihres Imperiums in Osteuropa. Ebenso haben die Vereinigten Staaten unter dem Faktum des kalten Krieges, der Konkurrenz und der Bedrohung durch das Sowjetregime gelebt und leben gelernt. Es hat sich ein militärisch industrieller Komplex entwickelt - wie Eisenhower schon 1960 feststellte. Und dieser Komplex hat seitdem fast 30 Jahre Zeit gehabt, sich weiter zu entwickeln und zu festigen. Es ist schwer, solche Fakten zu ändern. Für die USA wie für die UdSSR. Aber daraus zu folgern, der Gegner *brauche* die Bedrohung - wie dies das Memorandum ebenso tut wie Gorbatschow - ist Verwechslung zeitlicher Korrelation mit Ursachen. Ein in der Sicherheitspolitik beliebter Fehler.[357]

---

356 Gorbatschow, Michail, Perestroika. München, Droemer Knaur 1987, S.189.

357 Denn immer wieder wird aus der zeitlichen Korrelation von nuklearer Abschreckung und 40 Jahren Frieden ohne irgendwelche logische Skrupel gefolgert: "Die Abschreckung hat uns 40 Jahre Frieden erhalten".

So wenig es unmöglich sein sollte, die amerikanische Gesellschaft ohne Bedrohung wirtschaftlich blühen zu lassen, so wenig sollte es ausgeschlossen sein, sowjetische Interessen ohne Bedrohung von außen zu wahren. Natürlich werden sich beide Gesellschaften dann ändern. Aber wer wünscht denn ein weiteres Wachsen des amerikanischen militärisch-industriellen Komplexes, wer die Fortführung sowjetischer Zwangsherrschaft in Europa unter dem Mantel der Bedrohung?

Doch so einleuchtend den Befürwortern der neuen Doktrin dies erscheinen mag, politischer Widerstand gegen eine solche Eliminierung von Bedrohung aus der Sicherheitspolitik ist auch in Zukunft zu erwarten. Er mag sich abschwächen, wenn die Ost-West-Kooperation schnelle Fortschritte macht. Er kann sich aber auch wieder verstärken, wenn die Reformversuche in der Sowjetunion und in Osteuropa drastische Rückschläge erleiden sollten.

V.4 Die Politik der Durchsetzung der neuen Doktrin.

V.4.1 Namen als Instrument der Politik.

Vorstellungen, Konzepte, die sich in der Realität durchsetzen, brauchen eine Bezeichnung, einen Namen. Die sehr unterschiedlichen Strömungen, die zu dem Konzept der in der Struktur der Streitkräfte verankerten Verteidigerüberlegenheit beitrugen, wurden meist mit ihrem zentralen Anliegen gekennzeichnet. Spannocchi und Brossollet sprachen vom "Ende der Schlacht", oder vom "Versuch über die Nicht-Schlacht"[358], Goblirsch von der "Technotaktik 90".[359] Uhle-Wettler von "leichter Infanterie im Atomzeitalter".[360] Jochen Löser nannte sein 1981 erschienenes Buch "Weder rot noch tot". Ich habe damals mein politisch-militärisches Konzept im Anklang an die Grundstruktur nuklearer Abschreckung als "Modell einer rationalen Sicherheitspolitik" bezeichnet. Die militärischen Instrumente für diese Politik nannte ich "Technokommandos", um die Kombination aus anders-

---

358 Spannocchi/Brossollet, Verteidigung ohne Schlacht. München, Hanser Verlag 1976. Ähnlich Brossollet: Ende der Schlacht.

359 Europäische Wehrkunde, Juni 1977, S.283f.

360 Uhle-Wettler strebte keine "defensive Verteidigung" an, sondern suchte nur Wege zu einer besseren konventionellen Verteidigung der NATO. Er kritisierte deshalb die "Übermechanisierung der Bundeswehr", die zu fast 100% eine Armee der schnellen Truppen geworden war. Er kritisierte ferner die sehr wenig verteidigungsspezifische Ausrüstung und Ausbildung. Vgl. Uhle-Wettler, Franz, Gefechtsfeld Mitteleuropa. Koblenz, Bernard & Graefe 1980.

artiger Taktik und der Verwendung neuer Technologie deutlich zu machen.[361] Auch der Begriff "Raumverteidigung" wurde viel verwendet, um den Verzicht auf die Vorgabe der Verteidigung fester Orte und Linien deutlich zu machen. Als ab 1980 immer mehr ähnliche Vorschläge auftauchten, bürgerte sich für die Gesamtheit aller in Richtung defensive Verteidigung gehender Vorstellungen der Begriff "alternative Sicherheitspolitik" ein. Unter dem Namen "alternative Strategien" lief auch ein Hearing vor dem Verteidigungsausschuß des Deutschen Bundestages.[362] Zur genaueren Kennzeichnung der Hauptintention meines Konzeptes habe ich seit 1980 den Namen "defensive Verteidigung" bevorzugt. Der Name machte zwar deutlich, daß es sich um eine Spezies von Verteidigung handelte, nämlich die defensive im Gegensatz zur offensiven. Doch stellte es sich heraus, daß er politisch ungeschickt gewählt war.[363] Niemand hatte zwar zuvor je Schwierigkeiten gezeigt, den Begriff "offensive Verteidigung"[364] zu verstehen. Doch bei "defensiver Verteidigung" entwickelten die Gegner jeder Änderung eine einfallsreiche Begriffsstutzigkeit. Besonders beliebt war, sich beleidigt zu stellen und jedem Vorschlag, die Armeestruktur auf Verteidigung zu spezialisieren, die von niemandem aus dem Kreis der "Alternativen" bestrittenen defensiven *Absichten* der NATO entgegenzuhalten.[365] Woraufhin man stereotyp gezwungen war, zu erläutern, daß im militärischen Bereich nicht die Absichten eines Gegners zählen, sondern seine militärischen Kapazitäten. Eine dem Adressaten sicher nicht neue Botschaft, hatte er diese Wahrheit doch meist selbst schon verwendet, wenn er begründen wollte, warum sich die NATO von der Rüstung des Warschauer Paktes bedroht fühlte. Albrecht von Müller hatte die gute Idee, von "struktureller Nichtangriffsfähigkeit" zu sprechen, um dieses lästige Spiel zu beenden. Wenn man nun aber meinte, jede Möglichkeit des mehr oder weniger absichtlichen Mißverstehens ausgeschaltet zu haben, hatte man sich getäuscht. Typisch ist hier die oben wiedergegebene These des Memorandums:

> *"non-offensive defense"* ... würde die sowjetische Selbstsicherheit weiter verstärken, indem alle offensiven Waffen ... (weggenommen) würden. Das würde keinen gegnerischen Angriff verhüten, wohl aber den Gegenangriff."[366]

Daß die *Wegnahme* von "offensiven Waffen" einen sowjetischen Angriff verhüten soll, hatte auch niemand behauptet. Die Aufgabe der Abhaltung des Gegners

---

361 Verteidigung und Frieden. Kap. 9, S.234.
362 vgl. Biehle, A. (Hrsg.), Alternative Strategien. Koblenz 1986.
363 Dieser Name hatte auch den Nachteil, daß er sich nicht in Englisch und Französisch übersetzen ließ. Im Englischen sprach man deshalb meist von "alternative strategy", "non-provocative defence" oder "non-offensive defence". Die französische Ausgabe meines Buches "Defensive Verteidigung" erhielt den Namen: "Pour une défense non suicidaire en Europe" (Editions La Découverte, Paris 1985).
364 z.B. in der Himmeroder Denkschrift. Vgl. dazu oben Kap. I.1.
365 So mir gegenüber z.B. der Ausschußvorsitzende Biehle im Hearing.
366 S.66 des Berichts "Discriminate Deterrence".

kommt in den Defensivkonzepten selbstverständlich der gesteigerten *Verteidigungseffizienz* zu. Um dies ein für allemal klarzustellen, mußte jetzt der den neuen Konzepten zugrundeliegende Gedanke der *Überlegenheit* der in ihrer Struktur auf Verteidigung spezialisierten Armee noch deutlicher zum Ausdruck gebracht werden. Mehr und mehr wurde deshalb von "Verteidigerüberlegenheit" oder "wechselseitiger Verteidigerüberlegenheit" gesprochen. Damit dies nun nicht wieder als Aufforderung zu "mehr Rüsten als der Gegner" mißinterpretiert wird, bevorzuge ich bis zur nächsten Mißinterpretation den Ausdruck "wechselseitige strukturelle Verteidigerüberlegenheit"[367].

V.4.2 Was leisten der Realität angepaßte Defensivkonzepte noch für die politischen und militärischen Ziele der neuen Strategie?

Der Realität von heute angepaßte Konzepte sind notwendigerweise ein Kompromiß. Das, was bei der Berücksichtigung der Kriterien für ein *Modell* defensiver Verteidigung nicht notwendig war, Kompromisse zu schließen[368], die auf Kosten eines der sieben Kriterien gingen - hier ist es notwendig. Denn jeder Kompromiß zwischen der Realität von heute und einem Idealmodell ist zwangsläufig gleichzeitig ein Kompromiß zwischen der Realität und einigen oder gar allen Anforderungen, die die Kriterien beschreiben und verteidigen.

Nun sind seit Ende der 70er Jahre erfreulicherweise eine Vielzahl von Vorschlägen für "alternative Verteidigung" in Europa vorgelegt worden. Diese Vorschläge reichen von relativ marginalen Veränderungen des Bestehenden[369] bis zu grundlegend neuen Vostellungen.[370]

---

367 Dieser Ausdruck wurde von Bernd Rebe geprägt.

368 oben Kap. IV.3.

369 z.B. die Vorschläge von Birnstiel, Fritz: Die Vorneverteidigung - Kern der konventionellen NATO-Abwehr, in: Europäische Wehrkunde, Vol.29, Heft 5/1980, S.213-218.

370 Hier sind u.a. zu nennen: Acker, Alexander: Einsatz von Raketenartillerie im Verteidigungsnetz. In: Weizsäcker, C.F. von, Die Praxis der defensiven Verteidigung. Hameln, Sponholtz Verlag 1984, S.89-120; Bahr, Egon und Dieter S. Lutz: Gemeinsame Sicherheit - Konventionelle Stabilität, Bd.III: Zu den militärischen Aspekten Struktureller Nichtangriffsfähigkeit im Rahmen gemeinsamer Sicherheit. Baden-Baden, Nomos Verlag 1988; Brossollet, Guy (vgl. Kap. IV, Anm.23 und 51); Fischer, Dietrich/Nolte, Wilhelm/Öberg, Jan: Frieden gewinnen. Freiburg i.Br., Dreisam Verlag 1987; Gerber, Johannes: Militärökonomische Aspekte zur militärischen Stabilität in Mitteleuropa, in: Bahr/Unterseher, Gemeinsame Sicherheit, Bd.III, S.438-444; Grass, Rudolf, Die Alternative. Verteidigung ohne Angriffswaffen. München, Heyne Verlag 1987. Löser, Jochen, Gegen den Dritten Weltkrieg. Strategie der Freien. Herford 1982, Mittler Verlag; Lutz, Dieter S.: On the Theory of Structural Inability to Launch an Attack, in: Hamburger Beiträge zur Friedensforschung und Sicherheitspolitik, Heft 25/1988; Müller, Albrecht v./Bülow, Andreas v./Funk, Helmut: Sicherheit für Europa. Koblenz, Bernard & Graefe Verlag 1988; Studiengruppe Alternative Sicherheitspolitik:

Die Konzepte sind sich einerseits ähnlich. Alle streben einen Kompromiß zwischen den "schnellen Truppen", den mechanisierten Verbänden von heute und "rein defensiven" Einheiten der Zukunft an. Entweder man schlägt einen Gürtel defensiver Einheiten (von in den Konzepten) variierender Tiefe von 25-100 km vor und stellt mehr oder weniger reduzierte mechanische Verbände dahinter auf.[371] Oder man teilt die mechanisierten Verbände in kleinere Einheiten, löst sozusagen die "masse mouvante" der de Gaulle und Guderian in kleine Partikel und mischt sie beinahe nach Weltkrieg-I-Art - mit der langsamen Infanterie.[372] Oder man mischt diese beiden Verfahren noch einmal, stellt kleinere Panzerverbände in den Verteidigungsgürtel und die Masse der mechanisierten Divisionen hinter die Zone defensiver Verteidigung.[373]

Jedes dieser Konzepte hat seine spezifischen politischen und militärischen Auswirkungen. Wie weit die Konzepte die Ziele der Defensivstrategien erreichen oder verfehlen, welche Kriterien verletzt werden, welche erfüllt, das ist von Konzept zu Konzept verschieden. Zudem kann über jede einzelne Auswertung unterschiedlich geurteilt werden, denn dieses Urteil hängt stets von einer Reihe objektiver und subjektiver Annahmen über Ziele der Politik und militärische Gegebenheiten ab. Einen meiner Ansicht nach sehr gelungenen Versuch, diese Vorschläge zu ordnen und nach vorgegebenen politischen Kriterien zu werten, hat Karsten D. Voigt unternommen.[374] Hier soll von einem Versuch der Kritik der einzelnen bekannt gewordenen Konzepte Abstand genommen werden. Stattdessen sollen exemplarisch anhand eines von mir selbst vorgestellten Konzepts, des Konzepts von Brigadegeneral Eckart Afheldt, die Auswirkungen einer solchen Anpassung des Verteidigungsideals an die bestehenden politischen und militärischen Realitäten auf die Kriterien für Verteidigerüberlegenheit[375] demonstriert werden.

Eckart Afheldt beschreibt sein von anderen später in vielen Varianten abgewandeltes Konzept so:

> Vorschlag für den Einsatz einer leichten Infanterie.
>
> "Entlang der Grenze wird eine neu zu schaffende 'Jägertruppe' in einem 70-100 km tiefen Netz sehr tief gestaffelt und extrem aufgelockert aufgestellt. Sie ist mit zahlreichen Panzerabwehrraketen (PARS), einfachen Artillerieraketen zum

---

Vertrauensbildende Verteidigung. Gerlingen 1989; Unterseher, Lutz: Die NATO gefährlicher machen. Ein Plädoyer unter der Lupe. Bonn 1984.

371 So das von Eckart Afheldt vorgestellte und weiter unten besprochene Konzept.

372 so die Vorschläge von Unterseher, a.a.O. und: Dem Sicherheitspartner unter die Gürtellinie. Bonn 1983.

373 so die Vorschläge von Lemke, a.a.O.

374 Voigt, Karsten D., Konventionelle Stabilisierung und strukturelle Nichtangriffsfähigkeit. In: Aus Politik und Zeitgeschichte, B 18/88, 29.4.1988.

375 oben Kap. IV.2.4.

Verschuß von Minen und Sprenggeschoßen, Mörsern, leichten Infanteriewaffen, sehr viel Sperrmaterial usw. - was heute schon vorhanden ist und für dieses Konzept kostenwirksam entwickelt werden kann - ausgerüstet.

Sie hat den Auftrag, den Angriff der feindlichen Kampftruppen - unmittelbar an der Grenze beginnend - anzunehmen, vor Sperren und durch Feuer immer wieder aufzuhalten und ihm Verluste zuzufügen. In tagelangen Gefechten, schließlich in der ganzen Tiefe des 'Netzes', soll der Angreifer so dezimiert, gebremst und eingeengt werden, daß ein großer Teil seiner Kampfkraft absorbiert, seine Angriffsdynamik weitgehend erstickt wird.

Die hinter dem 'Netz' stehenden eigenen mechanisierten Divisionen gewinnen durch den Kampf der Jäger mehrere Tage Zeit. Sie können rechtzeitig mobilisiert werden, in ihren Räumen - sehr weit aufgelockert - aufmarschieren und sich gefechtsbereit machen. Ihr Auftrag ist es, feindliche Kräfte, die das 'Netz' durchstoßen, aufzufangen und zu zerschlagen. Da die feindlichen Verbände das Netz hinter sich haben, der weitere Kampf der Jäger vor allem ihre rückwärtigen Verbindungen trifft, ihren Nachschub abschnürt, mindestens aber stark behindert und damit im ganzen ihre Bewegungsfreiheit stark einengt, haben die eigenen mechanisierten Kräfte gute Chancen, auch gegen zahlenmäßig überlegene Kräfte."[376]

Die Gesamtstärke der Jägertruppe wird mit etwa 135 000 Soldaten angegeben. "Eine Verringerung der Friedensstärke der mechanisierten Divisionen, Korpstruppen und auch des Territorialheeres um etwa ein Drittel erlaubt, die hier beschriebene Jägertruppe personell und materiell aufzustellen."[377]

"Da die Jäger ihren Kampf unter Aussparung der Ortschaften und in bewußter Distanz von der Zivilbevölkerung führen, um diese möglichst wenig zu gefährden, könnten im Prinzip auch Soldaten verbündeter Nationen für diese Aufgabe eingesetzt werden."[378]

Der Kampf der Jäger im Netz und dann das Eingreifen der mechanisierten Kräfte sind zwei klar voneinander getrennte Phasen der gesamten Verteidigung. Eine zu frühzeitige Vermischung beider ganz unterschiedlich gearteter Operationen würde ... gegen Idee und Prinzip des Netzes verstoßen. Auf der anderen Seite hängt der Einsatz der mechanisierten Verbände natürlich von der

---

376 In meinem Buch "Defensive Verteidigung", S.66f. Der Abdruck in Defensive Verteidigung ist eine kurze Fassung des von Eckart Afheldt, ausführlich ausgearbeiteten Konzepts.
377 a.a.O., S.70.
378 a.a.O., S.70.

Entwicklung der Lage im Netz ab, und ohne einheitliche, übergeordnete Führung geht es daher nicht."[379]

Diese sehr verkürzte Wiedergabe des Konzeptes von Eckart Afheldt soll genügen, um die Relation zwischen den für Defensivkonzepte aufgestellten Kriterien und einem Konzept für die Welt von heute zu demonstrieren.[380] Inwieweit erfüllt dieses Konzept die für das Idealbild von defensiver Verteidigung aufgestellten Kriterien?

Kriterium 1: Stabilität im Frieden

Die Stabilität im Frieden gegen unprovozierte Angriffe ist sicher durch die bessere Verteidigungsmöglichkeit der NATO erhöht - wenn sie auch noch nicht gesichert sein mag. Der Einfluß des Konzepts auf *Wettrüsten* ist möglicherweise streitig.

Das Konzept könnte Wettrüsten vermeiden helfen, da die Steigerung seiner Verteidigungswirkung im Netz vom Gegner nur mit unverhältnismäßig großen Aufwendungen für Angriffstruppen überwunden werden könnte.[381] Das Konzept kann andererseits das hohe Niveau von Rüstungsaufwendungen von heute nur schwerlich senken, wenn es zur *Dauerlösung* wird. Denn gerade der teure Waffenmix aus Luftwaffe, Panzern, motorisierter Infanterie usw. würde ja beibehalten. Spätestens Ende der 90er Jahre müßten dann neue Panzer, neue Flugzeuge, neue Luftabwehrsysteme entwickelt werden. Und dieses Rüstungsprogramm wäre noch um spezielle Waffen für die defensive Jägertruppe zu erweitern. Das könnte sich allerdings dann ändern, wenn, wie heute möglich erscheint, auch der Warschauer Pakt auf ähnliche Konzepte umrüstet. Doch das wäre eine unerwartete, wenn auch sehr erfreuliche Veränderung der Randbedingungen.

---

379 a.a.O., S.70.

380 Die Stärken und Schwächen des Konzepts beschrieben wir bei seiner Vorstellung so:"... Zwar sind im Übergangsmodell die meisten Probleme einer ... beweglichen Verteidigung schon reduziert. Denn die eigenen Anmarschwege werden kürzer, die eigene Logistik damit vereinfacht. Feindliche Konzentrationen und Angriffswege werden im Netz erkannt, eigene Gegenstöße können somit besser angesetzt werden. Die feindliche Logistik andererseits wird im Netz erheblich gestört usw. Auf diesen Faktoren beruht der die Verteidigungseffizienz erhöhende Effekt des Übergangsmodells. Doch gelöst sind die Probleme beweglicher Verteidigung nicht." Defensive Verteidigung, a.a.O., S.64f.

381 Umgekehrt kann man aber auch nicht ganz ausschließen, daß das Konzept Wettrüsten unter anderen politischen Bedingungen, z.B. unter gesteigertem Konfrontationskurs in Europa , beschleunigt. Gegner könnten dieses Dispositiv nämlich auch für gefährlicher halten als das derzeitige NATO-Dispositiv, weil es durch die gute Verteidigung im defensiven Gürtel der NATO gestatten könnte, ihre mechanisierten Verbände zum Angriff an beliebiger Stelle hoch zu konzentrieren. Anders Boserup hat auf diesen möglichen Effekt der Verstärkung der Defensive ohne entsprechenden Abbau der Offensivfähigkeit aufmerksam gemacht und in einem Modell diese Zusammenhänge dargestellt. Boserup, Anders, Military Stability and Defence Dominance, a.a.O.

Kriterium 2: Stabilität in der Krise

Die Krisenstabilität würde für die NATO-Seite durch das Modell mit Sicherheit verbessert.

Die militärischen Zugzwänge würden sich vermindern. Die für den defensiven Gürtel bestimmten Truppenteile könnten ohne wesentliche Eskalationswirkung mobilisiert werden und in ihren Verteidigungsstellungen in Ruhe abwarten. Aufgehoben wären die Zugzwänge und Empfindlichkeiten der NATO allerdings nicht, da die Abhängigkeit der mechanisierten Verbände der zweiten Linie von der gegen überraschende Angriffe unverteidigten Luftwaffe bestehen bleibt.

Kriterium 3: Stabilität im Kriege

Die Möglichkeit, einen einmal ausgebrochenen Krieg daran zu hindern, in einen alles zerstörenden nuklearen Krieg zu eskalieren, erhöht Eckart Afheldts Vorschlag ganz offensichtlich schon deshalb drastisch, weil die konventionelle Niederlage der NATO nicht mehr - oder jedenfalls nicht mehr so schnell - droht.

Die aufgelockerten Jäger bieten auch keine Ziele für Kernwaffen. Für die um ein Drittel des Personals verkleinerten Panzerverbände gilt dies allerdings nur beschränkt. Sie können zwar sehr viel aufgelockerter aufgestellt werden als heute, aufmarschieren aber müssen sie auch.

Dem Kriterium 4,

der Verteidigungsfähigkeit gegenüber jedem Angriff des Warschauer Paktes auch bei dessen zahlenmäßiger Überlegenheit, nähert sich das Konzept sicher beträchtlich. Ob es sie ganz erreicht, darüber kann man streiten.[382]

---

382 Inwieweit die "Effizienzhypothese" für diese Verteidigungsformen stimmt, herrscht noch keine Einigkeit. Ob Computersimulationen sie ergeben, darüber mag man streiten. Einen guten Ansatz findet man bei Huber, Reiner K. (Hrsg.), Models and Analysis of Conventional Defense in Europe, a.a.O. Auf die Schwierigkeit, die die üblichen Computersimulationen haben, die besonderen Eigenschaften der hier vorgestellten "verdeckten Verteidigung" wiederzugeben, wurde oben in Kap. IV.4.2 hingewiesen.

Kriterium 5: Einsetzbarkeit der Verteidigungsoption ohne Zerstörung der sozialen und wirtschaftlichen Strukturen Mitteleuropas.

Ob dieses Kriterium in der Praxis wirklich erfüllt wird, ist kaum vorab zu beweisen.

> Das hängt einmal davon ab, wie weit es gelingt, den Gürtel so abzubauen, daß ein Gefecht nur dort gesucht wird, wo es mit der sozialen und wirtschaftlichen Struktur vereinbar ist. Das hängt vor allem aber davon ab, inwieweit die hinter dem Verteidigungsnetz stehenden mechanisierten Verbände eingesetzt werden müssen. Denn es ist vor allem die von diesen Verbänden geübte bewegliche Kampfesweise, die weite Gebiete erfaßt und mit ihrer großen Logistik und Luftunterstützung eine Unzahl von Zielen für die gegnerischen Kampfmittel bietet, deren Einsatz zu einem kaum vorab zu schätzenden "zivilen Nebenschaden" führt. Diese zivilen Nebenschäden sind auch kaum durch Handlungen des Verteidigers zu begrenzen, weil man in diesem Kampf selten selbst entscheiden kann, wo man kämpfen will und wo man zur Vermeidung von Schäden an Leib, Leben und Gut der Zivilbevölkerung lieber nicht kämpfen möchte.

Kriterium 6: Verzicht auf den eigenen Einsatz von Kernwaffen

Diesem Ziel nähert sich das von Eckart Afheldt vorgeschlagene Konzept mit Sicherheit erheblich. Ob es erreicht ist, darüber mögen geteilte Ansichten bestehen.

Der Vergleich mit dem Idealbild der Defensivüberlegenheit mag ein wenig enttäuschen. Deshalb muß noch einmal der unschätzbare Vorteil eines solchen Übergangsmodells gegenüber dem Idealbild hervorgehoben werden: Das Idealbild defensiver Verteidigung läßt sich heute so wenig einstellen, wie das Idealbild Guderians vor dem Zweiten Weltkrieg. Das Übergangsmodell aber ist realisierbar. Und im Zweiten Weltkrieg leisteten die damaligen Übergangsmodelle trotz aller Abstriche vom Ideal das, was man von ihnen erwartete.

Die Entscheidung darüber, ob ein bestimmtes "Übergangsmodell" den politischen Anforderungen und militärischen Lagebeurteilungen genügt, ist eine politische Entscheidung. Von ganz besonderer Bedeutung für die politische Durchsetzbarkeit ist dabei der Kompromiß zwischen einem Idealbild defensiver Verteidigung und der Realität mechanisierter Divisionen von heute. Die Frage der Verteilung zwischen defensiven Streitkräften und mobilen beweglichen Streitkräften ist dabei weniger eine Frage des Prinzips als der Zeit. Denn selbst der radikalste Umbau zu defensiven Strukturen braucht 10-20 Jahre. Und heute muß man von fast 100% mobilen mechanisierten Streitkräften ausgehen.

Baut man aber derart Verteidigerüberlegenheit auf, verlieren zu einem bestimmten Zeitpunkt die mobilen Streitkräfte *beim Angreifer* ihre Nützlichkeit, weil sie nicht mehr durch den Verteidigergürtel hindurchkommen können. Damit verlieren aber gleichzeitig die mechanisierten Einheiten beim Verteidiger ihre Funktion, durch das Netz durchgebrochenen Feind vernichten zu müssen. Doch sich heute darüber zu streiten, was man dann tun soll, ist unnötig. Das Resultat wird einmal davon abhängen, wie weit Angriffsstreitkräfte wirklich impotent geworden sind, zum anderen von der Veränderung der politischen Situation in Europa durch einen solchen Übergang zur Verteidigerüberlegenheit. Beides ist noch nicht eindeutig vorherzusehen. Es kommt deshalb heute auch nicht darauf an, *ob mechanisierte Streitkräfte für immer* beibehalten oder irgendwann einmal ganz abgeschafft werden sollen. Sie sind vorhanden und sie werden, wie nie zweifelhaft war, *noch lange vorhanden* bleiben.[383]

Schon damit besteht aber auch weiter eine Chance, *Teile* des Territoriums, die der Gegner in seine Hand gebracht hat, wieder in Besitz zu nehmen. Die relativ große infanteristische Komponente der Defensivkonzepte kann dabei wesentlich helfen. Inwieweit das erwünscht oder erforderlich ist, läßt sich nicht abstrakt beantworten. In vielen Fällen wird taktische, in manchen auch die operative Wiedereroberungsfähigkeit für den Verteidigungseffekt nützlich sein. Ob die mit dafür geeigneten Streitkräften verbundenen Nachteile die Vorteile überwiegen, kann nur im konkreten Fall entschieden werden.

Das Argument, mechanisierte Streitkräfte seien notwendig, "um *das* Territorium wiederherzustellen", ist und bleibt dagegen ein Scheinargument[384], ein falsches As[385].

---

383 vgl. z.B meinen Aufsatz in Schwarz, Klaus-Dieter (Hrsg.), Sicherheitspolitik. S.646: "In der vorgelegten Form werden die Modelle nie Realität werden. Denn die Übergangszustände zu einer Sicherheitspolitik, die diesen Kriterien genügt, werden aller Wahrscheinlichkeit nach durch einen Mix aus alten Verteidigungsformen und Formen der Modelle bestehen müssen."

384 Näheres dazu unten Kap. IV.5.1.4.

385 oben Kap. V.4.

V.4.3 Zur strukturellen Verteidigerüberlegenheit in Europa - durch einseitige Umrüstung oder durch Verhandlungen?

Von Anfang an war Rüstungsbeschränkung ein Element der Sicherheitsdoktrin struktureller Verteidigerüberlegenheit. Stabilität im Frieden gegen Wettrüsten ist sogar das erste der oben[386] aufgeführten Kriterien. Abrüstung scheitert bei defensiver Verteidigung auch nicht länger an der allgemeinen Erfahrung, daß Staaten in Abrüstungsverhandlungen meist nur militärisch obsolete Waffensysteme aufgeben.[387] Denn Verteidigerüberlegenheit der NATO gegenüber dem Warschauer Pakt *macht* dessen konventionelle *Angriffsstreitkräfte wertlos.*[388]

Durch den *Einbau* der Bedingungen für erfolgreiche Rüstungsbeschränkung *in die militärische Planung* sollte auch die zweite geschichtliche Erfahrung genützt werden, die man aus der zeitweisen Stabilisierung der nuklearstrategischen Konfrontation durch SALT 1 gemacht hatte: Merkmal dieser Stabilisierung auf der strategischen Ebene war, "daß die Stabilisierungsziele (Vermeiden des Wettrüstens und Vermeiden der First-strike-Prämie) *am Anfang der Planung* standen".[389] Wobei man hinzufügen müßte: zumindest von Anfang an als eigene Ziele so laut öffentlich verkündet worden waren, daß man letztlich nicht umhinkam, den SALT-1-Vertrag auch abzuschließen. So formuliert könnte man sagen, daß auch das INF-Abkommen von Washington, das die Mittelstreckenraketen in Europa eliminierte, eine Rüstungsbegrenzung war, die nur dadurch möglich wurde, daß das Ziel der Null-Lösung von Anfang an jedenfalls *erklärtes* Ziel war.

Durch Nutzung dieser geschichtlichen Erfahrung sollte defensive Verteidigung der NATO ein Mittel an die Hand geben, das 1976 "erst" einige Jahre alte MBFR-Theater mit einem Rüstungsbegrenzungserfolg abzuschließen, wenn die NATO einen solchen Erfolg wünschte.[390]

---

386 Kap. IV.2.4.

387 Ein Beispiel dafür bildet das Washingtoner Flottenabkommen von 1922, in dem die Zahl der durch das Flugzeug entwerteten Schlachtschiffe zwischen den Vereinigten Staaten, Großbritannien und Japan begrenzt wurde. Eine Begrenzung, die zwischen Deutschland und Großbritannien vor dem Ersten Weltkrieg nicht zu erreichen war.

388 Dieses Prinzip der möglichst weitgehenden Unabhängigkeit der militärischen Effizienz der eigenen Rüstung von den Rüstungsanstrengungen des Gegners habe ich ausführlich in:, Schwarz, Klaus-Dieter (Hrsg.), Sicherheitspolitik. S.641 und 646, dargelegt.

389 Schwarz, Klaus-Dieter, Sicherheitspolitik. S.646.

390 Das hat sie nie gewollt. Das MBFR-Theater ist erfolglos nach fast 19jähriger Aufführung im Jahre 1988 beendet worden.

Der Übergang vom heutigen Zustand zur Verteidigerüberlegenheit ist auch nicht durch Instabilitäten in den Zwischenstufen blockiert, wie das auf der strategischen Ebene der Fall ist.[391] Denn es ist evident, daß jede Verschiebung in Richtung höherer Effizienz in der Verteidigung *bei gleichzeitiger*[392] *Minderung der Eignung für den Angriff* kontinuierlich zu der gewünschten Situation führt, in der schließlich Verteidigerüberlegenheit erreicht ist.

Auf der konventionellen Ebene in Europa kann Verteidigerüberlegenheit deshalb ohne Gefährdung der eigenen Sicherheit *einseitig* hergestellt werden. Einseitiger Übergang der NATO zur Verteidigerüberlegenheit wäre auch politisch ein Gewinn des Westens, weil der Warschauer Pakt seine Option des konventionellen Angriffs verlöre. In der Konfrontationspolitik zwischen den Supermächten verschöben sich so die Gewichte zugunsten der USA.

Nichts spricht also im Prinzip gegen einen einseitigen Übergang der NATO zu dem Konzept der strukturellen Verteidigerüberlegenheit. Außer: Die NATO hat sich bisher standhaft geweigert, darüber auch nur ernsthaft nachzudenken.

Heute aber bietet der Warschauer Pakt in immer neuen Vorschlägen an, auf *beiden* Seiten in Europa zu defensiven Streitkräftestrukturen und Militärdoktrinen überzugehen.[393] Vorschläge, die in der bipolaren Konfrontation gerade deshalb wohl von niemandem erwartet wurden, weil sie darauf hinauslaufen, ein "As" der Sowjetunion abzubauen, ohne dem Westen ein gleichwertiges "As" zu nehmen. Über dieses politisch erstaunliche Faktum ist viel zu sagen. Das soll später geschehen. Hier ist zunächst festzustellen, daß nunmehr von der Sowjetunion Vorschläge für *beiderseitige* Umstrukturierungen vorgelegt wurden. Inzwischen hat der Warschauer Pakt sogar schon begonnen, einseitig auf Defensivüberlegenheit umzurüsten.[394]

Von der NATO fehlt bisher jeder konkrete Vorschlag für eine solche Umstrukturierung. Der Streit über die neue Rüstung mit Kernwaffen von 480 km Reichweite hat aber sehr deutlich werden lassen, daß die politische Uneinigkeit über den Gesamtkurs gegenüber der Sowjetunion hier wesentlicher hereinspielt, als militärische Fragen.[395] Während amerikanische Regierungsvertreter erklären, sie sähen eine große Wahrscheinlichkeit darin, daß Gorbatschows Reformkurs scheitere und

---

391 Dazu vgl. unten Kap. IV.6.
392 Erhöhung der Verteidigungsfähigkeit allein bei konstanter Angriffseignung macht eine Armeestruktur angriffsfähiger, nicht aber "strukturell nichtangriffsfähig".
393 Näheres dazu unten Kap. VII.2.2.
394 Die Welt, 22.2.1989, S.1: "NATO, Sowjets verringern Offensivkraft ihrer Truppen."
395 Der Streit kulminierte vor dem NATO-Gipfel Ende Mai 1989 so, daß selbst Bundespräsident Richard von Weizsäcker sich gezwungen sah, gegen die amerikanisch-britischen Pressionen im Bündnis Stellung zu nehmen.

die Sowjetunion zum Konfrontationskurs zurückkehre[396], sind die Kontinentaleuropäer überwiegend daran interessiert, den Reformkurs in der Sowjetunion zu stützen[397]. Der amerikanische Präsident Bush stellte sich mit seinem Abrüstungsvorschlag auf der Jubiläumstagung der NATO in Brüssel am 30. Mai 1989 insoweit auf die Seite der Europäer. Doch liegt der Akzent auch dieses Vorschlags mehr auf einer asymmetrischen Abrüstung auf ein für die NATO günstigeres Zahlenverhältnis der Streitkräfte beider Seiten, als auf Umstrukturierung. Die gemeinsame Erklärung des Bundeskanzlers und des Präsidenten der Sowjetunion vom 13.6.1989 zitiert dagegen die Kriterien "Gleichgewicht" und "Verteidigungsfähigkeit ohne Angriffsfähigkeit" auf gleicher Ebene:

> "Die Sicherheitspolitik und Streitkräfteplanung dürfen nur der Verminderung und Beseitigung der Kriegsgefahr und der Sicherung des Friedens mit weniger Waffen dienen. Das schließt ein Wettrüsten aus. Beide Seiten streben an, durch verbindliche Vereinbarungen unter wirksamer internationaler Kontrolle bestehende Asymmetrien zu beseitigen und die militärischen Potentiale auf ein stabiles *Gleichgewicht* auf niedrigerem Niveau zu vermindern, das zur *Verteidigung, aber nicht zum Angriff* ausreicht."[398]

Damit stehen drei Wege zum Übergang zur strukturellen Verteidigerüberlegenheit in Europa zur Debatte:

1) Der alte Vorschlag eines einseitigen Übergangs der NATO.

2) Ein beiderseitiger Übergang.

3) Ein einseitiger Übergang des Warschauer Paktes.

Über die dritte Alternative ist wenig Hilfreiches auszusagen. Verhindern könnte der Westen diese Entwicklung nicht, wenn die Sowjetunion sie - aus welchen Gründen auch immer - vorantreiben sollte.[399] In dieser Alternative säße das westliche Bündnis als Zuschauer. Seine Streitkräfte verlören allenfalls eine Option, die sie ohnehin nach allen offiziellen Erklärungen nie gehabt haben, und die sie auf keinen Fall ausüben wollen: die Angriffsoption. Gewinnen würde das westliche Bündnis die Sicherheit vor sowjetischen Angriffen. Militärisch also ein erfreuliches Bild. Doch was es politisch bedeuten würde, wenn die Sowjetunion Europa durch einseitige Maßnahmen und gegen den Widerstand der Vereinigten Staaten

---

396 Frankfurter Rundschau, 27.4.1989: "USA setzen Europäer stark unter Druck".

397 Frankfurter Rundschau, 27.4.1989: Der Bundespräsident wandte sich gegen Bestrebungen von seiten der USA und Großbritanniens, für die Kontinentaleuropäer "ohne Vertretungsmacht" Zustimmung zum amerikanischen Kurs zu erklären. Vgl. auch Frankfurter Rundschau, 27.4.1989, "Westliche Steine".

398 Die Welt, 14.6.1989, S.6.

399 Mancherorts im Westen wird angenommen, die angekündigten einseitigen Schritte der Sowjetunion seien erfolgt, weil Gorbatschow auf die angebotenen Um- und Abrüstungsverhandlungen wenig Hoffnung setze.

dem Frieden näherbringen würde, darüber sollte man sich rechtzeitig Gedanken machen. Einige dieser Gedanken sollen im folgenden Kapitel entwickelt werden.

Die Option 1, einseitiger Übergang der NATO zur Verteidigerüberlegenheit, liegt dagegen ausschließlich in den Händen der NATO. Hier wäre der Warschauer Pakt Zuschauer.

Die Option 2 eines beiderseitigen Übergangs setzte natürlich Mitwirkung beider Seiten voraus.

Da der Warschauer Pakt eine beiderseitige Strukturveränderung angeboten hat, steht die NATO jetzt vor der Frage: Soll die NATO die Umstrukturierung auf Verteidigerüberlegenheit *einseitig* durchführen, oder soll diese Umstrukturierung nur *wechselseitig*, gleichzeitig mit dem Warschauer Pakt stattfinden?

Sicher: Gleichzeitiger Übergang beider Seiten zu rein defensiven Strukturen würde die *militärischen* Probleme für beide Seiten sehr erleichtern. Und dies nicht nur aus militärischen, sondern auch aus politischen Gründen. Beiderseitiger Übergang heißt in der politischen Praxis von heute aber meist: Durch Verhandlungen von Pakt zu Pakt ausgehandelter Übergang. Doch das ist ein weites Feld.

Das Grundproblem solcher Rüstungskontrollverhandlungen von Pakt zu Pakt kann man leicht erkennen, wenn man sich ansieht, wie in solchen Verhandlungen gearbeitet wird. Es geht zu wie auf einem Markt. Man bietet dem Gegner eigene Abrüstung gegen eine erwünschte Abrüstung des Gegners. Das heißt, man schachert. "Do ut des" nannten das die Römer. Geben, um zu bekommen. Wer auf einem solchen Markt etwas bekommen will, muß also etwas abzugeben haben. Damit ist zwangsläufig festgelegt, daß man zunächst einmal angriffsfähige Optionen aufrechterhalten muß. Das bedeutet, daß man die auch für den Angriff geeignete Rüstung "auf dem laufenden halten", also laufend modernisieren und seine Armee weiter auch in angriffsfähiger Weise ausbilden muß, damit man dem Gegner den Abbau möglichst gewichtiger Angriffsoptionen für den Fall anbieten kann, daß auch der Gegner entsprechende Optionen abbaut. Nur, damit fehlen Mittel und Motivation für die Spezialisierung auf Verteidigung und die NATO sieht sich folglich weiter bedroht. Kernwaffen in Europa "zur Abschreckung oder auch zur Verteidigung" können so weiter als unverzichtbar bezeichnet werden. "Modernisierung" dieser Kernwaffen folgt logischerweise nach. Wieder gehen Mittel verloren, die die Sicherheit des Westens durch Verbesserung der Verteidigung hätten erhöhen können. Schlimmer noch: wenn Waffensysteme und angriffsgeeignete Strukturen erst einmal eine Zeit lang da sind, gewöhnen sich Politiker und Militärs so an deren Existenz, daß sie fürchten, die Sicherheit gehe verloren, wenn diese Optionen wieder abgebaut werden. Ein Beispiel dafür sind die "Nachrüstungswaffen" Pershing 2 und Cruise Missile, die nach offizieller These nur zur Abrüstung aller Mittelstreckenwaffen auf beiden Seiten angeschafft, plötzlich für viele "für unsere Sicherheit unverzichtbar wurden", als die Sowjetunion die berühmte Null-Lösung für Mittelstreckensysteme in Europa akzeptierte.

Ein weiteres Beispiel für die wechselseitige Absicherung militärischer Optionen gegen Ab- oder Umrüstung bilden die Kernwaffen mit einer Reichweite unter 500 km in Europa. Schon hört man, nicht einmal Verhandlungen über ihren Abbau seien möglich, weil man sonst keinen Hebel in der Hand habe, die Sowjetunion zum Abbau ihrer konventionellen Potentiale in den anstehenden Verhandlungen zu bewegen ("Verhandlungschips").[400] Über die konventionellen Waffen möchte man zwar gerne verhandeln. Man hat ja auch gerne 20 Jahre MBFR-Verhandlungen geführt. Aber ob wirklich alle westlichen Mächte einen *Erfolg* der Verhandlungen wünschen, ist mehr als zweifelhaft. Denn wenn die Verhandlungen wirklich zu konventioneller Stabilität durch wechselseitige strukturelle Verteidigerüberlegenheit führen sollten, hätte man das alte Argument für amerikanische Kernwaffen auf dem europäischen Kontinent verloren: die bedrohliche konventionelle Überlegenheit des Warschauer Paktes. Vorsorglich wird deshalb heute schon die Auffangstellung bezogen, selbst nach Erreichen konventioneller Stabilität würden diese Kernwaffen weiter benötigt, um die Abschreckung zu sichern[401] und die Sowjetunion an der Erreichung ihres alten Zieles der Denuklearisierung Europas zu hindern. Doch diese Auffangstellung ist sehr schwer gegenüber der Öffentlichkeit zu verteidigen. Denn die Beseitigung der Angriffsfähigkeit des Warschauer Paktes war ein ebenso altes Ziel des Westens!

So zeigen auch die neuen Wiener Abrüstungsverhandlungen (CSE) Züge des gewohnten Bildes: Es ist zu befürchten, daß trotz des diesmal ernsten Drängens der Bundesrepublik[402] und der meisten Kontinentaleuropäer und trotz der Abrüstungsvorschläge des amerikanischen Präsidenten Bush letztlich doch wieder nur Opium fürs Volk in der Gesprächsküche der Abrüstungsverhandlungen gekocht werden wird. So, wie dies bis zum überraschenden Abschluß des Vertrages von

---

[400] Kremp, H.: Das Gespenst einer Null-Lösung". Die Welt, 27.4.1989, S.5. So dann auch der CSU-Abgeordnete Graf Huyn in der Bundestagsdebatte vom 28.4.1989, mit Zustimmung zitiert von Jean-Paul Picaper in Le Figaro, 2.5.1989, S.6.

[401] Der amerikanische Verteidigungsminister Cheney hat erklärt, "der Westen dürfe nicht in die gefährliche Falle gehen", Verhandlungen über die dritte Null-Lösung aufzunehmen. Die Sowjets hätten immer wieder gewünscht, Europa zu denuklearisieren. Süddeutsche Zeitung, 26.4.1989, S.1. Diese Kernwaffen seien aber unverzichtbar, um die Abschreckung zu sichern. International Herald Tribune, 26.4.1989, S.1, "A philosophical split on arms."

[402] Eine so entschlossene Initiative zur Wahrung des deutschen Standpunktes gegenüber den USA, wie der Besuch von Außenminister Genscher und Verteidigungsminister Stoltenberg in Washington, hat es in der Geschichte der Bundesrepublik noch nicht gegeben. Vgl. dazu Die Welt. 26.4.1989, S.3: "In Washington feierte das neue Duo erfolgreich Premiere".

Washington 20 Jahre lang geschah - oder, wenn man will: wie seit den ersten Friedenskonferenzen zur Jahrhundertwende.

Andererseits kann überhaupt kein Zweifel daran bestehen, daß die Position wechselseitiger Verteidigerüberlegenheit ungleich leichter erreicht werden kann, falls tatsächlich *beide* Seiten gleichzeitig ihre Angriffsfähigkeit herab, ihre Verteidigungsfähigkeit aber heraufsetzen sollten. Würde für *beide* Seiten Verteidigerüberlegenheit ohne Angriffsfähigkeit wirklich das *angestrebte Ziel* für die militärischen Mittel, gäbe es auch keinen Grund, vor Umrüstungsschritten auf eine entsprechende Umrüstung der Gegenseite zu warten. Rüstungskontroll*verhandlungen* im Sinne eines "do ut des" (ich ändere meine Rüstung nur, wenn du sie möglichst vorher auch änderst) werden dann sinnwidrig, wenn jeder in der Umstellung auf Verteidigerüberlegenheit ein eigenes Interesse sieht, weil er durch diese Umstellung seine Verteidigungsfähigkeit sofort steigert. Warum z.B. sollte die NATO auf den Warschauer Pakt warten, falls sie es für verteidigungseffizienter hielte, etwa 200 000 Präzisionsraketen zur Bekämpfung mechanisierter Verbände anzuschaffen, statt das Geld für den "Jäger 90" auszugeben?

Sollten tatsächlich beide Seiten wechselseitige Verteidigerüberlegenheit *wollen*, wäre es deshalb sinnvoll, Rüstungskontroll*gespräche* zu führen, die dem Ziel dienen, die eigenen defensiven Maßnahmen zu erläutern, die des Gegners zu verstehen und - eventuell sogar gemeinsam - nach möglichst effektiven Schritten zu suchen.[403] Ob die vereinbarten Wiener Verhandlungen diesen Charakter annehmen werden, darüber kann man heute nur spekulieren. Optimismus ist die Devise des Tages, doch Skepsis bleibt angebracht.

Führt die Umwandlung der Struktur der NATO-Streitkräfte zu einer Verbesserung der eigenen Verteidigungsfähigkeit, gewinnt man gleichzeitig die nötige Rückversicherung dagegen, daß der Umrüstungsprozeß auf der Gegenseite zum Stillstand kommt und der Warschauer Pakt erneut Offensivoptionen anstrebt. Niemand jedenfalls in Europa will das, niemand kann es aber auch ausschließen. Vorsicht ist deshalb geboten. Drückt sich diese Vorsicht dadurch aus, daß man erst einmal weitermacht wie bisher, bis man ganz sicher ist, daß der Warschauer Pakt wirklich ab- und umrüstet, so bleibt man zunächst einmal im alten gefährdeten Zustand stehen, den doch alle Weißbücher seit 20 Jahren in lebhaften Farben ausmalen. Ein Stillstand der Abrüstungsverhandlungen macht es zudem wahrscheinlicher, daß eine neue politische Entwicklung dazwischenkommt, die bewirkt, daß der War-

---

403 Robert Neild unterscheidet einseitige Akte, traditionelle Verhandlungen und "Consultations" und gibt eine hervorragende Beschreibung der Möglichkeiten und Unmöglichkeiten dieser Alternativen. "Non-Offensive Defence: The way to achieve common security in Europe". Canadian Institute for International Peace and Security, 25.Background Paper, Jan. 1989. Vgl. dazu auch Karsten Voigt, "Konventionelle Stabilität und Strukturelle Nichtangriffsfähigkeit", a.a.O.

schauer Pakt den Abrüstungsprozeß abbricht, der ihm eine bisher jedenfalls hoch bewertete politische Erpressungsposition nehmen würde. Bricht der Prozeß aber ab, kann man nur fortfahren, weiter über die sowjetische konventionelle Überlegenheit in Europa zu jammern.

Zeigt sich Vorsicht jedoch darin, daß man parallel zu dem beidseitigen Informationsaustausch seine eigene *Verteidigungsfähigkeit* immer mehr durch Wahl verteidigungseffizienter Waffensysteme, Taktiken und Aufstellungen der Streitkräfte *vergrößert* und die Mittel dazu auf Kosten angriffsgeeigneter oder zweifelhafter Optionen freistellt, dann steht man nach einem eventuellen Scheitern der "Verhandlungen" nicht schlechter da als heute, sondern besser. In diesem Sinne ist einseitiges Vorgehen unverzichtbar.

176

VI. Wie groß ist unter der gegebenen politisch-militärischen Realität der politische Spielraum für Europa-Politik?

Wer nicht auf Illusionen aufbauen will, muß sich immer wieder die vorgegebenen Bedingungen der Politik ins Gedächtnis rufen. Doch welche Bedingungen sind wirklich vorgegeben?

VI.1 Das Unvorhergesehene und die Politik.

Fast stets in der Geschichte kam es anders als man dachte. Wer hätte 1750 Napoleon vorhersehen können? Wer 1912 die deutsche Niederlage im Ersten Weltkrieg, die bolschewistische Revolution und - Hitler? Alexis de Toqueville's richtige Prognose vom amerikanisch-russischen (20.) Jahrhundert dürfte die Ausnahme bleiben.

Eine Vorhersage ist besonders dann schwierig, wenn mehrere Faktoren gleichzeitig in Turbulenzen, in Zustände gefährlicher Ungleichgewichte, treten. Eben das aber ist heute der Fall:

Der Fähigkeit des kommunistischen Systems, unterentwickelte Länder wie Rußland 1918 und China 1949 auf die Stufe der Selbsterhaltung und der Beseitigung des Analphabetenproblems zu führen, steht die Unfähigkeit gegenüber, diese Gesellschaften dann so weiter zu modernisieren, daß sie in Konkurrenz mit den westlichen Industrienationen Schritt halten können. Ob die Reformversuche in China und in der UdSSR Erfolg haben werden, weiß man heute noch nicht.

Aber auch die großen Probleme, in die die westlichen Ideale freier kapitalistischer Wirtschaft und freien ungehinderten Welthandels laufen, sind kaum noch zu übersehen. Dennoch werden sie verdrängt - aber sie kommen durch die Hintertür in die reichen westlichen Nationen zurück. Ein Beispiel:

Schon heute geht der Anteil der Handelsflotten unter westlichen Flaggen von Jahr zu Jahr zurück. Fuhren 1970 noch 2 690 Handelsschiffe unter der Bundesflagge, waren es Anfang 1988 nur noch 662. Denn die aus der Milliardenarmee der Arbeitslosen der Entwicklungsländer rekrutierten Schiffssklaven von Billigflaggen fahren auf Billig-Flaggen-Schiffen billiger[404]. Offizierspatente sind käuflich[405] - und die Schiffskatastrophe bezahlt die Versicherung[406]. Die Arbeitslosigkeit in den norddeutschen Küstenregionen hat hier eine ihrer Ursachen.

Lohnsenkung in den Industrienationen könnte als notwendiges Mittel zum Kampf um Märkte ("Verbesserung des Industriestandortes Bundesrepublik") angesehen und durchgesetzt werden. Doch sinkender Lebensstandard wäre die Folge.[407] Offen muß bleiben, ob der Lebensstandard gleichmäßig gesenkt würde, oder ob man ihn ungleichmäßig senkt, indem man Reiche und Nichtarme reicher bzw. etwas reicher macht, und die Armen absinken läßt (Zweidrittel-Gesellschaft[408]). Sinken zu große Teile der Bevölkerung zu deutlich spürbar ab, droht Revolution. Sinken alle etwas ab, droht allgemeiner Legitimationsentzug. Gleichzeitig steigt der Druck von außen, der Druck der schnell wachsenden Armeen der wirklich Armen in den sogenannten Entwicklungsländern. "Asylanten-Problem" nennt man heute verharmlosend dieses Kernproblem der von unseren westlichen Vorstellungen geprägten Welt mit ihrer Wirtschaftspolitik und ihrer ungleichen Verteilung der Reichtümer unseres Planeten.

Brasilien ist ein Beispiel: Mit seiner landwirtschaftlichen Fläche könnte Brasilien wahrscheinlich mehr als 500 Millionen Menschen ernähren. Aber arm und ohne Land hungert eine große Zahl der 140 Millionen Brasilianer. Ein Teil von ihnen wandert in die schnell wachsenden Slums der Großstädte, viele suchen ihre Chance im Urwald. Aber der gerodete Urwaldboden ist so karg, daß nach wenigen Jahren keine Ernten mehr erbracht werden. Neuer Regenwald wird gerodet. Siedler, Goldgräber und Erzhütten lassen dem Regenwald kaum noch eine Chance.

---

404 Schiffsoffiziere von den Philippinen erhalten z.B. monatlich 500-1 000 DM weniger Heuer als Deutsche. Von der gesamten Flotte deutscher Reeder fahren nur noch 308 unter deutscher, 363 aber unter ausländischer Flagge. Die Zahl deutscher Seeleute hat sich in den letzten 15 Jahren auf 20 000 halbiert. Der Spiegel, Nr.5/1988, S.62.

405 "Freiheit der Löhne", Hinrich Lührsen in: Die Zeit, 2.9.1988, S.31, mit den im Text wiedergegebenen Zahlen für den Schiffsbestand, die von denen der vorhergehenden Anmerkung abweichen, da offensichtlich andere Mindestgrößen zugrundegelegt wurden. Beschränkt man sich auf Schiffe größer als 100 t, ist der Bestand von 1973 (2 066 Einheiten) bis 1983 auf 1 393 Einheiten zurückgegangen. Die Zahl der Fischereifahrzeuge ging im gleichen Zeitraum von 141 auf 84 zurück (Statistisches Jahrbuch 1975, Tab.18.17.1 und 1985, Tab.13.17.1).

406 Die bisher größte Schiffskatastrophe im Frieden, die Versenkung der Doña-Paz 160 km südlich Manilas am 20.12.1987 durch den Billigflaggen-Tanker Victor (mehr als 2 100 Opfer), ist nur ein besonders drastisches Beispiel. Der Tanker fuhr direkt auf die Fähre zu. Die Wetterverhältnisse waren gut. Die Brücke des Tankers war nicht von qualifiziertem Personal besetzt. Die philippinische Fähre war total überbelegt, Rettungswesten für die Passagiere nicht zugänglich. Vgl. Süddeutsche Zeitung, 22.12.1987, S.1; International Herald Tribune, 29.12.1987, S.2; Le Monde, 22.12.1987, S.1 und 4.

407 vgl. dazu: Fröbel, Folker/Heinrichs, Jürgen/Kreye, Otto: Umbruch in der Weltwirtschaft. Reinbek, Rowohlt 1986.

408 Diese Bezeichnung stammt von Peter Glotz. Kurt Biedenkopf hat sie ebenfalls verwendet.

10-12% des Regenwaldes Brasiliens sind bereits zerstört und die Verwüstungen schreiten in immer schnellerem Tempo voran[409]. Die Zerstörung des Regenwaldes aber gefährdet das Weltklima mit der Folge einer weiteren Verschlechterung der Überlebensbedingungen, gerade in den armen Ländern. Nur Geburtenkontrolle und Landreform könnten den Urwald wirklich retten[410]. Aber Geburtenkontrolle in dem katholischen Lande stößt auf den Widerspruch des römischen Papstes. Landreform, Enteignung des Großgrundbesitzes also, widerspricht dem liberalen Prinzip der Garantie des Eigentums sowie dem liberalen Ideal des "freien Wettbewerbs" und scheitert an den bestehenden Machtverhältnissen.

Bis zum Jahre 2010 werden 7 Milliarden Menschen die Welt bevölkern.[411] 4 bis 5 Milliarden von ihnen dürften unter miserablen Lebensbedingungen leiden. Schlechte Lebensbedingungen fördern nicht Demokratie, sondern Diktatur und Unterdrückung. Hunderte von Millionen Menschen, die nach allen denkbaren juristischen Kriterien als politisch Verfolgte anzusehen sind, werden versuchen müssen, in die wenigen Inseln des Reichtums hineinzukommen. Profitgierige Schlepperorganisationen sind schon heute am Werk.[412] Wer, wie eine Mehrheit auf dem Parteitag der Grünen in Münster 1989, den freien Zugang für alle Flüchtlinge und ein allgemeines Bleiberecht für Ausländer fordert, zeigt, daß er von einem Weltproblem nicht Kenntnis nimmt, das die ärmeren Schichten unseres Volkes schon erreicht hat.[413]

Schon zeigen sich auch die ersten Machtkämpfe zwischen den Industrienationen. Die größte Industriemacht der Welt, die Vereinigten Staaten, ist selbst als erste mit katastrophalen Folgen ihres Ideals konfrontiert: steigende Importe aus Japan und Europa, Abbau hochqualifizierter Arbeitsplätze in den USA, z.B. im Kraftfahrzeugbau, und Ersatz durch schlechtbezahlte Arbeitsplätze im Dienstleistungssektor ("Würstchenbudenverkäufer")[414], wachsendes Handelsdefizit und steigende Staatsverschuldung[415], Überproduktion und Armut in der Landwirtschaft. Der

---

409 Text nach Brower-Rabinowitsch, Axel Deutsches Allgemeines Sonntagsblatt, 25.9.1989, S.3.
410 So Franken, Wolfram, Amazonas-Forschungsinstitut INPA. Zit. nach: Brower-Rabinowitsch, Axel Deutsches Allgemeines Sonntagsblatt, 25.9.1989, S.3.
411 Nach Angaben der UNO; vgl. Süddeutsche Zeitung, 24.2.1989.
412 Der Spiegel, Nr. 21/1989, 22.5.1989, S.53f.: "Viel Geld für eine Affenfahrt".
413 vgl. über diesen Parteitag Süddeutsche Zeitung, 22.5.1989, S.2, und die tageszeitung (taz), 22.5.1989, S.5.
414 vgl. dazu z.B. de Thier, Peter: "Ein fragwürdiges Wunder." Süddeutsche Zeitung, 6./.8.1988, S.32. "Schätzungsweise 10 Millionen Amerikaner mit einer 40-Stunden-Woche verfügen nach Lohnsteuerabzug über genausoviel wie ein Bezieher von Arbeitslosenunterstützung." Senator E. Kennedy: "Fast die Hälfte der Stellen, mit denen man die Statistiken zu beschönigen versucht, lassen die Betroffenen nach wie vor am Hungertuch nagen."
415 Das Leistungsbilanzdefizit der USA erreichte 1986 die neue Rekordmarke von 140 Mrd $. Die Auslandsschulden erreichten 220 Mrd $. Damit liegen die USA vor Brasilien (108 Mrd $) an der Spitze der Schuldnernationen. Süddeutsche Zeitung, 19.3.1987, S.25.

"Handelskrieg" um Cognac und Mais vom Januar 1987, der mit der totalen Kapitulation der Europäer endete, ist, wie der ihm nachfolgende "Spaghetti-Krieg"[416] und die vorangegangenen, von den Europäern "verlorenen" Geplänkel des "Hähnchen-Krieges", nur eine der ersten Wirtschaftskonfrontationen, die zwischen den westlichen Industrienationen aufgebrochen sind, bestimmt aber nicht die letzte. Die Angst, daß sich ab 1993 eine "Festung Europa" bilden könnte, ist die Angst vor einer Verschiebung der Machtgewichte in solchen Wirtschaftskonfrontationen.

Wozu werden Einwanderungsdruck und sich verschärfender Wettbewerb innerhalb der Industrienationen und zwischen ihnen führen? Mündet diese Entwicklung in einigen oder allen (?) westlichen Staaten mit einem Loyalitätsentzug für das liberale Gesellschaftssystem? Oder führt sie zum Schließen der Grenzen gegen Zuwanderung und zur Beerdigung des Prinzips des freien Handels: dem Durchbruch protektionistischen Denkens, zuerst in den USA[417] und anschließend in Europa - mit ebenfalls nicht vorhersehbaren Folgen? War das Kentern der Fähre "Herald of Free Enterprise" ein Symbol?

Aber Vorsicht: Es ist wie bei Risikostudien von Kernkraftwerken. Alle vorgedachten möglichen Unfälle werden genau dadurch weniger wahrscheinlich, daß man sich mehr oder weniger gut gegen sie zu sichern sucht. Aber dann geschieht wie im oben zitierten Falle des Kernkraftwerkes von "Browns Ferry"[418] das Unvorhergesehene: ein Unfall, der dadurch entsteht, daß durch eine Kerze die Isolation der Elektrokabel in Brand gesetzt wird. An Kerzen hatte verständlicherweise niemand bei der Konstruktion eines Kernkraftwerkes gedacht.

Eines ist von vornherein klar: Eine Politik gegen Gefahren zu machen, die man nicht kennt, ist unmöglich. Also macht man Politik in Richtung auf bekannte Ziele und gegen bekannte Gefahren. Wir begegnen hier dem Prinzip der Ausblendung, das auch die Grundlage der Abschreckungspolitik ist.[419] Das Problematische an dem Prinzip der Ausblendung ist nicht, daß man ausblendet. Das Problem ist: *Wo kann was* ausgeblendet werden, *wo muß was* ausgeblendet werden?

---

416 Streit zwischen der EG und den USA über die Subventionierung von Teigwaren. Vgl. Le Monde, 1.8.1987. S.22, "La guerre des spaghettis". Auch dieser Krieg fand nicht statt. Die Europäer gaben nach. Le Monde, 7.8.1987, S.22.

417 Präsident Reagan unterzeichnete am 23.8.1988 ein mehr als 1000seitiges Gesetz, das der Regierung der Vereinigten Staaten weitgehend freie Hand in der Beschränkung von Einfuhren gibt. Das Gesetz ist auf heftigen Widerspruch in Japan und Europa gestoßen. International Herald Tribune, 25.8.1988, S.5.

418 oben Kap. IV.4.3.

419 Abschreckung gegen technisches Versagen oder Krieg aus Mißverständnissen gibt es nicht. Abschreckung eines Krieges aus Kriseneskalation oder menschliche Fehler in Krisen ist ein sehr zweifelhaftes Unterfangen. Also macht man Abschreckung gegen den vom Zaun gebrochenen Eroberungskrieg, was vor allem deshalb relativ widerspruchslos akzeptiert wird, weil der *letzte* große Krieg in Europa durch einen solchen unprovozierten Angriff Deutschlands ausgelöst wurde.

Bezüglich *unvorhergesehener* Gefahren läßt sich nur so viel sagen: Die Politik muß suchen, möglichst "robuste, stabile" Situationen herbeizuführen. Das heißt, Situationen, in denen nicht die plötzliche Veränderung eines einzigen Parameters lebensbedrohliche Folgen zeitigen kann. Fehlerfreundlichkeit nennt dies die Biologin Christine von Weizsäcker[420]. Schon heute sichtbare Felder mangelnder Fehlerfreundlichkeit sind: Sicherheitspolitik, die sich auf nukleare Abschreckung gründet, Abhängigkeit von sehr hohen Exportquoten oder von bestimmten Energieerzeugungsformen, von Verkehrs- oder Produktionsformen, die sich plötzlich aus Gründen des Umwelt- oder Gesundheitsschutzes als nicht mehr tolerabel erweisen können. Aber das sind wiederum nur die vorhersehbaren Parameter.

VI.2 Weltpolitische Bedingungen deutscher Politik.

VI.2.1 Der Status quo.

Nur die Vereinigten Staaten sind in allen für die Macht eines Staates zählenden Faktoren Weltmacht. Die Sowjetunion ist "nur" eine große Kontinentalmacht und eine militärische Weltmacht.

Die Sowjetunion war zwar bisher in der Lage, im militärischen Bereich ein großes Stück weit aufzuholen - auch wenn ihr zur gleichrangigen Weltmacht noch Flotte und Flottenbasen fehlen. Ob sie aber den militärischen Wettlauf noch weitere 20 Jahre durchhalten kann, hängt vor allem ab von:

Wirtschaftskraft und Technologie.

Mit beidem aber sieht es seit langem schlecht aus:

---

420 Natur, Heft 3/1988, S.61ff.

1 9 8 0

	EINWOHNER (MILLIONEN)	BRUT.SOZ.PROD. (MRD. $ US 1980)
NATO/US	616	5.959
JAPAN	117	1.048
CHINA	1.007	300
SUMME:	1.740	7.307
W.P.	375	1.730
W.P.: MÖGLICHE GEGNER	1 : 4,6	1 : 4,3

Von der Sowjetunion aus betrachtet zeigt sich die potentiell feindliche Umwelt des Ostblocks also an Menschen und wirtschaftlicher Produktion mehr als 4fach überlegen. Und wenn Technologie sich auch nur schwer in einfachen Zahlen darstellen läßt, so muß jeder sowjetische Planer jedenfalls sehen, daß die technologisch führenden Nationen USA, Japan und Westeuropa im westlichen Lager, nicht aber im Lager der Sowjetunion stehen.

VI.2.2   Die Interessen der Supermächte in Europa.

Im Machtinteresse der Sowjetunion liegt es, in ihrem "geostrategischen Hinterhof Europa"

- *auf keinen Fall* einen bedrohlichen Feind zu haben,

- *möglichst* so bestimmen zu können, wie die USA in ihrem Hinterhof Mittel- und Südamerika bestimmen. Dies ist das Interesse, das oft unzutreffend als "Finnlandisierung" Europas bezeichnet wird. Unzutreffend deshalb, weil ein solches Europa sich kaum den Freiheitsspielraum erhalten könnte, den Finnland heute genießt.

Im Machtinteresse der *USA* liegt es,

- *möglichst* in Europa bestimmen zu können,

- *auf keinen Fall* der Sowjetunion zu erlauben, in Europa so bestimmen zu können, wie heute die USA in Mittel- und Südamerika bestimmen.

Offensichtlich widerspricht ein sowjetisches Machtinteresse, in Europa bestimmen zu können wie die USA in Mittelamerika, diametral den europäischen Interessen. Dies gilt auch für die Osteuropäer.

Daß ein solches sowjetisches Machtinteresse ebenso den Interessen der USA diametral widerspricht, das ist die feste Grundlage für das NATO-Bündnis. Ideologische Überhöhung braucht diese Grundlage eigentlich nicht. Natürlich nützen gemeinsame Wertvorstellungen zwischen den Westeuropäern und den Vereinigten Staaten, die neben die politischen Interessen treten, dem Zusammenhalt des Bündnisses. Aber sie sind auch nicht ganz gefahrlos. Enttäuschungen über das Verhalten der Vereinigten Staaten, das nicht den idealisierten Wertvorstellungen entspricht, kann in Antiamerikanismus umschlagen. Zwar kann Antiamerikanismus nur entstehen, wenn vorher die Supermacht USA in einer irrealen Rolle gesehen worden ist. Sei es in der Rolle des selbstlosen Vorkämpfers für Recht und Freiheit, sei es in der des "Drachentöters", der den Deutschen das, was sie im Zweiten Weltkrieg verloren haben, wiedererobert, sei es möglichst gleichzeitig in beiden Rollen. War es in den 60er und 70er Jahren vor allem die "Linke", die enttäuscht feststellen mußte, daß die Menschenrechtserklärungen der amerikanischen Verfassung mit der Politik der Großmacht USA im 20. Jahrhundert nicht identisch waren, so stehen seit dem Washingtoner INF-Abkommen mehr die "Rechten" in der Gefahr des Antiamerikanismus. Elizabeth Pond, Europa-Korrespondentin des "Christian Science Monitor", schreibt dazu unter der Überschrift "Verraten und verkauft?" in "Die Zeit"[421]:

> "Die *größte Gefahr* bei dem gegenwärtigen Raketenstreit in der NATO liegt nicht darin, daß der westliche Atomschirm löcherig wird. Sie *liegt nicht einmal darin, daß die herkömmlicherweise proamerikanische Rechte in der Bundesrepublik nun in Antiamerikanismus verfällt, obwohl dieses Risiko nicht ganz gering zu veranschlagen ist.* Die eigentliche Gefahr besteht darin, daß sich *innerhalb der kleinen Elite,* die Bonns Sicherheitspolitik bestimmt, das Gefühl festsetzt, die Westdeutschen würden von ihren Verbündeten im Stich gelassen."

Natürlich steht heute der sehr dumm da, der wie viele dieser "kleinen Elite" jahrelang verkündet hat, nur *er* als Mitglied dieser Elite habe das Monopol auf militärischen Sachverstand. Und aus diesem Sachverstand heraus könne er beurteilen, daß die Aufstellung von Pershing 2 und Cruise Missiles für unser Überleben notwendig sei. Gegner dieser Nachrüstung hätten nicht das richtige Problembewußtsein, weil sie sich von der strategischen Realität entfernt hätten und so weiter und so fort.[422]

---

421 Die Zeit, Nr.27, 26.6.1987, S.3.
422 Ein Beispiel: Stratmann, einer der eifrigsten regierungsnahen Verfechter des Nachrüstungs-Doppelbeschlusses, schrieb 1984 in einem Pamphlet, in dem er die damals neue AirLand-Battle-Dienstvorschrift für die amerikanische Armee von fast jeder Kritik reinzuwaschen suchte: "Die Verdrängung aller operativen Erfordernisse und Probleme militärischer Sicherheitspolitik aus der öffentlichen De-

Doch wenn die USA aus ihrem Interesse heraus im Dezember 1987 einen Vertrag über den Abbau dieser Mittelstreckensysteme geschlossen haben, ist für Anti-amerikanismus kein Anlaß. Die sich "verraten" fühlende kleine Elite kann die Schuld für ihren Irrtum nicht auf "die Amerikaner" schieben. Ihr Fehler liegt vielmehr darin, daß sie gemeinsam mit einem erheblichen Teil (auch der amerikanischen) Strategen (strategic community) einer Realitätsverengung im Abschreckungsdenken erlegen ist, die sich in der Politik immer schwerer halten ließ. Kurt Biedenkopf hat schon auf der Jahrestagung 1982 jenes IISS, auf der sich diese Gemeinschaft zu treffen pflegt, vor den Folgen einer solchen Realitätsverengung gewarnt.[423] Nicht alle haben diese Warnung akzeptiert.

Die veränderte Sicht von Kernwaffen in der amerikanischen Politik, die sich bereits mit Reagans SDI-Plänen abzeichnete, sich mit den nebulösen Vorschlägen von Reykjavik zum Abbau aller Kernwaffen fortsetzte, die in der "Doppelten Null-Lösung" eine gewisse Konkretisierung findet und die auch das kontroverse Memorandum "Discriminate Deterrence"[424] kennzeichnet, mag sich letztlich als segensreich oder als verhängnisvoll erweisen. Wie auch immer - eines wird man lernen müssen: daß auch die Vereinigten Staaten Interessenpolitik betreiben, und zwar *amerikanische*. Und daß deutsches Interesse durchzusetzen eine *deutsche* Aufgabe ist, nicht aber eine amerikanische. Wer meint, die deutsche Regierung habe hierfür generell nicht genügend Handlungsspielraum, der muß dann eben suchen, diesen Spielraum zu erweitern. Das beste Mittel hierzu dürfte eine entschlossene Europa-Politik sein.

---

batte hat dazu geführt, daß *der militärische Sachverstand weitgehend im Bereich der Regierung monopolisiert ist.* (Stratmann, K.-Peter, "AirLand Battle", Zerrbild und Wirklichkeit. Stiftung Wissenschaft und Politik, SWP-AP 2397, September 1984, S.28).

423 Scheveninger Jahrestagung 1982. Biedenkopf, Kurt: Domestic Consensus, Security and the Western Alliance. In: Defense and Consensus: The Domestic Aspects of Western Security. IISS 24th Annual Conference, Adelphi Paper, Nr.182-184/1983.

424 vgl. dazu oben Kap. III.1 und III.2.

VI.3 Supermachtpolitik kennt Alternativen.

Die Geschichte zeigt:

Welche Politik von Großmächten wie den USA und der Sowjetunion als *machter-haltend* und *machtmehrend* angesehen wird, ist weder a priori vorgegeben, noch für immer festgelegt.

Der Gegensatz zwischen Athen und Sparta endete mit der Niederlage Spartas - und letztlich mit der politischen Bedeutungslosigkeit von Sparta *und* Athen gegenüber Rom.

Der Gegensatz zwischen Rom und Karthago endete mit der Zerstörung Karthagos und einigen hundert Jahren "Pax Romana", Römischer Weltherrschaft.

Der Gegensatz zwischen Spanien und Portugal über die Eroberung der neuen Welt endete 1494 mit dem Schiedsspruch von Tordesillas und der Teilung der Welt entlang eines Längengrades 370 Meilen westlich der Kapverden.[425]

Der Gegensatz zwischen England und Frankreich währte über 100 Jahre. Er endete in der Entente Cordiale gegen das Deutsche Kaiserreich.

Der Krieg zwischen Christen und Mohammedanern endete im Kleinkrieg heute im Nahen Osten. Der Religionskrieg zwischen Katholiken und Protestanten endete nach 400 Jahren abnehmender Heftigkeit in gemeinsamen Gottesdiensten.[426]

Wie eine Großmacht ihre Interessen definiert, darüber entscheiden ihre Führungseliten. Die Entscheidungen fokussieren meist auf kurz-, allenfalls mittelfristig definierte Ziele: hie Status quo, hie Gleichberechtigung zum Beispiel. Diese Ziele werden aber fast stets in einen globalisierenden, oft idealisierenden Gesamtzusammenhang gestellt. Solche "höheren" Ziele können unmittelbar einem nackten Sozialdarwinismus entnommen sein. So Hitlers Politik der Eroberung von Raum im Osten zur "Sicherung der Existenz des germanischen deutschen Volkes".[427]

---

425 Heute etwa 40 Grad West. Spanien erhielt die Rechte westlich dieser Linie, Portugal östlich.

426 Die religiöse Komponente der gewaltsamen Auseinandersetzungen in Nordirland ist der wohl letzte Ausläufer dieses jahrhundertelangen Kampfes.

427 Adolf Hitler: "Menschliche Kultur und Zivilisation sind auf diesem Erdball unzertrennlich gebunden an das Vorhandensein des Ariers. Sein Aussterben oder Untergehen wird auf diesen Erdball wieder die dunklen Schleier einer kulturlosen Zeit senken." Mein Kampf. XX.Auflage, Franz Eher Nachfolger, München 1933, S.421. Der Glaube daran, daß nur die eigenen Werte überhaupt das Überleben der Welt rechtfertigen, ist leider nicht mit Adolf Hitler untergegangen. Heute drohen die nuklearen Weltmächte, zur Verteidigung ihrer höchsten Werte notfalls Kernwaffen einzusetzen, die die ganze Welt mit Freund, Feind und Neutralen zerstören würden.

Sie können aber auch in "menschheitsfreundliche Ideale" hochstilisiert (ideologisiert) werden, indem dem eigenen Volk die "Aufgabe" zudiktiert wird, den Rest der Welt mit den eigenen Idealen zu beglücken:

So z.B.: Das kommunistische Ideal der Befreiung der Menschheit vom Kapitalismus. Das westliche Ideal der Ausbreitung von Demokratie und (westlichen) Menschenrechten. Khomeinis Ideal eines Gottesstaates schiitischer Prägung.

Aber es gibt auch langfristigere, auf höhere Überlebenschancen *aller* Völker, - und damit und erst recht natürlich auch des eigenen Volkes - setzende Ideale. Das hervorragendste Beispiel hierfür ist die Völkerbundspolitik des amerikanischen Präsidenten Wilson. Doch hieße es, die Grenzen des politisch Machbaren zu übersehen, wollte man der englischen Politik der "balance of powers", die absolut nicht mit *militärischem* Gleichgewicht verwechselt werden darf, einen Wert für die Erhaltung des damaligen Systems *aller* Staaten absprechen.

Machterhaltung kann sehr eng mit äußerlich sichtbarer militärischer Macht verbunden gesehen werden. Ist das so, dann rutscht der Akzent der Politik auf Bewahrung, Demonstration und Mehrung militärischer Stärke als Mittel zur Bewahrung oder Veränderung des politischen Status quo (Politik der Supermächte nach 1945).

Machtpolitik kann sich aber auch bei relativ schwacher Ausprägung der militärischen Komponente auf politische Mittel stützen, wenn das Mächtesystem solche Mittel zur Verfügung stellt: Auch hier liefert Englands Bündnispolitik im 18. und 19. Jahrhundert zur Verhinderung einer Suprematiemacht auf dem europäischen Kontinent (Zünglein an der Waage) ein Beispiel.[428] Dasselbe gilt für Metternichs Politik, die auf Restauration der Herrschaft der europäischen Fürstenhäuser gerichtet war.

Machtpolitik kann schließlich aber auch bewußt die militärische Komponente minimieren, ja verleugnen. Das beste Beispiel dafür ist die japanische Nachkriegspolitik des Aufbaus *wirtschaftlicher* Macht. Befreit vom Ballast der Militärtechnologie gelang Japan nicht nur die wirtschaftliche Durchdringung der ehemals mit Gewalt eroberten und durch Gewalt wieder verlorenen "südostasiatischen Wohlstandssphäre", sondern sogar des größten Teiles der Welt. Gleichzeitig erklomm Japan eine so hohe Stufe der Technologie, daß es jederzeit auch wieder eine *militärische* Macht werden kann - wenn das eines Tages im japa-

---

428 Adolf Hitler sah zwar richtig, daß Deutschlands Flottenrüstung vor dem Ersten Weltkrieg England zwangsläufig in das Lager der Feinde Deutschlands treiben mußte. Deshalb schloß er 1935 mit England ein Flottenabkommen, das den Bestand der deutschen Flotte auf einem niedrigen Niveau festlegte. Daß aber auch eine Machterweiterung in Osteuropa ohne direkte machtpolitische Konfrontation mit Englands Seeinteressen für diese englische Politik inakzeptabel war, das sah er nicht. Vgl. Haffner, Sebastian, Von Bismarck zu Hitler. S.280ff.

nischen Machtinteresse liegen sollte. Dabei liefert das stetige amerikanische Drängen auf "größere japanische militärische Beiträge" den denkbar besten Schleier vor eventuellen japanischen militärischen Ambitionen.[429]

Welche Politik der Supermächte erscheint nach diesen Kriterien nun in der näheren Zukunft möglich?

VI.3.1   Politische Alternativen für die USA.

VI.3.1.1   Politik: Hohe Bewertung des militärischen Mittels für politische Zwecke.

"Victory is possible", Sieg ist möglich, war der Tenor eines aufsehenerregenden Aufsatzes, den Colin S. Gray 1979 veröffentlichte.[430] In diesem Aufsatz wies Gray in brillanter und überzeugender Weise auf die hoffnungslosen Widersprüche der Sicherheitspolitik des Westens, insbesondere der atomaren Strategie, hin. Gleichzeitig versuchte er darzulegen, daß der Westen stattdessen eine auf militärischen Sieg ausgerichtete Militärpolitik verfolgen müsse. Nur eine solche Politik könne dann auch die Chance eröffnen, ohne Krieg die Sowjetunion zurückzudrängen. Doch dieser Teil vermochte nicht zu überzeugen.[431]

Ein realistischerer Ansatz zu einer solchen langfristigen Strategie der optimalen Nutzung militärischer Mittel der USA mit dem Ziel, die Sowjetunion zurückzudrängen, ist das oben[432] besprochene Memorandum "Discriminate Deterrence" vom 11.1.1988.

---

429 Auch das Memorandum "Discriminate Deterrence" der Commission On Integrated Long-Term Strategy for the (US)Secretary of Defense and the Assistant to the President for National Security Affairs rechnet mit der Alternative japanischer militärischer Machtentfaltung (S.6).
430 Gray, Colin S. : Nuclear Strategy, the Case for a Theory of Victory. In: International Security, Vol.4, No.1, S.54-87.
431 vgl. dazu mein Buch Atomkrieg, S.147ff.
432 oben Kap. III.1 und III.2.

VI.3.1.2   Politik: Zurückdrängen des militärischen Elements in der Politik durch Selbstblockade des Militärischen.

Bewußte Entwicklung der nuklearen Abschreckung und ihrer Mittel in Richtung auf wechselseitige *Nichtanwendbarkeit und Stabilität in Krisen*[433], vielleicht auf niederem Zahlenniveau, würde die Bedeutung der militärischen Mittel für die Politik drastisch herabsetzen.

Der Zweck einer solchen amerikanischen Politik *gegenüber der Sowjetunion* wäre, das einzige Mittel der Sowjetunion zu neutralisieren, mit dem die Sowjetunion gegenüber den USA in der Weltpolitik agieren kann, nämlich das *militärische* Mittel. Die Sowjetunion wäre auf diese Weise mit der weltweiten Überlegenheit der Vereinigten Staaten auf allen anderen Gebieten, der Wirtschaft, des Handels und der geopolitischen Einflußräume (Südamerika, Südostasien, Europa, Nahost) konfrontiert. Andererseits wüchse gleichzeitig der Einfluß Japans in der Welt und der Deutschen in Europa.

VI.3.1.3   Politik: Idealistische Politik.

Auch "idealistische Politik" eines Staates soll der Mehrung und Erhaltung der Macht dieses Staates dienen. Voraussetzung für eine solche Realpolitik mit idealistischen Zielsetzungen ist deshalb, daß zumindest die langfristigen Machtinteressen des Staates am besten gewahrt erscheinen, wenn diese "idealistischen" Ziele erreicht werden.

Ziel einer idealistischen Politik der USA könnte das Durchsetzen des demokratischen Prinzips als weltweit entscheidender politischer Faktor auf allen Ebenen sein ("To make the world safe for democracy!"). Das würde erfordern, daß die UNO oder eine ähnliche Organisation *Mehrheitsentscheidungen* treffen und durchsetzen kann. Eine solche Zielsetzung ist für die Vereinigten Staaten aber nur dann zweckmäßig, wenn sichergestellt ist, daß die "demokratische Willensbildung" in der Weltorganisation den amerikanischen Interessen nicht widerspricht.[434] Das heißt aber: wenn die überwiegende Mehrzahl der Staaten aus eigenen Interessen, z.B. aus ihren Wirtschaftsinteressen heraus, meist so abstimmt, wie es amerikanischen Interessen entspricht. Das war zur Zeit der Gründung der UNO 1945 weitgehend der Fall. Doch heute kann ein solches Verhalten nicht erwartet werden.

---

433 Was wiederum ihre Verwendung als Druckmittel in Krisen verhindert. Oben Kap. II.3.1, Glaube 4.

434 Die Ablehnung des Schiedsspruchs des Internationalen Gerichtshofs in der Nicaragua-Frage durch die Vereinigten Staaten zeigt dies deutlich.

Die Politik der USA hat deshalb seit den 60er Jahren immer weniger mit einer idealistischen Politik zu tun. Nicht einmal das Einhalten der bestehenden Völkerrechtsregeln wird heute von den USA als mit der Wahrung ihrer Machtinteressen vereinbar betrachtet. Die offene Unterstützung der Contras/Terroristen in Nicaragua aus der amerikanischen Staatskasse zeigt dies ebenso wie der Bombenangriff auf Libyen.

Eine weitere Voraussetzung für einen Übergang, oder besser: eine Rückkehr der Vereinigten Staaten zu einer stärker von langfristig-idealistischen Motiven geprägten Politik wäre, daß die *Einhaltung* der mit Mehrheit beschlossenen Regeln durch alle Völker sichergestellt wird. Vor allem müßten die USA sicher sein, daß niemand, auch und in erster Linie nicht die Sowjetunion, mit dem Einsatz militärischer Mittel diesen politischen Mechanismus irgendwann unterlaufen kann.

Aber wer soll das Einhalten solcher Regeln durch alle kleinen und großen Mächte garantieren, wenn nicht ein weltweit wirksamer "gerechter Machtmechanismus", eine "UNO mit Zähnen"? Doch das Entstehen einer solchen Organisation setzt wiederum voraus, daß die beiden Supermächte diese UNO mit Zähnen überhaupt wollen können.[435]

Man kann sich nur schwer vorstellen, daß die USA alle diese Bedingungen als erfüllt ansehen, solange die Konfrontation mit der Sowjetunion nicht Geschichte geworden ist. "Amerikanische UNO-Politik" ist deshalb heute noch stets in Gefahr, in Konfrontationspolitik, in einen antikommunistischen Kreuzzug und Anti-UNO-Politik umzukippen.[436]

VI.3.1.4   Politik: Isolationistische Politik.

Theoretisch möglich ist schließlich, daß die USA sich aus ihrer weltpolitischen Rolle zurückziehen und ihre Interessen auf den amerikanischen Kontinent beschränken.

Zwar hat es stets in den Vereinigten Staaten isolationistische Strömungen gegeben, zwar haben diese Strömungen auch nach 1918 noch einmal den Rückzug amerikanischer Macht aus Europa hervorrufen können, doch ist schon angesichts der welt-

---

435 vgl. dazu H. Afheldt in Weizsäcker, C.F. v. , Kriegsfolgen und Kriegsverhütung. München, Hanser Verlag 1970, S.417-453. Neu abgedruckt als Artikel "Abrüstung der Staaten und die kollektive Organisation des Weltfriedens? in: Lutz, Dieter S. (Hrsg.): Kollektive Sicherheit in und für Europa - Eine Alternative? Baden-Baden, Nomos Verlag 1985, S.64-81.
436 Die Reagan-Administration mit ihren reduzierten Beiträgen zu den UNO-Organisationen und ihren Bewegungsbeschränkungen für UNO-Diplomaten aus Ostblockstaaten gab einen ersten Vorgeschmack einer solchen Politik.

weiten Kapital- und Handelsinteressen der USA die Annahme eines erneuten Rückzuges heute extrem unwahrscheinlich. Ich möchte mich daher auch aller Spekulationen über denkbare Gründe enthalten, wie "Enttäuschung über die Europäer und die Welt" (ein Staat ist keine Primadonna), "innere Probleme" (die werden durch den Rückzug nicht kleiner) usw.

VI.3.2   Politische Alternativen für die Sowjetunion.

VI.3.2.1   Politik: Hohe Bewertung des militärischen Mittels für politische Zwecke.

Daß die Sowjetunion in der Nachkriegszeit den Wert militärischer Mittel für ihre Politik außerordentlich hoch ansetzte, kann wohl niemand bestreiten. Aus dieser Tatsache folgerte eine Mehrheit im Westen, daß es das Ziel sowjetischer Politik ist, zumindest aber werden könnte, durch einen militärischen Sieg eine sowjetische Weltherrschaft zu begründen. Wie allerdings ein militärischer Sieg der Sowjetunion heute möglich sein soll, ist völlig unklar. Es ist anzunehmen, daß die Vereinigten Staaten auch dafür sorgen werden, daß ein solcher militärischer Sieg der Sowjetunion unvorstellbar bleibt. Die dazu erforderlichen wirtschaftlichen Mittel stehen den USA zur Verfügung.

VI.3.2.2.   Politik: Zurückdrängen des militärischen Elements in der Politik durch Selbstblockade des Militärischen.

Aber auch die sowjetische Politik kann die Begrenzung oder gar Ausschaltung der Rolle des militärischen Mittels zum Ziel haben bzw. zum Ziel nehmen. Primärer Zweck einer solchen Politik wäre sicherlich, durch Ressourceneinsparung und Kooperation mit dem Westen den technologischen Rückstand der Sowjetunion gegenüber dem Westen aufzuholen, den Lebensstandard der Sowjetbürger zu heben und so die Sowjetunion zu stabilisieren. Welchem Zweck eine solche Politik aber langfristig dient, ist offen:

> Langfristig könnte eine solche sowjetische Politik Möglichkeiten eröffnen, Ressourcen für die großen Weltprobleme wie Unterernährung, Unterentwicklung und Umweltzerstörung freizusetzen.

Ziel könnte auch sein, auf dieser neuen technologischen Grundlage eine neue Sozialordnung zu entwickeln, die für viele andere Völker, insbesondere in der Dritten Welt, attraktiv ist, um so diese Völker an die Sowjetunion heranzuziehen.

Zweck könnte aber auch sein, von besserer technologischer Grundlage aus den militärischen Wettstreit um Macht und Einfluß in der Welt neu zu beginnen.

VI.3.2.3   Politik: Idealistische Politik.

Die institutionelle Sicherung einer "gerechten Weltordnung" durch die Ausdehnung zwingender Mehrheitsentscheidungen der UNO auf immer mehr und entscheidendere Fragen ist ebenfalls ein theoretisch mögliches politisches Ziel für die Sowjetunion.

Die Supermacht Sowjetunion steht bei einer solchen Zielsetzung vor denselben Problemen, wie sie oben[437] für die USA gezeigt wurden. Bekundungen der politischen Vertreter der Sowjetunion, ihr Staat wünsche die Errichtung einer soliden Weltordnung[438], sind deshalb zwar ein Indiz dafür, daß man auch in der Sowjetunion diese politische Option oder gar Notwendigkeit zur Sicherung des Weltfriedens sieht, dürfen aber nicht als tagespolitische Ziele mißverstanden werden. Denn Voraussetzung für die Wahl dieses "idealistischen Ziels" durch die Sowjetunion wäre ja sicherzustellen, daß die Interessen der unterprivilegierten Staaten, die die überwiegende Mehrheit der UNO-Mitglieder ausmachen,

1. nicht parallel zu denen der USA liegen, was sehr wahrscheinlich ist;

aber auch

2. mit denen der Sowjetunion parallel laufen, was jedenfalls heute[439] nicht sehr wahrscheinlich ist.

---

437 oben Kap. VI.3.1.

438 Der sowjetische Außenminister Schewardnadse verlangte vor der Genfer UNO-Konferenz am 7.8.1987 "die Schaffung eines vorbeugenden 'Systems der internationalen Sicherheit', mit dem die Vereinten Nationen für Frieden und Sicherheit auf der Welt sorgen könnten". Vgl. Süddeutsche Zeitung, 7.8.1987, S.2. Wichtig ist in diesem Zusammenhang auch, daß der sowjetische Generalsekretär heute fordert, die Entscheidungen des Internationalen Gerichtshofes für verbindlich zu erklären, eine alte Forderung der USA, von der sie heute allerdings weit abgerückt sind. Vgl. zur Politik Gorbatschows: Le Monde, 29.7.1988. S.1.: L'ONU en Majesté. Vgl. auch: Gorbatschow, Michail, Perestroika. München, Droemer Knaur 1987, S.186f.

439 Eben das könnte sich aber ändern, wenn die Sowjetunion tatsächlich eine der im Text aufgeführten neuen Politiken realisieren würde.

VI.3.2.4   Politik: Isolationistische Politik.

Auch die Sowjetunion könnte theoretisch ihre Interessen in Europa aufgeben und sich auf das eigene Staatsgebiet beschränken. Doch ist ein solcher Rückzug als freiwillige Politik der Sowjetunion eher noch unwahrscheinlicher als bei den Vereinigten Staaten. Denn abgesehen von dem ideologisch-machtpolitischen Interesse an "sozialistischen Bruderstaaten" ist die Sowjetunion nach geschichtlicher Tradition, Selbstverständnis und geographischen Realitäten eine europäische Macht. Ihre Hauptstadt Moskau liegt in Europa.

So ist ein solcher Rückzug allenfalls als Konsequenz einer innen- oder außenpolitischen Katastrophe für die Sowjetunion vorstellbar. Eine innenpolitische Änderung der gesellschaftlichen Verhältnisse ohne Katastrophe, etwa ein Übergang nach westlichen Wunschvorstellungen zu "demokratischen Gesellschaftsformen", würde keineswegs zwangsläufig zu einem außenpolitischen Rückzug führen. Auch das Zarentum betrieb in Europa eine Politik außerhalb der Grenzen des russischen Reiches - und sogar eine recht expansive.

Als freiwillig gewählte Politik ist isolationistische sowjetische Politik daher praktisch auszuschließen.

VII. Neue politische Bedingungen für eine neue Deutschland-Politik, eine Europa-Politik?

In den vier vorangegangenen Kapiteln (III bis VI) wurde beschrieben, in welchem Rahmen sich die europäische Politik bestimmenden Randbedingungen in der Zukunft bewegen könnten. In diesem abschließenden Kapitel (VII) soll jetzt abgeschätzt werden:

1. ob und inwieweit sich in der Politik der wichtigsten Akteure, der USA, der Sowjetunion und der europäischen Staaten, Tendenzen erkennen lassen, die europäische Politik möglich machen,

und

2. ob diese Tendenzen zu europäischen Lösungen geführt werden können.

VII.1 Eröffnet sich ein Feld für europäische Politik?

VII.1.1 Was ist morgen Realpolitik für die beiden Supermächte?

Was in den kommenden Jahrzehnten für die Supermächte als "Realpolitik" gelten wird, ist nicht leicht vorherzusagen, denn es gibt wenige politische Entscheidungen, die mit so divergierenden Vorstellungen von dem, "was wirklich ist", - von "*der* Realität" also - diskutiert und gewertet werden, wie die sicherheitspolitischen Entscheidungen im Atomzeitalter. Nirgends gilt deshalb Paul Watzlawicks Frage "Wie wirklich ist die Wirklichkeit?"[440] so umfassend, wie in der Sicherheitspolitik:

Was ist denn "in Wirklichkeit" der Gegensatz zwischen den Vereinigten Staaten und der Sowjetunion?

Ist es der Gegensatz zwischen Freiheit und Unfreiheit, zwischen Recht und Unrecht, zwischen dem Reich des Guten und dem Reich des Bösen?

---

440 Watzlawick, Paul : Wie wirklich ist die Wirklichkeit? Piper Verlag, München 1976.

Oder:

Ist es der Kampf der Vereinigten Staaten um die Bewahrung ihrer Position als alleinige echte Weltmacht?

Und wenn das erstere zutreffen sollte:

Akzeptiert die Sowjetunion heute vielleicht grundlegende amerikanische Werte? Und wenn ja: inwieweit?

Und falls das zweite zutreffen sollte:

Strebt die Sowjetunion das Ziel an, gleichberechtigt mit den USA die Geschicke der Welt mitzubestimmen? Oder ist Gleichberechtigung nur ein Schritt zu dem wahren Ziel, sowjetische Weltherrschaft an die Stelle der amerikanischen Suprematie zu setzen?

Oder:

Hat die Sowjetunion ihre Herausforderung vielleicht schon aufgegeben?

Nicht nur die Politiker in West und Ost werden auf diese Fragen nach der "Wirklichkeit" sehr unterschiedliche Antworten geben, leben also in sehr unterschiedlichen "Wirklichkeiten". Auch innerhalb der Mitgliedsstaaten der NATO und des Warschauer Paktes, ja auch innerhalb eines Landes, in den USA, Frankreich und der Bundesrepublik, wird man aus voller Überzeugung gegebene, ganz unterschiedliche Antworten auf die Frage nach *der* "Wirklichkeit" bekommen. Zudem sind seit Gorbatschow die "Wirklichkeiten" in Bewegung gekommen. Doch wohin sie sich letztlich bewegen werden, das weiß niemand.

Aber schon die Sicht dieses Teils der "Wirklichkeit" bestimmt darüber, welche politischen Möglichkeiten in dieser Welt offen und welche verschlossen erscheinen:

* Wer das Reich des Guten gegen das Reich des Bösen kämpfen sieht, kann letztlich nur *eine* Lösung des Problems von Krieg und Frieden in dieser Welt anstreben und akzeptieren:

   Den Sieg des Reichs des Guten - natürlich möglichst ohne Krieg.

* Wer dagegen im Gegensatz zwischen den USA und der Sowjetunion vor allem einen Machtkonflikt sieht, der hat schon *zwei* mögliche und (notfalls) akzeptable Lösungsmöglichkeiten:

1. Den Sieg der eigenen Seite - wie oben.

2. Das Aufbrechen der bipolaren Konfrontation und den Übergang in ein Konzert mehrerer Mächte.

VII.1.2 Welche Interessenpolitik der Supermächte würde "Europa-Politik" erlauben?

Eine *isolationistische* Politik der *USA*[441] (Politik Nr.4) ist extrem unwahrscheinlich und liegt zudem weder im Interesse der West- noch der Osteuropäer.[442] *Isolationistische* Politik der Sowjetunion in Europa kann praktisch erst recht ausgeschlossen werden.[443] Bleiben also die Prototypen 1, 2 und 3 von Supermacht-Politik.[444]

Idealistische Politik beider Supermächte (Politik Nr.3), Ansteuern einer Weltordnung, die letztlich auf einer "UNO mit Zähnen" beruht, würde zwar Europapolitik prinzipiell erlauben. Es ist auch nicht ausgeschlossen, daß solche Politik einmal Leitlinie amerikanischen und sowjetischen Handelns werden *könnte*. Das beweist für die USA die Geschichte (Völkerbund, UNO). Die Absichtserklärungen Gorbatschows, die Rolle der UNO zu verstärken[445] und den Internationalen Gerichtshof mit Entscheidungsbefugnissen auszustatten[446], zeigen, daß auch in der Sowjetunion die Alternative einer Politik gesehen wird, die auf der Annahme beruht, daß die höchsten nationalen Werte der Sowjetunion unter bestimmten politischen Bedingungen am besten durch eine internationale Organisation gewahrt würden.

Erste Voraussetzung dafür, daß eine solche Politik ernsthaft verfolgt wird ist, daß das oberste Interesse des eigenen Staates in der Erhaltung des Gesamtsystems und nicht in partikularen nationalen, ideologischen oder Klasseninteressen definiert wird. Gorbatschow sieht das, wenn er schreibt: "Das Rückgrat der neuen Denkweise ist die Erkenntnis der Priorität menschlicher Werte, oder genauer ausgedrückt: das Überleben der Menschheit schlechthin."[447] Dieses "nicht spekulative und abwegige, allgemein menschliche Interesse" ist nach Gorbatschow eine objek-

---

441 Der hypothetische Fall, daß die USA und die Sowjetunion *gleichzeitig* auf isolationistische Politik einschwenken, kann mangels jeder Wahrscheinlichkeit unbehandelt bleiben.
442 oben Kap. VI.3.1.
443 oben Kap. VI.3.2.
444 oben Kap. VI.3.
445 Besonders klar in Gorbatschows Rede vor der UNO am 7.12.1988. Europa-Archiv, Folge 1/1989 D 23ff. (D 29 f.). Ähnlich auch schon: Perestroika, S.177f.
446 "L'ONU en majesté". Le Monde, 21.7.1988, S.1.
447 Gorbatschow, Perestroika, S.186.

tive Grenze für die Konfrontation der Klassen.[448] Der sowjetische Außenminister Schewardnadse erklärt in Konsequenz dieses Denkens das Konzept vom Kampf der Systeme für überholt.[449] Andererseits ist diese Sicht in der Sowjetunion nicht unbestritten.[450] Und in der sowjetischen Tagespolitik lassen sich bisher nur undeutliche Signale solchen Denkens ausmachen. Die Suche nach derartigen, den engen nationalen Interessen übergeordneten Kriterien in der amerikanischen Tagespolitik endet allerdings zur Zeit eher noch enttäuschender.

UNO und Völkerbund sind "westliche" Schöpfungen, sind Versuche, unsere demokratische Staatsstruktur auf die Welt-Staatengemeinschaft zu übertragen. Diese Vorstellungen von einer Weltordnung können nicht dadurch falsch werden, daß die Sowjetunion die zugrundeliegenden Prinzipien übernimmt. Doch die Möglichkeit, daß einmal in der Zukunft amerikanische und sowjetische Politik gleichzeitig zu einer "UNO mit Zähnen" tendieren könnte, ist nicht mit einer Wahrscheinlichkeit solcher Politik für die kommenden 20 Jahre gleichzusetzen. Denn leider mußte festgestellt werden, daß die objektiven Bedingungen für eine solche Politik heute weder für die USA noch für die Sowjetunion gegeben sind.[451] Auf längere Frist könnte aber das offensichtliche Schwinden des Nutzens von Großmachtinterventionen[452] und der damit verbundene Trend zur Multipolarität die derzeit noch bestehenden objektiven Hindernisse für "idealistische Großmachtpolitik" zurückschieben und schließlich sprengen.

Eine Option für die unmittelbare Zukunft bildet solche "idealistische Politik" also nicht - allenfalls einen Leitstern für zunächst anders determinierte Politik. So bleiben für Politik von heute die Prototypen 1 und 2 von Supermacht-Politik.

Daß eine *sowjetische* Politik vom Typ 1, eine Politik also, die großen Wert auf militärische Mittel legt und politischen Gewinn aus ihrer Präsenz zu ziehen sucht, west- und osteuropäischen Interessen widerspricht, haben wir seit vierzig Jahren hinreichend erfahren.

Aber was ist mit einer *amerikanischen* Politik *militärischer Stärke* in Europa (Politik Nr.1)? Das heißt in anderen Worten: Decken sich heute (noch) die Interessen der Westeuropäer und der USA, wenn die Vereinigten Staaten eine solche Politik militärischer Stärke und ihrer politischen Nutzung in Europa betreiben?

---

448 Gorbatschow, a.a.O., S.187.
449 Die Welt, 27.7.1988. S.1.
450 Der damalige Stellvertreter Gorbatschows, Ligatschow, wollte den Klassencharakter der internationalen Beziehungen aufrechterhalten. Vgl. zu dieser Auseinandersetzung Frankfurter Allgemeine Zeitung, 8.8.1988, S.1, "Gorbatschow in den Ferien - und Ligatschow redet von den alten Werten" mit Kommentar: "Kaum ist er weg". Inzwischen ist Ligatschow aber weitgehend entmachtet.
451 oben Kap. VI.3.
452 oben Kap. III.1.1 und IV.5.

Eine Politik also, wie sie expressis verbis nach der Meinung der Begründer der ersten Deutschland-Politik zu erwarten war und dieser Deutschland-Politik zugrundegelegt wurde.[453]

Offensichtlich decken sich die deutschen und amerikanischen Interessen in diesem Falle doch ausschließlich dann, wenn man annimmt, daß nur eine endgültige Niederlage der Sowjetunion den Frieden auf Dauer sichert und gleichzeitig die Spaltung Deutschlands und Europas überwindet, d.h. wenn man der *ersten* Deutschland-Politik in einer besonders harten Variante anhängt. Doch keine der im Bundestag vertretenen Parteien verfolgt eine solche Hazard-Politik. Denn für wen soll denn "der so gesicherte Friede" gut sein, wenn, was zumindest weder auszuschließen noch unwahrscheinlich ist, die Auseinandersetzung *doch* in der Anwendung von Waffengewalt endet?

Wenn die volle Entfaltung amerikanischer Macht aber gar nicht zum Rückzug der Sowjetunion aus Europa, zur dauerhaften Sicherung des Friedens und zur Wiedervereinigung des Kontinents genutzt werden kann: Wieso soll es dann im Interesse der Europäer liegen, daß die Sowjetunion in ihrem geostrategischen Hinterhof Europa einen gefährlichen Feind hat, der sie zum Zusammenbruch zwingen will? Das einzige sichere Resultat einer solchen Konstellation kann doch nur sein, daß die Sowjetunion rüstet, um diesem Feind zu begegnen. Rüstung aber zielt auf Sicherheit. Sicherheit verlangt traditionellerweise Überlegenheit[454]. Sowjetische Überlegenheit aber ist bedrohlich für die Europäer, zwingt sie zu bedingungslosem Anschluß an die USA und zum Mit-Wettrüsten. Politik wie gehabt ist die Folge. Mit einer neuen Verschärfung des Wettrüstens wäre die "zweite Deutschland-Politik", für die die Überwindung dieses Wettrüstens Ziel und Erfolgsvoraussetzung ist, ebenso endgültig gescheitert wie jede Europa-Politik.

Aber dann decken sich die europäischen und amerikanischen Interessen eben *nicht*, falls die Vereinigten Staaten eine Politik mit starker Betonung der militärischen Macht wählen sollten (1. Politik der oben dargestellten Alternativen). Vor allem dann nicht, wenn die Europäer ihre Interessen in der Überwindung der Teilung Europas sehen.

Wie steht es dagegen, wenn die USA ihre weltpolitische Rolle *mit großer Zurückhaltung bei den militärischen Mitteln* (Politik Nr.2) weiterführen wollen? Eine solche Zurücksetzung des militärischen Elements der Politik bedingt vor allem den Abbau jeder als Drohpotential politisch nutzbaren nuklearen Option. Die Rolle der Kernwaffen der USA wäre in einer solchen Politik defensiv, auf ein reines Abschreckungsmittel gegen sowjetische Kernwaffeneinsätze reduziert. Jede

453 vgl. dazu oben Kap. I.1.
454 vgl. dazu oben Kap. IV.2.1.

"extended deterrence", jede Verwendung, die über diese beschränkte Funktion hinausgeht, wäre damit ausgeschlossen. Womit zwangsläufig die bisherige NATO-Strategie der "flexible response" zu Fall käme. Die Sicherheit Europas könnte dann nicht mehr davon abhängig gemacht werden, daß die Existenz der USA bei jedem sowjetischen Angriff in Europa in die Waagschale geworfen wird - eine Zwangslage, die ohnehin in den USA mehr und mehr Widerspruch hervorruft.[455]

Voraussetzung dafür, daß diese Politik europäischen (und amerikanischen!) Interessen entspricht, ist, daß Westeuropa *anders* militärisch gesichert werden kann als durch das Nachvorneschieben der Vereinigten Staaten mit ihren Kernwaffen. Gelänge diese selbständigere Sicherung Europas, wären die USA von einem existentiellen Risiko befreit. Zudem wäre dann das gemeinsame Interesse der Europäer und Amerikaner an einer Verhinderung sowjetischer Herrschaft über Europa nicht länger von der uneingestandenen Furcht vieler Europäer überschattet, die USA könnten einmal durch Auftrumpfen mit ihrer militärischer Präsenz einen aus rein amerikanischen Interessen entstandenen Konflikt nach Europa ziehen.[456]

Doch diese Sicherung Westeuropas ohne sofortigen Rückgriff auf die Kernwaffen der USA ist bislang stets gescheitert. Weder hatten die Versuche Erfolg, in "Rüstungsbegrenzungsgesprächen" die Sowjetunion zum Abbau ihres konventionellen Bedrohungspotentials zu veranlassen, - ein unter den bisher gegebenen Umständen der sowjetisch-amerikanischen Konfrontation schon vom Ansatz her ziemlich aussichtsloser Versuch[457]. Noch führten die vielfältigen, jahrelangen Bemühungen verschiedener amerikanischer Administrationen, die Europäer zur Übernahme von "mehr Verantwortung", sprich höheren Rüstungsaufwendungen für die konventionelle Verteidigung, zu veranlassen, zum gewünschten Ergebnis. Dabei muß man für diese zögerliche Haltung der Europäer Verständnis zeigen. Denn selbst dann, wenn sie Milliarden für konventionelle Truppen aufgewendet hätten, die denen des Warschauer Paktes eher über- als unterlegen sind, hätte der Warschauer Pakt seine Angriffsoption nicht verloren, solange die Struktur der Armeen in West und Ost so bleibt, wie sie von Hitlers Armeen geerbt wurde. Da auch ein konventioneller Krieg im dichtbesiedelten, mit Kernkraftwerken und chemischen Großfertigungsanlagen überzogenen Zentraleuropa eine Katastrophe wäre, zogen es die Europäer und insbesondere die Westdeutschen vor, ihre Sicherheit von den amerikanischen Kernwaffen abhängig zu machen in der Hoffnung, so

---

455 Das oben in Kap. III.1 ausgiebig besprochene Memorandum "Discriminate Deterrence" macht deutlich, wie unakzeptabel diese Situation für die USA ist.

456 vgl. oben Kap. II.1 (Glaube Nr.4) über die Nutzung militärisch instabiler Strukturen zu politischen Zwecken.

457 Über die veränderten Chancen bei einer anderen politischen Grundkonstellation in Europa vgl. unten Kap. VII.2.2.

nicht nur einen Atomkrieg, sondern auch einen konventionellen Krieg in Europa zu verhüten.[458]

Doch je mehr man der Bevölkerung und sich selbst in Weißbüchern und anderen amtlichen Verlautbarungen die Unersetzlichkeit dieser amerikanischen Kernwaffen-Optionen für jede Friedenssicherung in Europa einhämmerte, desto stärker entwickelten sich auf beiden Seiten des Atlantiks Abwehrhaltungen gegen diese wechselseitige "Ausbeutung". So entstand ein Boden, auf dem durchaus einmal "Anti"-Haltungen diesseits und jenseits des Atlantiks wachsen könnten.

Die heute in den USA verbreiteten Gefühle formulierte Bundespräsident Richard von Weizsäcker so:

"Viele Amerikaner empfinden uns Europäer nicht nur als wirtschaftlich ebenbürtige Konkurrenten, sondern vor allem als Wohlstandsegoisten, ständig zur Kritik an Amerika bereit, aber ohne die Fähigkeit und den Willen, in globalen Dimensionen mitzudenken, unseren angemessenen Anteil an den Lasten zu tragen, unsere politischen Aufgaben verantwortlich zu erfüllen."[459]

Daß derselbe Sachverhalt auf unserer Seite des Atlantiks ganz anders gesehen wird, dürfte nicht verwundern, spricht aber ebenfalls nicht für Interessenidentität:

"Die Amerikaner - so sehen es viele von außen - leben über ihre Verhältnisse. Ihr gewaltiges Zahlungsdefizit im Staatshaushalt und im Außenhandel belastet sie und uns. Sie produzieren weniger als sie konsumieren. Sie sparen weniger als die meisten anderen Völker; dafür nehmen sie einen ganz überproportionalen Anteil der Weltersparnisse zum Ausgleich ihres Defizits in Anspruch, und dies als reichstes Land der Welt."[460]

Wenn amerikanische Dominanz heute trotzdem hingenommen wird, so nicht deshalb, weil das wirtschaftspolitische Verhalten der USA europäischen Interessen entspricht, sondern weil die Europäer sich unfähig fühlen, das größere Übel allein zu verhindern: die Abhängigkeit von der Sowjetunion. Mit wachsenden Schwierigkeiten der Vereinigten Staaten, aus ihrer problematischen weltwirtschaftlichen Rolle herauszukommen, wird aber der wirtschaftliche Interessengegensatz immer schmerzhafter deutlich, wie die immer häufigeren Handelskonflikte zwischen den USA und den anderen Industrienationen, insbesondere der EG und Japan, zeigen.[461]

---

458 oben Kap. IV.2.3.
459 Bundespräsident R. v. Weizsäcker in seiner Rede zum 40. Jahrestag des Marshall-Planes, Süddeutsche Zeitung, 12.6.1987, S.12.
460 Bundespräsident R. v. Weizsäcker, a.a.O.
461 dazu oben Kap. VI.1.

So dürfte Altbundeskanzler Helmut Schmidt auf weitgehenden Konsens stoßen, wenn er feststellt, daß

"die Westeuropäer nicht vollkommen fehlgehen, wenn sie das Gefühl haben, vor der politischen Hegemonie der Vereinigten Staaten auf der Hut sein zu müssen."[462]

Es ist nicht schwer vorauszusagen, daß eine Verschärfung der Handelsauseinandersetzung die Europäer zu der Erkenntnis führen wird, daß eine Situation, in der sie sich aus *sicherheitspolitischen* Gründen nicht gegen amerikanische *wirtschaftliche* Forderungen wehren können, gegen europäisches Machtinteresse verstößt. Während umgekehrt die Ungeduld der Amerikaner darüber zunehmen wird, daß die Vereinigten Staaten Verteidigungslasten tragen sollen, die jedenfalls nach amerikanischer Ansicht die Europäer selbst übernehmen könnten (konventionelle Verteidigung). Immer weniger akzeptieren die USA auch, daß man Amerika Risiken zumutet, die über das hinausgehen, was die USA im Eigeninteresse akzeptieren können (Beispiel: die Zumutung, durch "Ankopplung" in jedem Krieg in Europa das Überleben der USA in Frage zu stellen).

Aber erst wenn die Europäer ihre Selbständigkeit gegenüber der Sowjetunion weitgehend allein bewahren können, *können* die USA ihre Interessen in Europa auch ohne einen hohen eigenen militärischen Einsatz als gesichert ansehen. Erst dann *können* deshalb die USA zur Wahrung ihrer Interessen die Politik militärischer Zurückhaltung wählen (amerikanische Politik Nr.2). *Ob* sie diese Politik dann wählen, hängt davon ab, ob die USA die Vorteile oder die Nachteile einer solchen amerikanischen Politik für größer halten.[463] Die Chancen dafür, daß es bei energischer Vertretung europäischer Interessen gelingt, die USA auf eine Politik der militärischen Zurückhaltung festzulegen, sind aber, wie die Abrüstungsvorschläge des amerikanischen Präsidenten Bush auf dem NATO-Gipfel vom 29./30. Mai 1989 zeigen, gut.

Ob die Voraussetzung für eine amerikanische Politik militärischer Zurückhaltung erfüllt wird, die darin liegt, daß die Europäer ihre Freiheit selbständig sichern können, das wiederum hängt vor allem davon ab, wie die *Sowjetunion* ihre Machtpolitik fortsetzt. Eine sowjetische Politik forcierter Rüstung in der Konfrontation würde diese selbständige europäische Sicherheitspolitik außerordentlich erschweren, wenn nicht gar unmöglich machen. Eine sowjetische Politik militärischer Zurückhaltung (2. sowjetische Politik) würde hingegen europäische Politik erleichtern. Die jetzt vorliegenden Abrüstungsvorschläge des Warschauer Paktes deuten erfreulicherweise auf solche militärische Zurückhaltung hin.

---

462 Schmidt, Helmut, Eine Strategie für den Westen. S.82.
463 Dagegen spricht, daß *so ein* Hebel, den sie gegen die europäischen Wirtschaftsinteressen einsetzen können, fehlt. Doch bleibt ein Hebel, nämlich die Handelsmacht der USA und das europäische Exportinteresse.

Ziel europäischer Politik muß es jedenfalls sein, möglichst *beiden* Supermächten die Wahl einer Politik militärischer Zurückhaltung (oben Politik Nr.2) zu erleichtern und schmackhaft zu machen.

VII.2 Neues sowjetisches Denken könnte nicht nur neue sowjetische Optionen, sondern auch neue europäische Handlungsmöglichkeiten eröffnen.

VII.2.1 Die Rolle sowjetischer Kernwaffen in Mitteleuropa.

Bis heute hat der Kampf der Supermächte um die Macht in dieser Welt den Status quo der Teilung Europas stabilisiert. Die Weltpolitik wurde so einerseits starr, andererseits berechenbar. Ohne grundlegende Änderung dieser Konfrontationspolitik ist eine Überwindung der Teilung ausgeschlossen. Die Konfrontationspolitik aber ist doppelt abgesichert: Durch den im bipolaren System unvermeidlichen Streit über den Primat in der Welt und durch die dazugehörigen bisherigen sicherheitspolitischen Dogmen.[464] Ein jetzt langsam deutlicher werdender dritter Beharrungsfaktor ist die weitverbreitete Zufriedenheit in Europa mit dem Status quo der deutschen Teilung und die geringe Begeisterung für die Aufwertung wirtschaftlicher (deutscher) Macht durch die Abwertung der militärischen Elemente der Konfrontation. Dies alles zusammen führte wiederum dazu, daß sich in der bisherigen Konstellation die Abschreckungsdoktrinen in Ost und West nur sehr langsam änderten, die den Status quo der Teilung Europas absichern.

Was aber, wenn eine Seite ihre Auffassung von Abschreckung ändert? Und genau das scheint auf sowjetischer Seite vor sich zu gehen.

Nehmen wir an, Gorbatschow halte - beeinflußt durch die katastrophalen Folgen von Tschernobyl - einen Kernwaffenkrieg für grundsätzlich unführbar. Die Sowjetunion glaube deshalb nunmehr, jeder Angriff auf die lebenswichtigen Interessen eines Kernwaffenstaates wie die Sowjetunion bedeute für die Gegenseite automatisch ein unakzeptables Kriegsrisiko. Solange die Sowjetunion in der Lage bleibt einen vernichtenden Vergeltungsangriff gegen das Land jedes Angreifers zu führen, sei deshalb jeder Angriff hinreichend verläßlich abgeschreckt. Hängt die Sowjetunion dieser oben als Glaubenssatz Nr.2 beschriebenen Auffassung an,

---

464 oben Kap.II.3.1 und II.3.4.

dann *könnte* die Sowjetunion *nicht* zulassen,

daß die USA durch SDI "unverwundbar" werden. Solchen Bemühungen der Vereinigten Staaten müßte die Sowjetunion mit allen verfügbaren Mitteln entgegenwirken: mit politischen, abrüstungspolitischen, propagandistischen und militärischen. (Ausbau der strategischen Angriffsstreitkräfte, Bau von Eindringhilfen usw.).[465]

Dann *brauchte* die Sowjetunion aber *nicht* länger

auf "nukleare Gleichgewichte" auf allen Ebenen zu achten.

Und wenn die Sowjetunion auch nicht mehr an die *politische* Nutzbarkeit *zahlenmäßiger* nuklearer Überlegenheiten im Verhältnis der Supermächte zueinander glauben sollte,[466] dann *könnte* die Sowjetunion sogar tun, was ihr nach dem Glauben an die politische Bedeutung von Zahlenübergewichten an Kernwaffen (Glaube Nr.3[467]) nie möglich wäre. Nämlich:

Null-Lösungen auch dort vorschlagen, wo sie zahlenmäßig überlegen ist.

Zahlenmäßig überlegen aber war die Sowjetunion sowohl bei den Mittelstreckenraketen längerer Reichweite, bei denen sie fast doppelt so viele Raketen und etwa die vierfache Zahl an Sprengköpfen besaß wie die USA,

als auch bei Mittelstreckenraketen kürzerer Reichweite[468]

und bei Schlachtfeldkernwaffen.[469]

---

465 Gorbatschow: "Wenn es den Vereinigten Staaten gelingt, mit SDI zum Ziel zu kommen, was wir sehr bezweifeln, dann wird darauf eine sowjetische Antwort erfolgen. Unsere Antwort wird wirkungsvoll, glaubwürdig und nicht sehr kostspielig sein. Wir haben versuchsweise ein Konzept entwickelt, wie wir SDI durchlöchern können, ohne die sagenhaften Summen ausgeben zu müssen, welche die USA benötigen, um es aufzubauen." Der Spiegel, Nr.47/1987, S.211.

466 Die Verhandlungsprobleme, die sich als schier unlösbar ergeben, wenn Ost und West diesen Zahlenglauben noch im Kopf haben, zeigen sich sehr illustrativ bei Christoph Bertram in: Die Zeit, 24.7.1987, S.5.

467 oben Kap. II.2.1.

468 Jedenfalls dann, wenn man diese Kategorie so begrenzt, wie das Weißbuch 1985 dies tut: Reichweite 150-1 000 km. Dann stehen 126 Pershing 1a 650 SS-12/22 und Scud gegenüber. Weißbuch 1985, Ziff.120ff. Begrenzt man auf 500 -1 000 km, wie die Verhandlungen über die "doppelte Null-Lösung" es zur Zeit tun, ist das Verhältnis so lange ausgeglichen, wie das sowjetische Rüstungsprogramm der SS-23 (500 km Reichweite) noch in den Anfängen steckt. 72 Pershing 1a gegen 80 Scaleboards in Europa. Vgl. Frankfurter Allgemeine Zeitung, 24.7.1987, S.2.

469 Je nachdem, wie man diese Kategorie begrenzt, kommt man zu sehr unterschiedlichen Zahlen. Zählt man nur die taktischen *Raketen* von 100-500 km Reichweite, kommt man auf ein Verhältnis von 1 430 Raketen (WP) zu 88 (NATO) (vgl. Süddeutsche Zeitung, 20.5.1987. S.2.). Zählt man *alle* taktischen Waffen, kommt man auf etwa 12 000 (Sowjetunion) gegen 20 000 (USA). Doch von diesen amerikanischen Waffen sind "nur" 6 000 in Europa stationiert. Vgl. Caldicott, Helen: Missile Envy, N.Y.: Bantam 1984/86, S.147ff.

Heute liegen sowjetische Vorschläge zum Abbau dieser Potentiale auf dem Tisch. Die Mittelstreckenraketen größerer Reichweite werden gemäß dem INF-Vertrag von Washington auf beiden Seiten sogar schon abgebaut. Die Änderung der sowjetischen Sicht der politisch-militärischen Rolle von Kernwaffen ist damit manifest.

Doch die Vorbedingung für Europapolitik, daß die Europäer ihre Selbständigkeit gegenüber der Sowjetunion weitgehend allein und ohne Rückgriff auf amerikanische Kernwaffen sichern können, ist damit noch nicht erfüllt, denn es bleibt die als Bedrohung empfundene zahlenmäßige konventionelle sowjetische Überlegenheit.

VII.2.2 Die sowjetische Option eines konventionellen Angriffs in Europa: sowjetische Trumpfkarte oder sowjetische Bürde?

Zweifellos. hat die Sowjetunion heute die Option, mit einem konventionellen Großangriff Teile Europas zu erobern und die NATO zur Kapitulation oder zur Selbstzerstörung durch Kernwaffen zu zwingen. Option ist nicht gleich Angriffsabsicht. Aber das, was im Frieden politisch zählt, ist die Bedrohung, die von einer solchen Angriffsoption ausgeht. Der ehemalige Bundesverteidigungsminister und heutige NATO-Generalsekretär Manfred Wörner formulierte diese Wahrheit so:

> "Die Bedrohung liegt für uns bereits in der Fähigkeit zur Invasion und in ihrer Wirkung auf Handlungsfähigkeit und Unabhängigkeit der europäischen Staaten im Frieden."[470]

Solange die politische "Wirklichkeit" für beide Supermächte die bipolare Konfrontation ist - gleichgültig ob diese Konfrontation rein machtpolitisch oder als Kampf des Guten gegen das Böse verstanden wird -, zählen solche Optionen im Machtpoker.[471] Solange man die sowjetische konventionelle Option in Europa im Lichte des Machtpokers der beiden Supermächte in der Welt betrachtete, wäre die Wegnahme dieser Option *politisch* ein "roll back", ein Zurückdrängen der Sowjetunion. In einer solchen Situation in Rüstungskontrollverhandlungen mit der Sowjetunion das Ziel zu verfolgen, zu *vereinbaren*, auf beiden Seiten *gleichzeitig* rein defensive Verteidigungsstrukturen aufzubauen, wäre Spiegelfechterei gewesen. Denn das Verhandlungsziel, die Sowjetunion zu ihrem eigenen Rückzug zu bewegen, ist in einer solchen Konfrontation ein utopisches Verhandlungsziel.

---

470 Rede des Bundesministers der Verteidigung in der Konrad-Adenauer-Stiftung am 14. Juli 1987. Material für die Presse, hrsg. v. Bundesminister der Verteidigung, Nr.29/87, S.10.

471 vgl. oben Kap. II.2 über die politische Bedeutung von regionalen Überlegenheiten und Gleichgewichten.

Beharrt die Sowjetunion auf dieser konventionellen Option wird aber andererseits die bipolare Konfrontation konserviert. Damit zwingt die Sowjetunion die Europäer an die Seite der USA, ob die das ohnehin wollen oder nicht. Dies ist seit 40 Jahren die Kehrseite der sowjetischen konventionellen "Trumpfkarte" in Europa.

Was wäre aber, wenn die sowjetische Sicht der Realitäten in Europa sich ändern würde und fortan lautete:

> Die Konfrontation mit den USA um Gleichberechtigung (oder gar mehr) können wir heute nicht gewinnen. Und es sieht auch nicht so aus, als ob sich in absehbarer Zeit daran etwas ändern würde. Es besteht vielmehr die Gefahr, daß wir, die Sowjetunion, diese Konfrontation verlieren, vielleicht sogar in der tödlichen Form eines Krieges.

Aber:

> Russische Geschichte ist europäische Geschichte. Und europäische Geschichte kennt sehr wohl auch ganz andere politische Wirklichkeiten als eine erstarrte Konfrontation zwischen zwei Mächten, kennt das Konzert mehrerer Mächte. Gelänge es, ein neues Mächtekonzert in Europa und der Welt zu installieren, wäre die nicht gewinnbare bipolare Konfrontation durchbrochen. Zumindest für einige Zeit - vielleicht für immer?

Sowjetische Politik gewänne so eine neue Option: die Kooperation mit Europa. Im sowjetischen Idealfall sogar auch einmal gegen Machtansprüche der USA.

Verhindert aber die konventionelle Angriffsfähigkeit der Sowjetunion in Europa, daß die Westeuropäer sich zu einer auch sicherheitspolitisch souveränen Macht organisieren können, ist Angriffsfähigkeit in der hier angenommenen neuen sowjetischen Sicht der Realitäten keine Trumpfkarte mehr, sondern eine Bürde. Ein solcher Ballast müßte abgeworfen werden, wobei möglichst noch ein vom Westen zu zahlender Preis ergattert werden sollte.

Tatsächlich häufen sich seit einiger Zeit Erklärungen der Staaten des Warschauer Paktes, die als Verhandlungsziel eine Reduktion der konventionellen Truppen in Europa auf gemeinsame Obergrenzen, kombiniert mit einem beiderseitigen Übergang zu rein defensiven Strukturen vorschlagen. Zu nennen sind hier insbesondere:

1. Der Budapester Appell der Mitgliedsstaaten des Warschauer Paktes vom 11.6.1986 mit dem Vorschlag, Maßnahmen zur Verhinderung von Überraschungsangriffen zu treffen. "Es liegt im Sicherheitsinteresse Europas und der ganzen Welt, die militärischen Konzepte und Doktrinen militärischer Bündnisse auf defensive Prinzipien zu gründen".[472]

2. Der Jaruzelski-Plan vom 8.5.1987 und 17.7.1987, der einen Abbau der am meisten bedrohenden Waffen und eine gemeinsame Arbeit an den Militärdoktrinen vorsieht, so daß sie sich in einer Richtung entwickeln, die beide Seiten als ausschließlich defensiv betrachten können.[473]

3. Das Kommuniqué über die Tagung des Politischen Beratenden Ausschusses des Warschauer Paktes in Ost-Berlin vom 28. und 29. Mai 1987.[474]

4. Die Erklärung des Politischen Beratenden Ausschusses des Warschauer Paktes über Militärdoktrinen auf seiner Tagung am 28./29. Mai 1987 in Ost-Berlin mit dem Vorschlag: "Verminderung der Streitkräfte und konventionellen Rüstungen in Europa auf ein Niveau, auf dem jede Seite bei Gewährleistung der eigenen Verteidigung über keine Mittel für einen Verteidigungsangriff auf die andere Seite sowie für Angriffsoperationen überhaupt verfügt."[475]

5. Erklärung der Teilnehmerstaaten des Warschauer Vertrages zu den Verhandlungen über die Reduzierung der Streitkräfte und konventionellen Rüstungen in Europa in Warschau vom 16.7.1988[476], in der die Teilnehmer der Tagung ihren Vorschlag erneuerten, den *Militärdoktrinen beider Bündnisse strikten Verteidigungscharakter zu verleihen ...*"[477].

---

472 Address of Warsaw Pact Treaty Member States, 11 June 1986, in: Soviet Weekly Supplement, June 21, 1986.
473 Memorandum of the Government of the Polish People's Republic on Decreasing Armaments and Increasing Confidence in Central Europe, Warsaw, July 17, 1987. (Vgl. auch Zagorsky, Anatoli: The Way to Security: Polish Initiative, in: International Affairs (Moscow), January 1988, p.27-32).
   ... 2. The gradual withdrawal and/or reduction of specific mutually agreed kinds and quantities of conventional weapons. .... An exchange of the lists of weapons considered by each State to be particularly threatening and offensive might prove helpful. ..."
   ... 3. Joint actions which would ensure such an evolution of the nature of military doctrines that they could reciprocally be assessed as being strictly defensive...
474 Europa-Archiv, Folge 14/1987, D 385ff.
475 Europa-Archiv, Folge 14/1987, D 393ff.
476 BPA/Ostinformation/18.7.1988. Europa-Archiv, Folge 15/1988, D 424 (Hervorhbg. v. mir).
477 Europa-Archiv, Folge 15/1988, D 415 (Hervorhbg. v. mir).

6. Erklärung des Politischen Beratenden Ausschusses der Teilnehmerstaaten des Warschauer Vertrages zu den Verhandlungen über die Reduzierung der Streitkräfte und konventionellen Rüstungen in Europa, verabschiedet in Warschau am 15./16. Juli 1988[478] mit den Thesen:

... "die verbündeten Staaten sind davon überzeugt, daß die vorrangige Aufgabe dieser Verhandlungen darin besteht, ... auf dem Kontinent einen solchen Zustand herbeizuführen, bei dem die Länder der NATO und des Warschauer Vertrages Kräfte und Mittel behalten, die für die Verteidigung erforderlich sind, jedoch für ... Angriffsoperationen nicht ausreichen. ...

... entlang der Berührungslinie der beiden militärisch-politischen Bündnisse (würden) Streifen (Zonen) verringerten Niveaus der Rüstungen geschaffen, aus denen die gefährlichsten destabilisierenden Arten konventioneller Rüstungen abgezogen bzw. reduziert würden. Als Ergebnis würde in diesen Streifen (Zonen) ein solches Niveau der militärischen Potentiale erhalten bleiben, das *lediglich die Verteidigung gewährleistet* und die Möglichkeit eines Überraschungsangriffes ausschließt."[479]

Eine breite Diskussion in der Fachöffentlichkeit der Ostblockstaaten folgte diesen Erklärungen. Janusz Prystrom, Leiter der Abrüstungsabteilung des Warschauer "Institute of International Affairs"[480] meint zum Beispiel:

"Die Festlegung auf strukturelle Defensivität als Kernstück der polnischen Vorschläge[481] und als eine fundamentale Vorbedingung für konventionelle Stabilität bedeutet einen neuen Eintrag in das politische Lexikon der sozialistischen Staaten. In den westlichen Staaten erschien das Konzept in den 70er Jahren im Kontext der Formulierung sogenannter alternativer Verteidigungskonzepte[482]. ... Die Interpretation des Konzepts und die Entwicklung der notwendigen Mittel auf dem Felde der Waffentechnologie und der Doktrinen gehören zu den

---

478 BPA/Ostinformation/18.7.1988. Europa-Archiv, Folge 15/1988, D 427f.

479 Europa-Archiv, Folge 15/1988, D 427/428.

480 Andrzej Karkoszka vom selben Institut hat auch zusammen mit Albrecht v. Müller aus meiner Starnberger Arbeitsgruppe ein Papier für einen auf Defensivität und Stabilität aufgebauten Rüstungskontrollansatz geschrieben, in: Defense & Disarmament Alternatives. Hrsg: Institute for Defense & Disarmament Studies, Boston. Vol.1 No 3, Mai 1988. S.1 & 8.

481 Memorandum of the Government of the Polish People's Republic on Decreasing Armaments and Increasing Confidence in Central Europe, Warsaw, 17 July 1987.

482 Der Widerstand gegen diese Konzepte war heftig und zeigte sich z.B. bei einem "Hearing" des Bundestages über "alternative Strategien", bei dem die Zahl der Trommler für "flexible response" die der Renommieralternativen bei weitem übertraf. Womit man wunschgemäß zu dem Ergebnis kam: "Die überwiegende Mehrheit der Sachverständigen hat im Grundsatz hierzu die Auffassung vertreten, daß Sicherheit in Frieden und Freiheit nur in der Allianz unter dem Schutze des amerikanischen Nuklearpotentials ... gewährleistet werden kann. Weiterhin wurde deutlich, daß die derzeitigen sicherheitspolitischen und militärstrategischen Prinzipien des Bündnisses auch für die Zukunft gültig bleiben müssen. ..." Alfred Biehle (Hrsg.) in seinem Vorwort zu Alternative Strategien. Alfred Biehle ist Vorsitzender des Verteidigungsausschusses des Bundestages. Die fatale Wirkung dieses Nichtbefassens mit echten Alternativen zu der gleichzeitig immer weniger geglaubten nuklearen Eskalationsstrategie der NATO ist, daß heute, 1 1/2 Jahre nach den ersten sowjetischen Vorschlägen für eine defensive Struktur, ernsthafte NATO-Vorschläge zur Strukturänderung immer noch nicht an das Licht der Öffentlichkeit getreten sind. Abrüstung ohne Strukturänderung führt aber nicht zur Sicherheit.

schwierigsten aber unvermeidlichen langfristigen Aufgaben des Ost-West-Dialoges über die militärische Entspannung in Europa und insbesondere in Zentraleuropa."[483]

Intensive Diskussionen wurden in Bulgarien[484] und Ungarn auch mit westlichen Teilnehmern geführt. Es scheint übrigens ein ungarischer Politiker, nämlich Außenminister Gyula Horn, gewesen zu sein, der als erster im Ostblock einen Übergang zu defensiven Strukturen vorschlug.[485]

Diese Stellungnahmen aus dem Warschauer Pakt wurden durch Schriften und Reden des sowjetischen Generalsekretärs Gorbatschow vorbereitet:[486]

"Gleichermaßen stark ist der Einfluß der neuen Perspektive[487] auf dem Charakter von militärischen Doktrinen. Diese sollten *ausschließlich Doktrinen der Verteidigung* sein. Damit hängen solche neuen oder vergleichsweise neuen Ideen zusammen, wie die der Reduzierung der Rüstung auf ein vernünftig hinreichendes Mittelmaß, der *nichtaggressiven Verteidigung*, der Beseitigung von Ungleichheiten und Asymmetrien unter den verschiedenen Truppengattungen ..."[488]

Oder:

"Es ist an der Zeit, daß die beiden militärischen Bündnisse ihre strategischen Konzepte ändern, um sie mehr auf die *Ziele der Verteidigung* abzustimmen."[489]

Oder:

"Auf diesem Gebiet gibt es eine Menge spezifischer Probleme, die darauf warten, gelöst zu werden: Der Abbau und schließlich die Beseitigung der taktischen Atomwaffen, verbunden mit einem drastischen Abbau der Streitkräfte und der konventionellen Waffen, der Rückzug von Angriffswaffen, um die Möglichkeit eines Überraschungsangriffes auszuschalten, und *eine Veränderung in der Gesamtstruktur der Streitkräfte zu dem Zweck, ihnen ausschließlich Verteidigungscharakter zu verleihen* . ..."[490]

Letzte Zweifel über die Absichten des sowjetischen Generalsekretärs dürfte seine Rede vor der UNO am 7.12.1988 ausgeräumt haben:

---

483 Prystrom, Janusz: The Case of Non-Offensive Defence - The Case of Poland. In: Current Research on Peace and Violence, Vol.XI, No. 3/1988, S.118.

484 vgl. z.B. World Federation of Scientific Workers, Materials of the International Symposium on European Security and Non-Offensive Defence, Varna 1987.

485 so Laszlo Valki in seiner interessanten Darstellung der Debatte im Ostblock mit ihren Pro- und Contra-Argumenten. In: Külpolitika, A Special Edition of the Hungarian Foreign Policy Quarterly. Budapest 1988, S.67, mit weiterer Literatur.

486 vgl. dazu auch den Bericht von Christoph Bertram in: Die Zeit, 2.9.1988, S.3.

487 Gorbatschow bezieht sich in seinen Vorschlägen auf neues Denken in "vielen Ländern und verschiedenen Schichten der Gesellschaft". (Gorbatschow, Perestroika, a.a.O., S.181). Zur Entwicklung dieses Denkens, vgl. oben Kap. IV.2.3.

488 Gorbatschow, a.a.O., S.181.

489 Gorbatschow, a.a.O., S.266.

490 Gorbatschow, a.a.O., S.265 (Hervorhbg. v. mir).

"Alle auf dem Territorium unserer Verbündeten vorläufig verbleibenden sowjetischen Divisionen werden umgegliedert. Ihnen wird eine im Vergleich mit heute andere *Struktur* verliehen, die nach einem wesentlichen Panzerabzug aus diesem Territorium *eindeutig defensiv* wird."[491]

Das bedeutet Verzicht auf die sowjetische Option konventioneller Angriffsfähigkeit in Europa. Diese regionale *Option aufzugeben* entspricht sowjetischem Interesse aber dann und nur dann, wenn die sowjetische Politik heute vom bipolaren Wettstreit weg und zum multipolaren Mächtekonzert hin gelenkt wird. Bis zum Beweis des Gegenteils, d.h. bis die Sowjetunion ernsthafte Vorschläge zur Entwicklung wechselseitiger struktureller Verteidigerüberlegenheit in Europa sabotiert, ist deshalb davon auszugehen, daß *heute*[492] mit großer Wahrscheinlichkeit ein "Fenster der Gelegenheit" (Window of Opportunity)[493] zu einer unabhängigeren Sicherung europäischer Selbständigkeit durch Übergang zu rein defensiven Militärstrukturen in Ost und West[494] und damit zu einer europäischen Rolle in einem neuen multipolaren Mächtekonzert offensteht.

Dies ist offensichtlich auch die Auffassung der Bundesregierung, die in der gemeinsamen Erklärung des Bundeskanzlers und des sowjetischen Generalsekretärs vom 13.6.1989 mit folgenden Worten ihren Ausdruck findet:

"Beide Seiten streben an, durch verbindliche Vereinbarungen unter wirksamer internationaler Kontrolle bestehende Asymmetrien zu beseitigen und die militärischen Potentiale auf ein stabiles Gleichgewicht auf niedrigerem Niveau zu vermindern, das zur Verteidigung, aber nicht zum Angriff ausreicht. Beide Seiten halten es insbesondere für erforderlich, die Fähigkeit der Streitkräfte zum Überraschungsangriff und zur raumgreifenden Offensive auszuschließen. ..."[495]

Niemand aber kann ausschließen, daß sich das "Fenster der Gelegenheit" zur Änderung der politischen Situation in Europa wieder schließt, ehe die militärischen Strukturen in Ost und West sich tatsächlich geändert haben. Der Gedanke an ein mögliches Scheitern dieses Ansatzes könnte zu sehr vorsichtigem Vorgehen führen. Vorsichtig aber heißt oft: langsam. Doch je länger der Prozeß dauert, desto größer wird die Gefahr, daß eine neue Änderung der sowjetischen Politik das Fenster tatsächlich schließen könnte, ehe der Prozeß so weit fortgeschritten ist, daß er unumkehrbar wird.

---

491 Europa-Archiv, Folge 1/1989, D 34.

492 Der Bundespräsident erinnerte in seiner Rede zum 40. Jahrestag der NATO daran, daß die Geschichte ihre Angebote nicht wiederholt. Vgl. auch Bahr, Egon: Die ausgestreckte Hand des Ostens ergreifen. Süddeutsche Zeitung, 16.3.1989, S.15.

493 Diese Bezeichnung stammt von Andrzej Karkoszka, Warschau.

494 so auch Gerd Schmückle in seiner zusammen mit Albrecht v. Müller vorgelegten Studie. Der Spiegel, 2.5.1988, S.20ff., und Süddeutsche Zeitung, 7./8.5.1988, S.5.

495 Die Welt, 14.6.1989, S.6.

Vorsicht: ja; - langsam: nein, sollte deshalb die Konsequenz sein. Doch *wie* schnell vorangehen, *ohne unvorsichtig* zu sein? Die Antwort darauf liegt in der besonderen Eigenheit der Strategie der Verteidigerüberlegenheit, deren Auswirkungen oben[496] diskutiert wurden:

Verteidigerüberlegenheit kann *einseitig*[497] hergestellt werden. Einseitiger, *schneller* Übergang zur Verteidigerüberlegenheit der NATO und gleichzeitige Verhandlungen über wechselseitigen Übergang schließen sich nur dann aus, wenn man eigene Maßnahmen zur Herstellung von Verteidigerüberlegenheit von entsprechenden Maßnahmen der Gegenseite abhängig macht. Die eigene Struktur nur zögernd und dem jeweiligen Verhandlungsergebnis entsprechend zu ändern, ist aber keine brauchbare Rückversicherung gegen eventuelle Rückfälle sowjetischer Militärstrategie in offensive Strategien. Das einzige, was man so bewirkt, ist, die heutige Angriffsüberlegenheit des Warschauer Paktes zu konservieren. Zur Absicherung gegen Rückfälle der Gegenseite in Streben nach Angriffsfähigkeit kommt es stattdessen darauf an, so *schnell* wie möglich die Effizienz der NATO-Verbände in der Verteidigung auf Kosten ihrer Offensivfähigkeit bis zu eindeutiger Verteidigerüberlegenheit zu *steigern.*

Nur so entsteht auch eine Situation, in der der Warschauer Pakt selbst dann, wenn er seine derzeit erklärte Militärpolitik einmal in Frage stellen sollte, sich in einer Lage wiederfindet, in der die Wiedergewinnung der konventionellen Siegoption in Europa kostspielig, ja unmöglich geworden ist. Ist dieses Ziel erreicht, werden die Anhänger der derzeitigen sowjetischen Militärpolitik in der Sowjetunion auch leichtes Spiel haben, jeden Gegner dieser neuen Politik, der die offensive Struktur wiederherstellen will, von der Unmöglichkeit seines Versuchs zu überzeugen.

VII.2.3 Kernwaffen und Kernwaffenglaube in Westeuropa vor neuen Realitäten?

Auch eine Strategie der Sicherung Europas durch konventionelle Verteidigerüberlegenheit würde wiederum unter bestimmten Annahmen über Kernwaffen stehen. Doch diese Annahmen würden von drastisch veränderten Voraussetzungen ausgehen können. Da die NATO nicht mehr auf den nuklearen Ersteinsatz angewiesen wäre, würden die mehr als zweifelhaften Theorien über die Nutzbarkeit von Nuklearpotentialen für nukleare *Ersteinsätze der NATO* obsolet.

---

496 Kap. V.6.3: Zur strukturellen Verteidigerüberlegenheit in Europa: Durch einseitige Umrüstung oder durch Verhandlungen?
497 vgl. oben Kap. IV.4.

Doch auch wenn die konventionelle Angriffsoption des Warschauer Paktes wegfällt, wäre Europa weiterhin vor der Möglichkeit neuer sowjetischer Drohungen mit Kernwaffen zu sichern. Zur Abschreckung solcher Drohungen mit *sowjetischen Kernwaffen-Ersteinsätzen* reicht aber hin anzunehmen, daß jeder Ersteinsatz von Kernwaffen allein durch die auch nur entfernte Möglichkeit einer nuklearen Vergeltungsaktion verhindert wird (oben Glaube Nr.2). Ob dieser Glaube über Kernwaffen sich im Westen durchsetzen wird oder nicht, das hängt nicht von militärischen Theorien, sondern vom politischen Interesse in Westeuropa ab. Genauer gesagt: das hängt davon ab, ob man unabhängigere europäische Politik fördern oder verhindern will. Daß man den Glauben an die umfassende Abschreckungswirkung aller nuklearen Potentiale gegen Angriffe verschiedenster Art auch bei uns teilen *kann*, wenn man das aus politischen Gründen will, das zeigte sich nach dem INF-Vertrag von Washington. Kaum hatten die USA und die Sowjetunion mit diesem Vertrag den Abbau der vorher für Abschreckung für unverzichtbar erklärten Mittelstreckensysteme größerer Reichweite vereinbart, gingen die damals führenden Beamten im Bonner Verteidigungsministerium, der Staatssekretär Ruehl[498] und der Leiter des Planungsstabes, Rühle[499], vom Nachrüstungs-Glauben an die Notwendigkeit eines lückenlosen Spektrums amerikanischer Kernwaffen (Glaube Nr.1) zu der These über, Kernwaffen machten durch das hohe Schadensrisiko selbst bei geringer Einsatzwahrscheinlichkeit einen Krieg durch Abschreckung praktisch unmöglich (Glauben Nr.2)[500]. Das bewies wieder einmal,[501] wie relativ frei verfügbar diese Kernwaffen-Glauben für die jeweiligen politischen Ziele sind. Forderte Bündnissolidarität einst den Glauben an die Notwendigkeit des "ununterbrochenen Spektrums" *mit* Mittelstreckenraketen, so forderte sie nach der doppelten Null-Lösung nach Meinung des Verteidigungsministeriums den Glauben an flexible response auch *ohne* die Mittelstreckenraketen.

Wer aber - wie damals Rühle[502] - annimmt, daß heute auch *konventionelle* Angriffe des Warschauer Paktes mit der doch sehr unglaubhaften Androhung eines selbst-

---

498 vgl. dazu Ruehls oben zitierte These, die NATO-Strategie der 'flexible response' sei (nach wie vor) optimal, mit der er das Memorandum "Discriminate Deterrence" und dessen Folgerungen kritisiert. Die Welt, 19.1.1988, S.5. "Eine solche Strategie hätte fatale Konsequenzen für die Sicherheit Westeuropas."

499 Rühle, Hans,in: Welche Strategie braucht die NATO? in: Soldat und Technik 5/1988, S.231-234.

500 vgl. dazu oben Kap. III.2.2: "Die große Irritation...".

501 vgl. dazu oben Kap.II.3.4.

502 Inzwischen hat das Verteidigungsministerium eine neue Volte geschlagen und wieder die "Notwendigkeit eines ununterbrochenen Spektrums" amerikanischer Kernwaffen bemüht, um eine dritte Null-Lösung zu verhindern und die Neurüstung mit Mittelstreckenraketen kürzerer Reichweite zu begründen. Vgl. dazu oben Kap. III.2.2 "Die große Irritation". Was das deutsche Verteidigungsministerium nunmehr nach dem "Kompromiß vom Brüsseler NATO-Gipfel" vom 29./30. Mai 1989 zu glauben beabsichtigt, bleibt abzuwarten.

zerstörerischen *Erst*einsatzes von Kernwaffen der *NATO* abgeschreckt werden können, der hat keinerlei Argumente gegen die Annahme, daß *nukleare Erstein-sätze des Warschauer Paktes* durch die sehr wahrscheinliche Möglichkeit eines "Racheschlages" mit Kernwaffen der NATO-Staaten ausgeschlossen werden. Und eine nach Rühle zur Abschreckung hinreichende "nicht ganz unwahrscheinliche Möglichkeit eines Racheschlages" geht nicht nur von *amerikanischen* Nuklearpo-tentialen aus, sondern auch von *englischen* und *französischen*.

VII.2.4 Eine europäische Option in der Sicherheitspolitik?

Ein grundsätzlich neuer Glaube über Kernwaffen ist somit für eine selbständigere Sicherheitspolitik der Europäer nicht mehr erforderlich, wenn die konventionelle Angriffsoption des Warschauer Paktes beseitigt ist. Es genügt der durch Nachrü-stung und doppelte Null-Lösung hervorgerufene Glaube des Bundesverteidigungs-ministeriums vom Frühjahr 1988. Und auch *amerikanische* Kernwaffen in Europa werden in dieser Auffassung überflüssig.[503]

Wenn der Warschauer Pakt die Option des konventionellen Angriffs aufgegeben haben sollte, stehen die Europäer deshalb erstmals nach der Stalin-Note von 1952 wieder vor der Wahl: Fortführung der Teilung des europäischen Kontinents zwi-schen den Siegermächten, oder (mehr) europäische Selbständigkeit gegenüber bei-den Siegermächten. Doch die Stalin-Note winkte nur mit Selbständigkeit für ein *Gesamtdeutschland*. Eine solche Sonderrolle Deutschlands fand und findet aber mit guten Gründen wenig Anhänger in Europa. Mehr Selbständigkeit für Ost- und Westeuropa, die Überwindung der Spaltung Europas und die Integration beider Teile Deutschlands in dieses Europa - das ist dagegen ein Ziel, das in vielen poli-tischen Erklärungen europäischer Politiker und Parteien aufleuchtet.

Bundespräsident Richard von Weizsäcker:[504]

> "Europa ist politisch geteilt, doch ungeteilt und unteilbar im Geist. Es gibt nicht nur die ge-meinsame Geschichte und die Einheit der vielfältigen nationalen Kulturen Europas. Was uns verbindet, ist das gemeinsame Schicksal der Zukunft auf engem Raum. Nach einer Phase der Resignation ist das Bewußtsein der Zusammengehörigkeit unter den Europäern in Ost und West wieder gewachsen. Die Menschen im Warschauer-Pakt-Bereich müssen den schwere-

---

503 Die ebenfalls "nicht ganz unwahrscheinliche" Möglichkeit einer amerikanischen Vergeltung eines so-wjetischen Nuklearschlages gegen Europa mit auf See oder in der Luft stationierten Kernwaffen mitt-lerer Reichweite oder mit strategischen Kernwaffen tritt automatisch neben die (englisch-französische) Vergeltungsdrohung.

504 Bundespräsident Richard v. Weizsäcker in seiner Rede zum 40. Jahrestag des Marshall-Planes, Süd-deutsche Zeitung, 12.6.1987, S.12.

ren Weg gehen als wir. Eine ganze Generation mußte in erzwungener Abgrenzung leben. Aber sie sind Europäer geblieben. Um den Geist des einen Europa lebendig zu halten, haben sie die größere Leistung erbracht.

Aber auch wir Westeuropäer wissen, 'wie zweideutig unser westliches Glück wäre, wenn es auf Dauer mit dem östlichen Unglück bezahlt würde' (Václav Havel). Das Schicksal Osteuropas betrifft auch uns."

Überwindung der Teilung Europas liegt, wie sich herausstellte, auch im Rahmen der möglichen Entwicklungen amerikanischer und sowjetischer Großmachtinteressen. Sie hängt aber von vier notwendigen Bedingungen ab:

1. Sicherheit vor einer Unterwerfung durch die Sowjetunion.

2. Keine Bedrohung der Sowjetunion von europäischem Boden aus.

3. Friedliche Kooperation auch mit der Sowjetunion ohne Unterwerfung.

4. Entwicklung eines Europa-Konzeptes, das die derzeitige Vorherrschaft der Supermächte durch ein harmonisches europäisches Mächtekonzert ersetzt, nicht aber durch neue deutsche Vorherrschaft.

Die erste Bedingung fordert das Bündnis mit den Vereinigten Staaten. Die zweite schließt den Aufbau von militärischen Potentialen auf europäischem Boden, die die Sowjetunion bedrohen, aus. Die dritte mindert die wirtschaftliche Abhängigkeit von den Vereinigten Staaten - und steigert somit die europäische Macht.

Helmut Schmidt nennt die Politik zwischen diesen Bedingungen die "Doppelstrategie der Europäer, einerseits jede erforderliche Anstrengung zu unternehmen, um sich vor russischem Druck, vor Erpressung oder Aggression sicher fühlen zu können. Andererseits aber auf der Grundlage dieser Sicherheit mit den Russen zusammenarbeiten zu wollen."[505]

Die vierte Bedingung schließlich fordert eine Lösung für das seit 1871 ungelöste Problem der Rolle der Deutschen im Zentrum Europas.

Die relative Machtverteilung in der Welt ist ein Nullsummenspiel. Jede Macht, die irgendwo gewonnen wird, wird woanders verloren. Neue europäische Selbständigkeit ist neue *europäische* Macht. Zwangsläufig kann diese Macht nur auf Kosten der bisherigen Macht der Supermächte in Europa gewonnen werden. Die Frage ist nur, auf Kosten *welcher* Supermacht. Die erste Deutschland-Politik, die Politik der Wiedervereinigung Deutschlands *im* westlichen Bündnis, suchte ihr Ziel ausschließlich auf Kosten der Sowjetunion. Eine neue sowjetische Politik, die das umgekehrte alte Ziel verfolgen würde, europäische Selbständigkeit allein auf

---

505 Schmidt, Helmut, Eine Strategie für den Westen. Seite 41.

Kosten der USA zu fördern, müßte am erbitterten Widerstand der USA scheitern - und am lebenswichtigen Interesse der Europäer am Bündnis mit den Vereinigten Staaten.

Also kann europäische Selbständigkeit nur geschaffen werden, wenn *beide Supermächte in Europa Macht aufgeben* und sich ihre Machtverluste dabei die Waage halten. Denn nur dann bleibt das Verhältnis der relativen Macht beider Supermächte zueinander unverändert. Und das ist für sie immer noch entscheidend.

VII.3 Die westeuropäische Bedingung: Französisch-deutsche Führung.

Doch daß es solch eine europäische Option geben könnte, ist so neu nicht. Im Grunde zeigt sich nur ein erneutes Aufdämmern von Möglichkeiten jener Politik, die General de Gaulle Anfang der 60er Jahre verfocht.[506] Helmut Schmidt hat dieses Konzept m.E. sehr treffend so umrissen:

> "Aus gesamtstrategischer Sicht scheint de Gaulle ganz am Anfang der sechziger Jahre die Vision eines Europa als eines unabhängigen Gebildes vor Augen gehabt zu haben. Dieses Gebilde sollte von Frankreich und wahrscheinlich von ihm selbst geführt werden und gleichberechtigt mit Amerika auf der einen Seite und mit Rußland auf der anderen sprechen. (Er verwendete übrigens niemals den Begriff 'Sowjetunion'.) In diesem Kontext sollte Frankreich seine Stärke auf seine unabhängige Nuklearrüstung gründen und somit die einzige Nuklearmacht auf dem westeuropäischen Festland sein. Dieses Westeuropa wäre selbstverständlich mit den Vereinigten Staaten und mit Großbritannien verbündet, würde sich aber nicht von diesem Bündnis abhängig machen. Die Deutschen wären bereit, die französische Führung zu akzeptieren."

H. Schmidt schließt: "Es scheint, dieses Konzept entbehrte nicht einer gewissen Wahrheit."[507]

Seit Anfang der 60er Jahre versuche ich die Auffassung zu verbreiten, die de Gaullesche Politik könne einen Weg zur Wiedervereinigung Europas öffnen. Damals wie heute stehen dieser Politik aber Hindernisse entgegen:

---

506 Helmut Schmidt hat im Europa-Archiv, Folge 11/1987, zu Recht darauf hingewiesen, daß General de Gaulle im Laufe seiner Regierungszeit sein Konzept mehrfach hat abwandeln müssen. Hier wird Bezug genommen auf das Konzept de Gaulles Anfang der 60er Jahre (S.305f.).

507 Deutsch-französische Zusammenarbeit in der Sicherheitspolitik von Helmut Schmidt. Europa-Archiv, Folge 11/1987, S.306.

1. Die Angst der Westeuropäer, insbesondere vieler Deutscher, sowjetischen Forderungen und Drohungen nicht widerstehen zu können, wenn sie sich nicht fest und bedingungslos an die USA anschließen.

2. Die Unfähigkeit der Westeuropäer, sich auch nur über Agrarpolitik oder Geschwindigkeitsbegrenzungen für Kraftfahrzeuge zu einigen, was vielen jeden Gedanken an eine gemeinsame Verteidigungspolitik als ganz utopisch erscheinen läßt.

3. Die wirtschaftliche Schwäche Frankreichs im Vergleich zur Bundesrepublik. Denn sie konserviert die alten französischen Ängste vor einem übermächtigen Deutschland, so daß ein geteiltes Europa unter amerikanischer Vorherrschaft manchem Franzosen immer noch als ein geringeres Übel erscheint als ein unabhängiges Europa mit begrenztem amerikanischen Einfluß, aber mit zwei deutschen Staaten.[508] Zwei deutschen Staaten, die sich schon heute "verdächtig gut verstehen" und die ja vielleicht sogar eines Tages ... ?

4. Die heute außerhalb Deutschlands deutlich gesehene und angesprochene Konsequenz eines Zurückdrängens der militärischen Konfrontation in Europa: Das Wachsen der Bedeutung *wirtschaftlicher* Macht, also der Macht der Deutschen auf Kosten Frankreichs, aber auch der Sowjetunion. Daß dieser Gesichtspunkt in der Bundesrepublik bisher konstant übersehen wurde, erscheint von Frankreich aus gesehen eher als schlaue deutsche Strategie denn als Blindheit.

Französische Stärke und französisches Selbstbewußtsein hatte aber schon General de Gaulle als notwendige Voraussetzung für die Überwindung der Teilung Europas gesehen.[509] Doch seine Versuche, diese Bedingungen zu schaffen, hatten nur begrenzten Erfolg. Nach anfänglicher Annäherung der französischen Wirtschaftskraft an die deutsche vergrößerte sich in den letzten zehn Jahren der Abstand erneut. Und so blockiert die wirtschaftlich "zu erfolgreiche" Bundesrepublik nolens volens ihr eigenes politisches Ziel der Überwindung der Teilung Europas. Denn wie Altbundeskanzler Helmut Schmidt zu Recht feststellt, braucht die Einigung Europas eine Führungsmacht. Diese Führungsmacht kann aber nach allem, was in diesem Jahrhundert geschehen ist, nur Frankreich, nicht aber die Bundesrepublik sein.

---

508 vgl. dazu das Buch von Kaiser, Karl und Pierre Lellouche (Hrsg.): Deutsch-französische Sicherheitspolitik. Auf dem Weg in die Gemeinsamkeit? (Schriftenreihe der DGAP), Bonn 1986.
509 Eine Rückschau der Entwicklung gibt K. Jetter, "Frankreichs industrieller Niedergang", Frankfurter Allgemeine Zeitung, 22.9.1987, S.15.

Deutsch-französische Geschichte zeichnet sich seit langem durch die Tragik aus, daß jeweils der eine Partner sich gerade dann auf den anderen einzustellen versuchte, wenn der seine Interessen eben nicht in der engen Kooperation mit dem Nachbarn sah. Das hervorragendste Beispiel dieser Art nach dem Zweiten Weltkrieg ist das Scheitern der Politik de Gaulles, auf der Basis deutsch-französischer Kooperation die Blockstrukturen in Europa zu überwinden. Die feste Front der Atlantiker und die Mißverständnisse der deutschen "Gaullisten"[510] wirkten damals zu diesem Desaster zusammen.

Das Drama wiederholte sich, als die Friedensbewegung in Deutschland die uferlose nukleare Aufrüstung der Supermächte in Frage stellte. Mit der Ablehnung der Selbstunterwerfung Europas unter die amerikanische Entscheidungsbefugnis über Leben und Tod gab diese Bewegung in Deutschland erstmals genau jenen Motiven politisches Gewicht, die seinerzeit General de Gaulle zur Ablehnung der amerikanischen Hegemonie, zum Austritt aus der Integration der NATO und zum Ausbau der französischen Nuklearstreitkräfte veranlaßten. Sein sozialistischer Amtsnachfolger Mitterrand zeigte sich unfähig, die Situation in Deutschland zu verstehen und im Sinne de Gaulles auszunutzen.

Trotz allem: Heute mehren sich die Zeichen, daß auf beiden Seiten ein neuer Ansatz zu gemeinsamer deutsch-französischer Sicherheitspolitik gesucht wird. Aber auch, wenn die unglückliche Phase des Aneinandervorbeihandelns beider Völker wirklich beendet sein sollte, bleiben *objektive* sicherheitspolitische Probleme zwischen Frankreich und der Bundesrepublik bestehen. Und das sind:

1. Für viele Franzosen ist die Bundesrepublik eine vorgelagerte "Champagne", das Schlachtfeld beider Weltkriege. Alte Wunden schmerzen. Wie irrelevant das im Atomzeitalter auch aussehen mag, Frankreich wünscht nicht, wieder "Frontstaat" zu werden. Aus dieser Sicht ist Frankreich besser plaziert als die Bundesrepublik.

2. Deutsch-französische Gemeinsamkeit kann aber trotzdem nicht auf dem Satz "vous êtes mal placés"[511] aufbauen. Denn jede Verteidigung Europas hat gerade die Interessen jenes Landes in Rechnung zu stellen, auf dessen Boden die Kämpfe zuerst stattfinden würden, und das ist nun einmal die Bundesrepublik.

---

510 "Gaullisten" in Deutschland gehörten fast stets zu denjenigen, die auf einer Wiedervereinigung in den Grenzen von 1937 beharrten und zu diesem Zwecke in den französischen Kernwaffen weniger ein Instrument der Unabhängigkeit sahen als ein zusätzliches Mittel, die Sowjetunion (und Polen!) zum Rückzug hinter die Vorkriegsgrenzen zu zwingen. Ein fundamentales Mißverständnis der Politik de Gaulles.

511 "Sie haben eben eine ungünstige geographische Lage!"

3. Eine Verteidigung der Bundesrepublik, die nicht in der Lage ist, mit konventionellen Waffen einen konventionellen Angriff abzuwehren, bedeutet für Frankreich den Verlust des Vorfeldes und stellt Frankreich vor die Wahl: Kernwaffeneinsatz oder Kapitulation. Eine derartige, zu schwache konventionelle Position in Europa ist deshalb für Frankreich nicht akzeptabel.

4. Eine Verteidigung der Bundesrepublik mit Kernwaffen, seien diese Kernwaffen amerikanisch (Honest John), oder französisch (Pluton bzw. Hades), läuft dem Prinzip der Berücksichtigung deutscher Interessen diametral entgegen. Denn das, was Helmut Schmidt heute über die Kernwaffendoktrin der NATO schreibt[512], gilt für den Einsatz französischer Kernwaffen in Zentraleuropa genauso wie für amerikanische:

"... Das ist einer der Gründe für die sogenannte Friedensbewegung und den 'Ökopazifismus' unter den jungen Menschen in Deutschland. Sie wissen sehr wohl, daß eine Reihe von Staaten in Ost und West über sogenannte taktische Nuklearwaffen verfügt, die auf deutschen Boden und gegen deutsche Städte gerichtet sind. ... "[513]

Gemeinsame deutsch-französische Sicherheitspolitik und französische *taktische* Kernwaffen schließen sich somit ganz offensichtlich aus. Alfred Dregger zieht die Konsequenz aus dieser eindeutigen Interessenlage:

"Frankreich sollte insbesondere die Planung für seine sog. 'prästrategischen' Atomwaffen mit der Bundesrepublik Deutschland abstimmen und dabei die Überlebensinteressen Deutschlands berücksichtigen. Atomare Waffen, die wegen ihrer kurzen Reichweiten nur auf deutschem Boden zum Einsatz kommen können, sind für uns mehr Bedrohung als Schutz. ...

Ihrer Bezeichnung 'prästrategisch' würden die nichtstrategischen Waffen Frankreichs nur dann gerecht, wenn sie Instrumente einer 'letzten Warnung' an die Adresse des Angreifers vor dem Einsatz der strategischen Waffen Frankreichs sein könnten. Das setzt entsprechende Reichweiten und Treffergenauigkeit voraus. Die als 'prästrategisch' bezeichneten französischen Waffen 'Pluton' wie auch 'Hades' erfüllen diese Voraussetzungen nicht."[514]

5. Die Entscheidung über den Einsatz der französischen Minimalabschreckung mit *strategischen Kernwaffen* gegen die Sowjetunion kann Frankreich nicht mit anderen Nationen teilen. Dieser Kernsatz französischen Abschreckungsdenkens dürfte durch niemanden zu erschüttern sein. Er läßt sich mit keinem logischen Argument widerlegen.[515] Unlösbarkeit des Problems der

---

512 oben Kap. II.6.3 ausführlich zitiert.
513 Europa-Archiv, Folge 11/1987, S.308.
514 Alfred Dregger vor der Clausewitz-Gesellschaft in der Führungsakademie der Bundeswehr in Hamburg. Vgl. auch Dregger in Frankfurter Allgemeine Zeitung, 7.3.1988.
515 Präsident, Premier-und Verteidigungsminister machen dies immer wieder ihren deutschen Partnern klar. Vgl. z.B. François Mitterrand: "Dans l'état actuel des choses il n'est pas concevable que l'Allemagne fédérale, pas plus qu'aucun autre pays, y compris les Etats-Unis d'Amérique, puisse pren-

"nuklearen Teilhabe" ist zudem das eindeutige Resultat von 30 Jahren vergeblicher Versuche, in der NATO eine solche Teilhabe zu organisieren. Alle Reden über "Ausdehnung des Nuklearschirms" mit westdeutscher Mitentscheidung werden sich deshalb bei näherer Betrachtung als hohles Geschwätz erweisen.[516]

Also ist gemeinsame deutsch-französische Sicherheitspolitik unmöglich? Keineswegs. Man muß nur die Ziele dieser Sicherheitspolitik richtig definieren. Ziel westeuropäischer Sicherheitspolitik in einem blocküberwindenden Konzept de Gaullescher Prägung ist nicht die Niederlage des Ostblocks. Ziel ist die Selbstbehauptung Westeuropas und eine Lockerung der Fesseln Osteuropas an die Sowjetunion. Zu diesem begrenzten politischen Ziel benötigt man auch nur begrenzte militärische Mittel. Es reicht hin zu verhindern, daß jemals die sowjetische Führung einen Plan entwickeln kann, mit dem sie Chancen hat, einen Krieg in Europa zu führen und mit irgendwelchen Vorteilen zu beenden. Ist die Bundesrepublik mit konventionellen Mitteln gegen jeden konventionellen Angriff zu verteidigen, auch wenn dieser Angriff mit voller Stärke oder überraschend erfolgt, so ist diese Aufgabe gelöst. Denn die Sowjetunion kann keinen Zweifel darüber haben, daß sie einen weltweiten Abnutzungskrieg niemals gewinnen würde. Mit dem muß sie aber bei jedem Angriff in Europa so lange rechnen, wie die Vereinigten Staaten existieren oder gar Truppen in Europa unterhalten.

Die konventionelle Verteidigung Westdeutschlands mit Streitkräften der *bisherigen Struktur* stößt in Westeuropa, der Bundesrepublik und auch den Vereinigten Staaten zu Recht auf Skepsis.[517] Denn eine Verstärkung der konventionellen Streitkräfte, auch durch die französischen Truppen, reicht zwar hin, einen zahlenmäßigen Gleichstand mit dem Warschauer Pakt zu erreichen, doch konventionelles Gleichgewicht läßt dem Angreifer immer noch eine Er-

---

dre part à la décision et à l'emploi de l'arme nucléaire française. On peut faire beaucoup d'autres choses, se concerter, se prévenir. Mais la décision et l'emploi du nucléaire relèvent par essence de l'autorité nationale." Le Monde, 19.1.1988, S.3. "Même alliance, même Europe et, je l'espère, même avenir".

516 Der Vorschlag von Helmut Schmidt in Europa-Archiv, Folge 11/1987, fällt nicht unter dieses negative Diktum. Schmidt schlägt nicht vor, die Entscheidung über den Einsatz französischer Kernwaffen dem französischen Präsidenten aus der Hand zu nehmen. Schmidt fordert nur eine Ausdehnung des Geltungsbereichs des Nuklearschirms. Ob eine solche Ausdehnung des Nuklearschirms expressis verbis notwendig ist, kann bestritten werden. Die hier von mir vertretene Auffassung ist, daß sich eine Abschreckungswirkung für das gesamte Territorium automatisch ergibt. Insbesondere, wenn die von Schmidt vorgesehene deutsch-französische konventionelle Verteidigung Wirklichkeit würde.

517 vgl. Elizabeth Pond in Die Zeit, 26.6.1987, S.3: "Nach britischer und französischer Ansicht wäre ein konventionelles Gleichgewicht, selbst wenn es sich erreichen ließe, absolut unzureichend, um abschreckend, also kriegsverhindernd zu wirken". E. Pond weist darauf hin, daß dahinter auch die Erinnerung an Hitlers siegreiche Blitzkriegführung mit unterlegenen Panzerverbänden steht.

folgschance. Konventionelle Abhaltung ist deshalb durch ein Gleichgewicht nicht sicherzustellen.[518]

Heute stehen aber für eine solche konventionelle Abhaltungsstrategie Konzepte defensiver Verteidigung bereit, die durch Spezialisierung auf Verteidigung zu Verteidigerüberlegenheit in Europa führen.[519] Solche Konzepte stellen einmal eine Verteidigung dar, die im NATO-Rahmen europäische und amerikanische Interessen gleichzeitig befriedigt - wie oben herausgearbeitet wurde.[520] Sie sind daher einführbar, ohne sicherheitspolitische Erschütterungen im Bündnis auszulösen. Verteidigerüberlegenheit wird zum anderen aber auch in Frankreich als erstrebenswert angesehen, wie der französische Staatspräsident erklärte:

> "Jeder soll sich *verteidigen* können, wie es sein Recht ist, *ohne einen anderen zu bedrohen.* Das bedeutet, daß kein Staat und kein Militärbündnis in Ost und West die Mittel für einen Überraschungsangriff und für längere Kriegsführung haben darf..."[521]

Konventionelle strukturelle Verteidigerüberlegenheit ist vor allem aber auch europäisch, vor allem französisch-deutsch, *herstellbar.* Das Fernziel von Verteidigerüberlegenheit erleichtert überdies von Anfang an den Einstieg in die bessere deutsch-französische militärische Zusammenarbeit auf dem Sektor konventioneller Verteidigung:

> Fast unbestritten ist schon heute, daß die Defensivwirkung der NATO-Truppen durch *Sperrzonen* erheblich gesteigert werden kann. Diese Sperrzonen würden mit Einheiten besetzt, die in vorbereitetem Gelände mit vorbereiteten Waffen und Sperrmitteln den Feind auffangen und aufreiben.

> Durch solche Sperrzonen von z.B. 100 km Tiefe würde die NATO Gelegenheit bekommen, ihre mechanisierten Verbände hinter diese Zone zurückzunehmen. Diese Rücknahme der mechanisierten Divisionen kann genutzt werden, um einen deutsch-französischen Einsatz dieser Verbände koordinierter vorzunehmen als dies heute möglich ist.[522]

---

518 oben Kap.II.2

519 Vorschläge zur Verbesserung der konventionellen Verteidigungsfähigkeit unter Beibehaltung der derzeitigen Struktur ironisierte der Bayerische Ministerpräsident Franz Josef Strauß mit den Worten: "Man kann natürlich Brigaden in Divisionen umbenennen oder Hemden zu Oberhemden ernennen. Woher sollen denn die Menschen kommen - vielleicht aus der Türkei? Aber dann wären auch neue Kasernen nötig. Wo bauen wir die denn? Vielleicht auf dem Mond oder in der DDR?" Auch F.J. Strauß sah eine Lösung nur in neuen Verteidigungskonzepten. Die Forderung nach Verbesserung der derzeitigen konventionellen Rüstung bezeichnet er als Geschwafel, der Westen habe dazu weder den Willen noch die Mittel noch das Personal. Der Spiegel, 2.5.1988, S.21.

520 oben Kap. IV.5.

521 Rede Mitterrands vor den Vereinten Nationen vom 30.9.1988. Vgl. Frankfurter Allgemeine Zeitung, 1.10.1988, S.1.

522 vgl. z.B. die Vorschläge von Eckart Afheldt in meinem Buch "Defensive Verteidigung", S.66ff. und oben Kap. 6.2.

Die effiziente Verteidigung durch Sperrverbände ist weitgehend unempfindlich gegenüber der feindlichen Luftwaffe und nicht abhängig[523] von eigener Luftwaffenunterstützung. Das erlaubt, in den ersten Tagen, in denen die Sperrverbände ihre Verteidigungsräume halten, auf den Einsatz der Luftwaffe zu verzichten. Damit aber wird es möglich, die Luftwaffenverbände zurückzunehmen und in Frankreich zu stationieren.

Wenn der Ausbau einer stabilen defensiven Verteidigung zu struktureller Verteidigerüberlegenheit in Europa eines Tages gelungen sein sollte, dann überlagert sich für sowjetische Planer der erkennbaren "Abhaltung" durch die konventionelle Verteidigerüberlegenheit die Unkalkulierbarkeit der französischen - und ausschließlich französischen - nuklearen Reaktion. Damit ergibt sich aus einer Kombination konventioneller Verteidigung in Westdeutschland mit den französischen strategischen Kernwaffenarsenalen automatisch eine *Komplementarität* der deutschen und französischen Verteidigungsanstrengungen zu einer gemeinsamen europäischen Sicherheitspolitik.

Es ist zwar möglich, doch nicht sehr wahrscheinlich, daß die Supermächte eine solche politische Aufwertung der französischen Nuklearstreitkräfte zu verhindern suchen. In den USA hat aber der anfängliche Widerstand gegen die französische Kernwaffenrüstung in den letzten Jahren einer positiven Bewertung Platz gemacht.[524] Die Sowjetunion hat bisher noch keine ernsthaften Anstrengungen unternommen, die französischen Kernwaffenarsenale in den Abrüstungsprozeß hineinzuzwingen.

Ob das so bleiben wird, steht noch nicht fest. Denn zwar könnte bei Addition der amerikanischen und französischen Kernwaffen eine zahlenmäßige Überlegenheit des Westens entstehen, falls die strategischen Arsenale der Supermächte tatsächlich auf ein niedriges Gleichgewicht abgerüstet werden sollten. Doch diese zahlenmäßige Überlegenheit "westlicher Staaten" widerspricht nur dann russischen Interessen, wenn die Sowjetunion dem Glauben anhängt, Zahlen*unterlegenheit* bei Kernwaffen schwäche unweigerlich ihre politische Position (oben[525], Glaube Nr.3). Wenn die Sowjetunion sich aber zum Glauben an eine in weiten Grenzen von Zahlenverhältnissen unabhängige abschreckende Wirkung von Kernwaffenarsenalen bekehrt (oben Glaube Nr.2), wäre diese Verschiebung der Kernwaffen-Zahlenverhältnisse für ihre Abschreckungsfähigkeit und ihre Politik irrelevant. Daß ein solcher Glaubenswechsel in der Sowjetunion stattgefunden hat, zeigen die Abrüstungsvereinbarungen und An-

---

523 Was nicht bedeutet, daß sie nicht durch Luftwaffenunterstützung noch verbessert werden könnte.
524 vgl. dazu oben Kap. III.2.1 und das dort zitierte Memorandum "Discriminate Deterrence", S.68.
525 Kap. II.3.1.

gebote zu Null-Lösungen bei Waffensystemen, bei denen die Sowjetunion eindeutig zahlenmäßig überlegen ist.[526]

So spricht viel dafür, daß die Sowjetunion strategische französische Nuklearstreitkräfte, die in Verbindung mit defensiver konventioneller Verteidigung in Mitteleuropa selbständigeres europäisches Auftreten erleichtern, so lange stillschweigend dulden wird, wie ihr erklärtes Interesse am "europäischen Haus" im Vordergrund steht und die Westeuropäer sich als kooperative Hausbewohner zeigen.

VII.4 Wird die Teilung Europas jetzt wirklich überwunden werden?

Die Frage ist offen, ob die "Überwindung der Spaltung Europas" das Schicksal der in den 50er und 60er Jahren beschworenen "Wiedervereinigung Deutschlands in Frieden und Freiheit und in den Grenzen von 1937" teilen wird, die in der Versenkung verschwand, wie die Nierentische jener Zeit.

VII.4.1 Können die Europäer die Teilung überwinden, wenn sie dies wollen?

Daß sowjetische Politik so interpretiert werden *kann*, daß sie Europa-Politik ermöglicht, wurde gezeigt. Das Programm dieser Politik konnte man schon sehr deutlich in Gorbatschows Buch "Perestroika" erkennen:

> "François Mitterrand erklärte in Moskau: Es ist notwendig, daß Europa erneut zum Handlungsträger seiner eigenen Geschichte wird, um somit in vollem Umfange seine Rolle als Gleichgewichts- und Stabilitätsfaktor in internationalen Angelegenheiten gerecht werden zu können. Meine Überlegungen gingen in dieselbe Richtung."[527]

Die sowjetische Politik wird auch immer eindeutiger "europäisch" akzentuiert. Die gemeinsame Erklärung des deutschen Bundeskanzlers und des sowjetischen Präsidenten vom 13.6.1989 bezeichnet die Überwindung der Teilung als vorrangige Aufgabe beider Länder:

---

526 Null-Lösungen für Mittelstreckensysteme und Kurzstreckenraketen, vgl. dazu oben Kap. III.2.
527 Gorbatschow, Michail, Perestroika, S.247. Vgl. dort auch S.271, wo Gorbatschow beklagt, daß die unabhängige Politik Europas "über den großen Teich entführt worden ist", und Befürchtungen über die Bedrohung der europäischen Kultur durch die amerikanische ausspricht.

"Die Bundesrepublik Deutschland und die Sowjetunion betrachten es als vorrangige Aufgabe ihrer Politik, an die geschichtlich gewachsenen europäischen Traditionen anzuknüpfen und so zur Überwindung der Trennung Europas beizutragen. Sie sind entschlossen, gemeinsam an Vorstellungen zu arbeiten, wie dieses Ziel durch den Aufbau eines Europa des Friedens und der Zusammenarbeit - einer europäischen Friedensordnung oder des gemeinsamen europäischen Hauses -, in dem auch die USA und Kanada ihren Platz haben, erreicht werden kann. ... "[528]

Aber was ist in sowjetischen Augen eine Politik des gemeinsamen europäischen Hauses und was nicht? Sicher ist, daß die Sowjetunion eine Konfrontation mit der Summierung alter amerikanischer und neuer westeuropäischer Macht in Europa verhindern will. Denn eine starke westeuropäische Militärmacht unter amerikanischer Führung zur Stärkung der amerikanischen Weltmachtrolle entstehen zu sehen, mag zwar ein amerikanischer Wunschtraum sein,[529] doch eine solche Konstellation ist für die Sowjetunion selbstverständlich unakzeptabel. Und zwar sowohl dann, wenn die Sowjetunion ein friedliches Duopol mit den USA anstreben sollte, weil so der Pol USA zu stark würde, als auch dann, wenn die Sowjetunion ein echtes mehrpolares System wünschte. Sicher ist auch, daß die Sowjetunion kein militärisch-politisch nach Osteuropa *offensivfähiges* "revisionistisches" Westeuropa akzeptieren kann, besonders nicht ohne amerikanischen "Bremser". Dabei wird unter "europäischem Revisionismus" der Versuch verstanden, die Sowjetunion nach Osten aus dem "europäischen Haus" herauszudrängen.

Ob andererseits die USA ein solches "europäisches Haus", in dem "auch die USA und Kanada ihren Platz haben", akzeptieren, hängt einmal davon ab, wie ihre Interessen in diesem Haus gesichert sind. Zum anderen aber davon, ob sie sich dem weltweiten Trend zur Multipolarität anschließen, oder ob sie ihn umzukehren wünschen. Wollen sie letzteres, können sie versuchen, das militärische Mittel der Bipolarität, die nukleare Konfrontation der Supermächte, zu reaktivieren.

Es ist aber auch denkbar, daß die Supermächte die Europäer wieder gemeinsam zwingen, ihre Vorherrschaft weiter zu akzeptieren. Carl Friedrich von Weizsäcker sah Ende der 60er Jahre die Supermachtbeziehung in einem Zyklus:

"In den sechziger Jahren geschah der Übergang aus der feindlichen Bipolarität ... zu einer mehr pluralistischen Struktur. Der Übergang entsprach der Logik der Machtpolitik. Der kalte Krieg lähmte die Handlungsfreiheit der Supermächte Dritten gegenüber... Maos China und de Gaulles Frankreich lösten ihre eigene Politik von der der Supermächte. Später boten der wirtschaftliche Aufstieg Westeuropas, Japans und der Ölproduzenten, die islamische Renaissance, die Dominanz der Dritten Welt in den Vereinten Nationen weitere Beispiele für erfolgreichen Pluralismus. Gerade dies aber hat zu einer kooperativen Bipolarität der beiden

---

528 Gorbatschow, Michail und Kohl, Helmut in: Die Welt, 14.6.1989, S.6.
529 vgl. z.B. die Empfehlungen des Memorandums "Discriminate Deterrence", oben Kap. III.1.

Weltmächte geführt, die man bald die Politik der Entspannung zu nennen begann. Aber man mußte erwarten, daß die kooperative Bipolarität wieder in feindliche Bipolarität übergehen würde ... Beide Mächte mußten eines Tages erkennen, daß die unveränderte Struktur der Machtpolitik sie dazu verurteilt hat, gegnerische Hegemoniekandidaten in einer dem Chaos zutreibenden Welt zu sein."[530]

Die Schicksalsfrage Europas ist, ob die Europäer das Spiel dadurch unterbrechen können, daß sie ein gemeinsames Interesse auch der Supermächte an der größeren europäischen Selbständigkeit, dem "europäischen Haus", in einem mehrpolaren System erfolgreich zu fördern vermögen.

Eingegrenzt wäre der Weg zu einem gemeinsamen Haus Europa, zur "europäischen Friedensordnung" durch vier unverrückbare Felsblöcke:

1. Die von den USA unterstützte erbitterte Gegenwehr der Europäer gegen ein russisch beherrschtes europäisches Haus auf der einen Seite.

2. Eine erbitterte Gegenwehr der Sowjetunion und hinhaltender Widerstand der Europäer gegen eine antisowjetische Super-NATO.

3. Eine äußerste Gegenwehr der Sowjetunion gegen eine "revisionistische Militärmacht" Westeuropa.

4. Hinhaltender Widerstand in Ost und West, solange keine für alle betroffenen Nationen akzeptable Rolle für "die Deutschen" im Zentrum Europas gewiesen wird.

Wie sich amerikanische und sowjetische Politik zwischen diesen Klippen bewegen wird, bleibt abzuwarten. Aber der Gang der europäischen Geschichte hängt heute nicht mehr nur von der Politik der Supermächte ab, sondern auch von den Entscheidungen der europäischen Politiker. Die wichtigsten militärischen Maßnahmen, die sie für eine solche Politik ergreifen müssen, sind:

1. Europa hat eine eigene militärische Selbstbehauptungsfähigkeit zu entwickeln.

2. Diese Selbstbehauptungsfähigkeit kann und darf objektiv nur rein defensiv sein. Dazu muß europäische Militärmacht von ihrer Struktur her nicht angriffsfähig sein. Erklärungen rein defensiver *Absicht* sind wertlos, da auf

---

530 C.F. v. Weizsäcker, Möglichkeiten und Probleme auf dem Wege zu einer vernünftigen Weltfriedensordnung. Arbeitshilfe für den evangelischen Religionsunterricht an Gymnasien, Folge 14, S.5 (Rede in Tutzing v. 1.3.1982).

dem Felde der Sicherheitspolitik nur "das Eisen auf dem Schlachtfeld"[531] und der "schlimmste Fall" seiner Anwendung zählen.

3. Frankreich muß seine militärische Rolle für dieses Europa akzeptieren und übernehmen.

VII.4.2 Sollen die Europäer die Teilung überwinden, wenn ihnen das möglich ist?

Daß sich bei einem neuen sowjetischen Denken neue Optionen für die Europäer ergeben, heißt nicht, daß es im europäischen Interesse liegen *muß*, auf die sowjetischen Offerten einzugehen. Auch das "neue sowjetische Denken" trachtet nach Erhaltung und Mehrung der Macht der *Sowjetunion* und nicht nach einem russischen Bären ohne Krallen. Daß das neue sowjetische Denken sowjetischen Interessen dienen soll, heißt umgekehrt aber auch nicht, daß die neuen Optionen deshalb zurückgewiesen werden müssen. Denn zwar ist es richtig, daß das neue sowjetische Denken auf der Erkenntnis beruht, daß das alte Spiel gegen die USA von der Sowjetunion nicht gewonnen werden kann, doch eine Fortsetzung der sowjetisch-amerikanischen Konfrontation verheißt keinen friedlichen Ausweg. Sie dennoch fortzuführen hieße, das Prinzip Hoffnung überzustrapazieren. Wenn deshalb die Europäer an der Fortführung des Konfrontationskurses zwischen der Sowjetunion und der NATO bis zu einer eventuellen vollständigen Niederlage der Sowjetunion kein eigenes Interesse haben können, ist sowjetisches Interesse an einer Beendigung der Konfrontationspolitik kein Argument gegen eine neue europäische Politik, sondern deren Vorbedingung.

Die Konfrontationspolitik in Europa und in der Welt zwingt die Bundesrepublik ebenso fest in das westliche Bündnis wie die DDR in das östliche und versiegelt damit gleichzeitig die Spaltung Europas. Überwindung der Konfrontationspolitik bricht dieses Siegel über der Teilung Europas - aber damit auch das über der Teilung Deutschlands. Nicht nur europäische Politik wird so wieder denkbar, sondern auch ein uneingebundenes Gesamtdeutschland mit einer unberechenbaren Politik. Die Verhinderung der Überwindung der Teilung Deutschlands könnte daher heute mancher westeuropäischen Regierung wichtiger sein als die Überwindung der Teilung Europas.[532] Dieses Gespenst eines ungebundenen Gesamtdeutschlands wird erst dann nicht mehr in Europa umgehen, wenn sicher ist, daß

---

531 Der Oberkommandierende der NATO, General John R. Galvin: "Iron on the battlefield is what counts
to me". International Herald Tribune, 12.8.1988, "NATO General Says US Can Cut Warheads on
Continent".

532 vgl. dazu oben Kap. I.4.

die Überwindung der Spaltung Europas *nicht zur* Wiedervereinigung eines *unabhängigen,* uneingebundenen Deutschen Reiches wie z.B. vor 1914 führt. Vorstellungen über die feste Einbindung der Deutschen in den sich entwickelnden europäischen Rahmen erscheinen so als Voraussetzung für die Überwindung der Spaltung Europas. Französische "Ostpolitik", d.h. Politik vom Atlantik bis zum Ural bei einer engen französischen Kooperation mit seinen traditionellen Partnern in Osteuropa, insbesondere mit Polen und der CSSR, sollte deshalb die bisherige deutsche Ostpolitik überholen. Der Besuch des französischen Staatspräsidenten Mitterrand in Polen in den Tagen, in denen der sowjetische Staatchef die Bundesrepublik besuchte, kann kaum anders als ein Schritt in diese Richtung interpretiert werden.[533]

Die Politik des Abbaus der Konfrontation und die Entwicklung des militärischen Mittels der Verteidigerüberlegenheit führen zu stabilen militärischen Strukturen, die zumindest den von niemandem gewollten Krieg in Europa weitgehend ausschließen und Wettrüsten beenden helfen. Sie dienen so dem Bau eines "europäischen Hauses" und werden damit zugleich Bausteine für eine Zukunft mit weltweit friedenserhaltenderen multipolaren Strukturen. Zwar heißt das noch nicht, daß so zwangsläufig eine Multipolarität entsteht, die den Frieden der Welt durch "demokratische" Institutionen dauerhaft sichert. Und Multipolarität *ohne* institutionelle Friedenssicherung, ohne eine mit Macht ausgestattete UNO, ist, wie die Geschichte zeigt, auch keine Friedensgarantie für alle Zukunft.

Doch ein friedliches Europa kann sehr wohl ein erster Schritt zu einer weniger unfriedlichen Welt werden. Ein mit diesem Ziel wiedervereinigtes Europa ist ein Traum, der es wert ist, Leitbild unserer Politik zu sein.

Ob dieser Traum wahr werden kann?

---

[533] Die Welt v. 14.6.1989, S.8: "Die französische Ostpolitik dreht sich in diesen Tagen eine Speiche weiter".

Index

226

Personenregister

Literaturverzeichnis

Afheldt, Horst, Atomkrieg. Das Verhängnis einer Politik mit militärischen Mitteln. München, Hanser Verlag 1984

Afheldt, Horst, Defensive Verteidigung. Reinbek, Rowohlt Verlag 1983

Afheldt, Horst, in: C.F. v. Weizsäcker, Durch Kriegsverhütung zum Krieg. München, Hanser Verlag 1972

Afheldt, Horst, Pour une défense non suicidaire en Europe. Editions La Découverte, Paris 1985

Afheldt, Horst, Verteidigung und Frieden. München, Hanser Verlag 1976

Afheldt, Horst/Sonntag, Philipp: Stabilität und Abschreckung durch strategische Kernwaffen - eine Systemanalyse, in: Weizsäcker, Carl Friedrich v. (Hrsg.): Kriegsfolgen und Kriegsverhütung. München, Hanser Verlag 1971

Auswärtiges Amt (Hrsg.), Abrüstung und Rüstungskontrolle. Bonn 1981

Bahr, Egon/Lutz, Dieter S.: Gemeinsame Sicherheit - Konventionelle Stabilität. Bd.III: Zu den militärischen Aspekten Struktureller Nichtangriffsfähigkeit im Rahmen gemeinsamer Sicherheit. Baden-Baden, Nomos Verlag 1988

Barkenbus, Jack N./Weinberg, Alwin M.: Strategic Defenses and Arms Control. New York, Paragon House 1988

Barker, A.J., Panzers at War. Shepperton, Ian Allen Ltd. 1978

Biedenkopf, Kurt, Die neue Sicht der Dinge. München, Piper Verlag 1985

Biehle, A. (Hrsg.), Alternative Strategien. Koblenz 1986

Blechmann, Bary M./Kaplan, Stephen S.: Force without War: US Armed Forces as a Political Instrument. Washington D.C., Brookings 1978

Brill, Heinz, Bogislaw von Bonin im Spannungsfeld zwischen Wiederbewaffnung - Westintegration - Wiedervereinigung. Baden-Baden, Nomos Verlag 1987

Brossollet, Guy, Essai sur la non-bataille. Paris 1975

Brossollet, Guy/Spannocchi, Emil: Verteidigung ohne Schlacht. München, Hanser Verlag 1976

Bülow, Andreas v./Müller, Albrecht v./Funk, Helmut: Sicherheit für Europa. Koblenz, Bernard & Graefe Verlag 1988

Bundesminister d. Verteidigung (Hrsg): Die nuklearen Mittelstreckenwaffen. Bonn 1980.

Caldicott, Helen, Missile Envy. New York, Bantam 1984/86

Clausewitz, Carl v.: Vom Kriege. Bonn, Dümmler Verlag 1980

Coanet, Michel: Le Précédent 1940. Paris 1986

Dahm, G.: Der Zweite Weltkrieg. Gütersloh, Bertelsmann 1983

De Gaulle, Charles: Vers l'Armée de Métier. Paris 1934

De Gaulle, Charles: Vers l'Armée de Métier. Paris 1944

Deighton, Len, Blitzkrieg. Bayreuth, Hestia 1980.

Department of Defense, USA: Annual Report of the Secretary of Defense 1981

Farwick, Dieter, Die strategische Antwort. Die NATO auf dem Weg in das nächste Jahrtausend. Herford, Busse-Seewald Verlag 1989

Fischer, D./Nolte, W./Oberg, J.: Frieden gewinnen. Dreisam Verlag 1987

Friedmann, Bernhard, Einheit statt Raketen. Herford, Seewald Verlag 1987.

Fröbel, Folker/Heinrichs, Jürgen/Kreye, Otto: Umbruch in der Weltwirtschaft. Reinbek, Rowohlt 1986

Fuller, J.F.C.: Die entartete Kunst Krieg zu führen. Köln, Verlag Wissenschaft und Politik 1964

Fuller, J.F.C.: Memoirs of an unconventional soldier. 1936

Funk, Helmut/Müller, Albrecht v./Bülow, Andreas v.: Sicherheit für Europa. Koblenz, Bernard & Graefe Verlag 1988

Gorbatschow, Michail, Perestroika. München, Droemer Knaur 1987

Guderian, Heinz, Die Panzertruppen. Berlin, Mittler & Sohn 1943

Guderian, Heinz, Kann Westeuropa verteidigt werden? Göttingen, Plesse Verlag 1950

Haffner, Sebastian, Von Bismarck zu Hitler. München 1987

Hannig, Norbert, Abschreckung durch konventionelle Waffen. Das David-Goliath-Prinzip. Berlin, Arno Spitz Verlag 1984

Heinrichs, Jürgen/Fröbel, Folker/Kreye, Otto: Umbruch in der Weltwirtschaft. Reinbek, Rowohlt 1986

Himmelheber, Max, Eine andere Verteidigung? München, Hanser Verlag 1973

Hitler, Adolf, Mein Kampf. XX.Auflage, Franz Eher Nachfolger, München 1933

Howard, Michael, The Causes of War. London, Unwin 1984

Huber, Reiner K. (Hrsg.), Models and Analysis of Conventional Defense in Europe. New York 1986

Käser, Steffen (Hrsg.), Denk ich an Deutschland... . Gerlingen, Bleicher Verlag 1987

Kissinger, Henry A., The Necessity for Choice. New York 1960

Kreye, Otto/Fröbel, Folker/Heinrichs, Jürgen: Umbruch in der Weltwirtschaft. Reinbek, Rowohlt 1986

Liddell Hart, Basil H., History of the Second World War. London, Cassell 1970

Liddell Hart, Infanterie von Morgen. Potsdam, Foggenreiter Verlag 1934

Lutz, Dieter S. (Hrsg.): Kollektive Sicherheit in und für Europa - Eine Alternative? Baden-Baden, Nomos Verlag 1985

Lutz, Dieter S./Bahr, Egon: Gemeinsame Sicherheit - Konventionelle Stabilität. Bd.III: Zu den militärischen Aspekten Struktureller Nichtangriffsfähigkeit im Rahmen gemeinsamer Sicherheit. Baden-Baden, Nomos Verlag 1988

Lutz, Dieter S./Heisenberg, Werner (Hrsg.): Sicherheitspolitik kontrovers. Auf dem Weg in die neunziger Jahre. Schriftenreihe der Bundeszentrale für politische Bildung. Bonn 1987

McGeorge Bundy, Danger and Survival: Choices about the Bomb in the First Fifty Years. New York, Random House 1989

McNamara, Robert, Blindlings ins Verderben. Der Bankrott der Atomstrategie. Reinbek, Rowohlt 1987

Memorandum "Discriminate Deterrence" der Commission On Integrated Long-Term Strategy for the (US)Secretary of Defense and the Assistant to the President for National Security Affairs v. 11.1.1988

Meyer-Abich, Klaus M. (Hrsg.): Physik, Philosophie und Politik. Festschrift für C.F. v. Weizsäcker zum 70. Geburtstag. München, Hanser Verlag 1982

Müller, Albrecht v., Defense & Disarmament Alternatives. Hrsg.: Institute for Defense & Disarmament Studies, Boston, Vol.1 No 3

Müller, Albrecht v./Bülow, Andreas v./Funk, Helmut: Sicherheit für Europa. Koblenz, Bernard & Graefe Verlag 1988

Nolte. W./Fischer, D./Oberg, J.: Frieden gewinnen. Dreisam Verlag 1987

Perrow, Charles, Normale Katastrophen. Frankfurt, Campus Verlag 1987

Potyka, Ch., in: C.F. v. Weizsäcker, Durch Kriegsverhütung zum Krieg. München, Hanser Verlag 1972

Presse- und Informationsamt der Bundesregierung (Hrsg): Konventionelle Streitkräfte in Europa 1988 (Stand Januar 1988)

Rautenberg, Hans-Jürgen/Wiggershaus, Norbert: Die Himmeroder Denkschrift v. Oktober 1950. Politische und militärische Überlegungen für einen Beitrag der Bundesrepublik Deutschland zur westeuropäischen Verteidigung. Hrsg. vom Militärgeschichtlichen Forschungsamt, Karlsruhe 1977

Reich, U.P., in: Weizsäcker, C.F. v., Durch Kriegsverhütung zum Krieg. München, Hanser Verlag 1972

Ruge, Friedrich: Der Krieg im Westen, im Mittelmeerraum, in: Der Zweite Weltkrieg. Gütersloh, Bertelsmann 1983

Schlesinger, James R., Annual Report of the Secretary of Defense 1976/77

Schmidt, Helmut, Eine Strategie für den Westen. Berlin, Siedler Verlag 1986

Schmidt, Helmut, Strategie des Gleichgewichts. Deutsche Friedenspolitik und die Weltmächte. Stuttgart, Seewald Verlag 1969

Schwarz, Klaus-Dieter (Hrsg.): Sicherheitspolitik. Bad Honnef, Osang Verlag 1978

Siegler, Heinrich (Hrsg.): Dokumentation zur Abrüstung und Sicherheit, Bd.1, Bonn 1960

SIPRI Yearbook 1985

Sonntag, Ph. in: C.F. v. Weizsäcker, Durch Kriegsverhütung zum Krieg. München, Hanser Verlag 1972

Spannocchi, Emil/Brossollet, Guy: Verteidigung ohne Schlacht. München, Hanser Verlag 1976

Statistisches Jahrbuch 1975, 1985

Stratmann, K.-Peter, NATO-Strategie in der Krise? Baden-Baden, Nomos Verlag 1981

Tromp, Hylke (Hrsg.): War in Europe. Aldershot, Gower Publ. Co. 1989

Uhle-Wettler, Franz: Gefechtsfeld Mitteleuropa - Gefahr der Übertechnisierung von Streitkräften. Koblenz, Bernard & Graefe 1980

Watzlawick Paul, Wie wirklich ist die Wirklichkeit? München, Piper Verlag 1976

Weinberg, Alwin M./Barkenbus, Jack N.: Strategic Defenses and Arms Control. New York, Paragon House 1988

Weißbuch 1983 zur Sicherheit der Bundesrepublik Deutschland. Hrsg. Bundesminister der Verteidigung, Bonn 1983

Weißbuch 1985 zur Lage und Entwicklung der Bundeswehr. Hrsg. Bundesminister der Verteidigung, Bonn 1985

Weizsäcker, Carl Friedrich v. (Hrsg.): Kriegsfolgen und Kriegsverhütung. München, Hanser Verlag 1971

Weizsäcker, Carl Friedrich v., Der bedrohte Friede. München, Hanser Verlag 1981

Weizsäcker, Carl Friedrich v., Die Praxis der defensiven Verteidigung. Hameln, Sponholtz Verlag 1984

Wolf, Heinz Georg, Der Schrott von morgen. München, dtv 1985

Zweig, Stefan, Sternstunden der Menschheit. Frankfurt, Fischer Verlag 1958